Eine Frage der Leidenschaft

JAN FRODENO

EINE FRAGE DER LEIDENSCHAFT

MIT MUT UND MOTIVATION ZUM ERFOLG

unter Mitarbeit von Maria Koettnitz
und Patrick Strasser

ARISTON

MIX
Papier | Fördert gute Waldnutzung
FSC® C014496

Penguin Random House Verlagsgruppe FSC® N001967

13. Auflage

Neumarkter Straße 28, 81673 München
produktsicherheit@penguinrandomhouse.de
(Vorstehende Angaben sind zugleich Pflichtinformationen nach GPSR.)

Bildredaktion: Bele Engels
Umschlaggestaltung:
Fabian Jung, Köln, unter Verwendung der Fotos von Felix Rüdiger (vorne) und Oriol Batista (hinten)
Satz: Satzwerk Huber, Germering
Druck und Bindung: GGP Media GmbH, Pößneck
Printed in Germany

ISBN: 978-3-424-20167-3

Für Hermann

INHALT

Kapitel 1

Kapitel 2

Kapitel 3

Kapitel 4

Kapitel 5

Kapitel 6

Kapitel 7

Kapitel 1

8. Oktober 2016, 6.24 Uhr: Endlich Ruhe! Die Sonne ist gerade aufgegangen. Das Wasser steht mir bis zum Hals, ich bin in meinem Element, an meinem Sehnsuchtsort Hawaii. Nur wenige Sekunden bis zum Start des Ironmans. Normalerweise ist der Pazifik in der Bucht von → Kailua-Kona zu dieser Tageszeit spiegelglatt, doch die 55 Profis in Schwimmanzügen und Badekappen verursachen leichten Wellengang. Ein letztes Aufwärmen, noch mal die Muskeln lockern. Für etwas mehr als acht Stunden wird es nun sehr, sehr hart – für alle. Jedem von uns wird es irgendwann während des Rennens schlecht gehen, dem einen früher, dem anderen später. Schon so früh am Morgen beträgt die Außentemperatur 24 Grad, der Pazifik ist drei Grad wärmer. Eine trügerische Badewanne. Kein Morgen der vergangenen Woche war heißer. 82 Prozent Luftfeuchtigkeit und bis zu 35 Grad sind für heute vorhergesagt. Auf der Kaimauer, an der gesamten Bucht des kleinen Ortes drängeln sich die Zuschauer. Anspannung überall, bei den Athleten, den Begleitern, den Trainern, den Fans. Der Countdown zur schönsten Quälerei der Welt.

Tue ich mir das jetzt wirklich an? Ja, ich will. Dafür habe ich das ganze Jahr trainiert. Mein Pensum pro Woche: 25 Kilometer im Wasser, 600 Kilometer auf dem Fahrrad, 110 Kilometer in Laufschuhen, ob in der Natur oder auf dem Laufband im Studio. Jetzt gibt es kein Zurück. Warum auch? Ich bin fit. In meinem Kopf schwimmt nur ein Gedanke: Ich will es, ich kann es, ich schaffe es. Nimm die Energie des Augenblicks mit auf die Reise über die acht Stunden. Das Adrenalin donnert wie ein reißender Fluss durch den Körper. Ich feuchte meine Schwimmbrille von innen mit Spucke an, atme noch einmal tief ein, setze die Brille auf meine Augen. Nur noch drei Minuten. Ich schwimme nach vorne zum Start, rund einhundert Meter parallel zum Pier. Dort noch einige Male auf und ab. Ich bin einer der letzten Profis, die sich dort einreihen. Rettungsschwimmer, bäuchlings auf Surfbrettern, bilden die Startlinie. Gleich gilt es, knallhart meine Leistung und die Dinge abzurufen, die ich jeden Tag versucht habe zu automatisieren. Ich weiß: Ich bin gut vorbereitet. Läuft es, kommt auch der Erfolg. Noch 60 Sekunden. Am Kona-Pier wird es jetzt ganz ruhig. Ich kann meinen Puls hören. Und dann:

BAMM!

Ein Schuss zerreißt die Stille, die Anspannung verfliegt wie der Rauch der Kugel aus der altehrwürdigen, legendären Kanone, die stets direkt am Pier aufgebaut wird. Die Kraulschlacht beginnt, wir durchpflügen den Ozean. Schulter an Schulter, Hüfte an Hüfte. Gedränge, Geschubse.

Für mich heißt das jetzt aber: Endlich habe ich meine Ruhe. Die Stimmen im Kopf feuern mich an, es ist Zeit für Taten. Der Wettkampf! Das Rennen! Mein Element!

Vom Babyschwimmen, Reiten und Fußballdesaster

Dass ich tatsächlich Sportler wurde, ist sensationell. Kam bei uns zu Hause Sport im TV, wurde der Fernseher ausgeschaltet. Meine Eltern haben jeden Abend um 20 Uhr die Tagesschau gesehen. Wenn um 20.12 Uhr noch eine Sportmeldung kam, haben sie den Fernseher ausgeschaltet oder sind zu einem anderen Programm rübergezappt, um dann um 20.14 Uhr zurück zur ARD zu schalten. Zum Wetter.

Mein Vater ist Ingenieur, meine Mutter Feng-Shui-Innenarchitektin, also beide eher praktisch-künstlerisch veranlagt. TV-Sport hielten die beiden für irgendwie primitiv. Bei der Sportschau wurde grundsätzlich weggeschaltet. Das war echt krass. Heute sind die beiden die größten Sportfans. Mein Vater schaut sich jede Sportsendung an, nur um zu gucken, ob was über Triathlon gezeigt wird.

Ich war als Kind sehr dünn, extrem dünn sogar, an mir war nichts dran. Das sollte sich erst ändern, als ich Jahre später als Jugendlicher mit dem Sport angefangen habe, und zwar mit dem Schwimmtraining. Doch das Erste, was ich als kleiner Knirps sportlich leistete, war – na klar – das Seepferdchen. Dafür musste ich einmal vom Beckenrand springen, 25 Meter schwimmen und einen Gegenstand mit den Händen aus immerhin schultertiefem Wasser vom Boden holen. Meine Mutter hatte beobachtet, dass Wasser mich besonders faszinierte. Vielleicht war das beim Babyschwimmen. Dafür hatte sie mit mir ziemlich weit fahren müssen, weil es kein Schwimmbad in unserer Nähe gab. Ich bin zwar in Köln geboren, also »'ne Kölsche Jung«, doch wir haben eine gute halbe Stunde von der Domstadt entfernt gewohnt, in Dhünn, einem Ortsteil von Wermelskirchen im Bergischen Land.

Als Kind nannten meine Eltern mich eine Zeit lang »Pichl«. Und der kleine Pichl brauchte immer Action. Kaum dass ich einigermaßen laufen konnte, wollte ich als kleiner Steppke meinen Buggy selber schieben. In der Wohnung habe ich meine Eltern genervt, weil ich immer wieder wie ein Verrückter um die Wohnzimmercouch gerannt bin. Vierzigmal hintereinander. Das war keine Seltenheit. Die Couch und unser langer Gang im Flur, das war mein Ding. Nicht mit Vollgas durch den Gang pesen? Ging nicht! Gab's nicht! Was es gab, waren viele Beulen und zig Narben. Sternzeichen Löwe eben, immer Vollgas.

Wenn ich als Junge nicht draußen spielen und toben konnte, habe ich gerne mit Lego gespielt, das fand ich toll. Und als ich alt genug war, hatte ich einen Chemiebaukasten von Kosmos. Wenn ich Experimente gemacht habe, hat es nur so gesprudelt und geblubbert. Das fand ich spannend.

Aber am liebsten bin ich raus in die Natur, mit unserem Hund oder mit Freunden, irgendwas machen, das war meine Welt. Und meine Eltern haben mich nie gebremst. Was ich geliebt habe, waren unsere Ausflüge zu einem Reiterhof. Fünf war ich, als wir da zum ersten Mal hinfuhren. Meist sind wir Kinder unter Anleitung der Lehrer in der Halle geritten, durch einen kleinen Parcours, was nicht allzu schwierig war. Wenn wir richtig ausgeritten sind, ich auf meinem Lieblingspony Bubi, ging es in den Wald. Das war für mich immer das Größte, bis ich ungefähr neun war.

Tiere haben mich von klein auf fasziniert, ich war und bin Tierliebhaber. Neben unserem Hund hatten wir früher auch zwei Katzen, sie leben heute noch bei meinen Eltern. Ich selbst bin aber ein absoluter Hundemensch, weil Hunde so freudige Tiere sind, wenn sie gut behandelt werden. Ein Hund ist nie böse oder nachtragend – so ein Verhalten ist vorbildhaft für uns alle. Unser Hund Duke, den Emma und ich in Australien aus dem Tierheim holten und der jetzt mit uns in Girona lebt, ist ein richtiges Familienmitglied.

Was ganz Besonderes für mich waren auch Seifenkistenrennen. Die fand ich richtig cool. Mein Vater hat mit mir die geilsten Seifenkisten überhaupt gebaut. Aus Europaletten, alten Damenrädern, mit Rollen von Rollschuhen und ab ging's. Mit den Nachbarskindern haben wir uns heiße Rennen geliefert. Eine tolle Zeit!

Mit Ballsportarten habe ich es damals nicht so gehabt. Da war ich eine totale Niete, eine richtige Pfeife. Kein Talent für Fußball! Und das, obwohl ich in der Nähe des Müngersdorfer Stadions, der Heimat des 1. FC Köln, geboren bin. Hat alles nichts geholfen. Ich konnte nur so ein bisschen rumbolzen, mehr nicht. Beim Kicken auf der Straße war ich immer der Idiot, der den Ball irgendwo in die Gärten oder auf einen Balkon gedroschen hat. Alle meine Kumpel haben Fußball gespielt, ich wollte mithalten. Also hat mich der Ehrgeiz gepackt. So habe ich in dieser Zeit im Garten stundenlang meine Runden gedreht, nur um im Dribbeln besser zu werden. Und tatsächlich habe ich mit dem fleißigen Üben etwas erreicht: Vorher war ich miserabel, dann nur noch schlecht. Wenn mir heute jemand einen Ball vor die Füße wirft, kann ich keinen vernünftigen Pass spielen – echt traurig. Wenn ich im ZDF-Sportstudio zu Gast bin und auf die Torwand schießen darf, kann ich froh sein, wenn ich die Wand treffe und nicht die Zuschauer.

In der Schule war der Sportunterricht aber immer mein absolutes Highlight. Ich habe nie meine Sportsachen vergessen. Beim 1000-m-Lauf habe ich ganz ordentliche Zeiten zustande gebracht, besonders schnell war ich anfangs aber nicht. Einer meiner Sportlehrer hat mal zu mir gesagt: »Jan, das wird nie was mit dir!« Er hat sich wohl getäuscht. Doch er hat mich genau damit auch sehr motiviert: Immer wenn ich gegen eine Wand gelaufen bin, habe ich mich an seine Worte erinnert und wusste: Ich muss weitermachen, er wird nie recht haben! Das ist auch jetzt noch so.

Heute kann ich neben meinem Job als Triathlet ganz ordentlich Beachvolleyball spielen. Aber auch nur, weil ich als Teenager Hunderte, wirklich Hunderte Stunden am Strand mit Freunden geübt habe. Meine Kumpel waren alle deutlich besser als ich. Aber ich hatte den Ehrgeiz und den Willen aufzuholen.

»Der Junge muss verlieren lernen«

Mein wichtigster Antrieb in der Schule waren die Noten, das Sich-Messen untereinander. Wenn einer meiner Mitschüler eine bessere Note hatte, war ich nie neidisch, aber ich wollte unbedingt auch so eine gute Note haben. Ich kann eben nicht besonders gut verlieren. Damals noch schlechter als heute. Als Kind bin ich schnell jähzornig geworden. Meine Eltern schmunzeln immer wieder, wenn sie mich daran erinnern, wie ich das Mensch-ärgere-Dich-nicht-Spiel durchs Zimmer geknallt habe. Ich bin ausgerastet, wenn ich verloren habe. Gerade erst in der Schule und schon so ehrgeizig! Mein Vater meinte damals: »Der Junge muss verlieren lernen.« Ab diesem Moment ließ er mich gefühlte hundert Mal bei sämtlichen Brettspielen auflaufen.

Beherrschen konnte ich mich damals auch nicht so gut: In der vierten Klasse habe ich unseren Klassenlehrer Herrn Glomb beleidigt. Im Unterricht wurde ein Buch besprochen, das mit meinem Vornamen zu tun hatte: »Der verschlafene Jan.« Warum auch immer – ich habe mich darüber geärgert, es in den falschen Hals bekommen, habe mich gemeldet, hingestellt und vor der ganzen Klasse gesagt: »Herr Glomb, Sie sind ein Arschloch!« Ich dachte, er wollte mich bloßstellen.

Meine Eltern mussten dann natürlich in der Schule antanzen, und ich bekam einen Eintrag ins Klassenbuch. Mann, war mir das unangenehm! Ich habe mich bei Herrn Glomb entschuldigt, ohne dass mich meine Eltern darauf hinweisen oder gar dazu auffordern mussten. Ich habe es immer ziemlich direkt angesprochen, wenn mir was auf den Zeiger ging, und das mache ich heute noch so. Ich habe allerdings Jahre gebraucht, um ein bisschen diplomatischer zu werden, darüber nachzudenken, bevor und wie ich was sage.

Ansonsten war die Schulzeit für mich problemlos. Ich habe nie wirklich büffeln müssen, war sowieso nicht der

Strebertyp. Und ich habe schnell kapiert, wann ich im Unterricht halbwegs aufpassen musste, um zu Hause weniger tun zu müssen und damit mehr Freizeit zu gewinnen.

Bingo! Wir ziehen nach Südafrika

Meinen Eltern habe ich zu verdanken, dass ich schon in jungen Jahren so viel von der Welt sehen durfte. Ob das ein USA-Urlaub war oder Südafrika, wohin wir umgezogen sind. Mum hatte einer Freundin versprochen, sie dort zu besuchen und hat sich dann während ihrer Reise 1991 vor Ort sofort in Land und Leute verliebt. Mein Vater war offen fürs Auswandern, wollte sich in Kapstadt eine neue Existenz aufbauen, dafür haben sich beide erst einmal in Johannesburg ein Arbeitsvisum besorgt. An Ostern 1992 haben wir zu dritt eine Urlaubsreise dorthin gemacht. Und bingo – auch ich fand's toll, wahnsinnig spannend. Knapp zwei Wochen lang sind wir rund 6.500 Kilometer mit dem Auto quer durchs Land gefahren. Wir wollten einfach alles sehen und uns ein Bild von Südafrika machen. Das war übrigens die Vorstellung von Urlaub, die mein Vater hatte: Maximal 48 Stunden an einem Ort zu sein und am besten alles zu sehen in der Zeit, was es zu sehen gibt. Danach stand fest: Das ziehen wir durch. Für meinen Vater war es auch kein so großes Ding, er ist in seinem Leben 28-mal umgezogen.

1992, ich war elf Jahre alt, haben meine Eltern in Deutschland die Zelte abgebrochen, und wir sind ausgewandert. Für ein Jahr auf Probe, das war der Plan. Im

Bergischen Land war ich gerade aufs Gymnasium gewechselt, aber in der fünften Klasse nicht so happy, weil ich in der neuen Schule noch keine Freunde gefunden hatte und nur wenige aus der Grundschule kannte. Also fiel mir der Abschied noch während des Schuljahrs nicht allzu schwer.

Es war eine aufregende, spannende Zeit in Südafrika. Nelson Mandela war 1990 aus dem Gefängnis entlassen worden, wir erlebten das Ende der Apartheid, der staatlich festgelegten und organisierten Rassentrennung. 1994 fanden die ersten freien Wahlen statt.

Wir haben zuerst, etwa anderthalb Jahre, in Hout Bay gewohnt, einem Ortsteil von Kapstadt in der Provinz Westkap, etwa dreißig Autominuten von Kapstadts Innenstadt entfernt. Hout Bay, das einmal Hout-Bajken hieß, nämlich »kleine Holzbucht«, war im 17. Jahrhundert als Siedlung im Auftrag der Vereinigten Ostindischen Compagnie am Kap gegründet worden. Die Seefahrer machten hier auf ihrem Weg von Europa nach Indien Zwischenstation. Dann sind wir nach Camps Bay gezogen, was von Kapstadts Zentrum nur halb so weit entfernt ist. Anfangs sind wir einmal im Jahr nach Deutschland geflogen, danach immer weniger. Wir haben uns sofort willkommen gefühlt. Unser Nachbar, Nils Heckscher, der Sohn des TV-Moderators Dieter Thomas Heck, führte uns in die deutsche Community von Kapstadt ein. Etwa 30.000 Deutsche leben in dieser Stadt mit ihrem wunderbar milden Klima. Meine Eltern erzählen mir heute noch gern, wie ich damals am ersten Abend nach dem Umzug geweint und gejammert habe: »Ich verstehe die Leute nicht, diese Sprache werde ich nie lernen!«

Mein anfängliches Heimweh nach Deutschland ist schnell verflogen. Der Kontakt zu den alten Freunden war irgendwann einfach weg. In dem Alter lernt man ja auch schnell andere kennen. Und ich habe mich in Südafrika nie als Außenseiter gefühlt – im Gegenteil: Ich wurde schnell akzeptiert. Obwohl meine Mutter heute wie auch ich mit meiner Familie in Girona, Spanien, lebt, betrachtet sie Südafrika immer noch als ihre Heimat. Auch mich hat Kapstadt geprägt – im positiven Sinne. Das ganze Leben dort war aktiver als in Deutschland. Die Menschen haben mehr miteinander unternommen, alles hat sich draußen abgespielt.

Zuvor im Bergischen Land war ich eher ein Einzelgänger gewesen. Das hing sicher damit zusammen, dass ich nach dem Wechsel von der Grundschule aufs Gymnasium dort nur etwa sechs Monate zubrachte, ehe wir ausgewandert sind. Heute liebe ich es, mit Menschen zusammen zu sein und möglichst viele Leute um mich herum zu haben. In Kapstadt habe ich aber schnell Anschluss bekommen, neue Freunde gefunden. Vor allem in der Deutschen Schule, die ich besucht habe. Auch die Lehrer haben mich sofort herzlich aufgenommen. Und die Kinder hatten ja alle Ähnliches erlebt wie ich, weil ihre Eltern auch irgendwann nach Südafrika gezogen waren. Die Verschlossenheit, die ich aus der Provinz in Deutschland kannte, wo du Jahre brauchst, um deine Nachbarn etwas besser kennenzulernen, das gab es dort nicht. Und besonders gut war in der Schule, dass die Klassen viel kleiner waren als in Deutschland. Vielleicht waren die Lehrer auch deshalb wesentlich motivierter, was den Schülern zugutekam. Die Ausbildung war einfach besser. Mathe und Physik haben mir Spaß gemacht, beide Fächer fielen mir relativ leicht.

Mein Physiklehrer hieß Milan Dlabal, ein echt cooler Lehrer und cleverer Typ. Er kombinierte Sport und Physik, ließ uns im Freibad Salti machen, mal mit ausgestreckten Armen, dann mit eingerollten Armen. Danach haben wir die Unterschiede im Physikunterricht durchgenommen. Ein anderes Beispiel: Wir besuchten zusammen mit ihm einen Funpark außerhalb von Kapstadt und fuhren mit einer Achterbahn, einer ganz normalen mit offenen Wagen. Unter der Woche war hier so wenig los, dass wir die Anlage mehr oder weniger für uns hatten. Milan Dlabal hat uns in dieser Achterbahn dann überraschend die Frage gestellt: »Wo sind die Kräfte am extremsten? Wenn du vorne sitzt, in der Mitte oder hinten?« Ganz ehrlich, ich weiß heute nicht mehr, welche Antwort die richtige ist. Ich erinnere nur noch, dass mich dieser Lehrer so stark beeindruckt hatte, dass ich später, als ich etwas älter war, überlegte, eventuell Physik zu studieren. Es ist schon bemerkenswert, wie sehr Jugendliche sich in diesem Alter von Vorbildern beeinflussen lassen. Lehrer haben da eine große Verantwortung und können unglaublich viel bewirken.

Ein Jurastudium ist für mich auch mal eine Option gewesen. Das Debattieren, das Streiten, überhaupt Streitgespräche zu führen und für seine Meinung zu kämpfen – all das hat mir immer viel Spaß gemacht in den letzten Schuljahren. Doch so richtig war ich nie wirklich auf eine Karriere als Rechtsanwalt aus. Der Sport war letztlich dann doch wichtiger für mich. Und das begann schon, als wir gerade nach Kapstadt gezogen waren: Ich habe, wie vorher in Deutschland, nicht die allerbesten Noten bekommen.

Mein Interesse galt eben mehr dem Sport. Ich war immer der Erste, der nach Ende der letzten Stunde seine Sachen zusammengepackt hat und zum Bus gerannt ist.

Du lernst als Teenager das am schnellsten, was Spaß macht und weiterbringt. Bei mir war es der Sport, und es waren Sprachen – sicher bedingt durch den Umzug in ein anderes Land. Anfangs, als wir gerade umgezogen waren, konnte ich zwar weder Englisch noch Afrikaans, aber das änderte sich schnell. Afrikaans war an der deutschen Schule ein Pflichtfach.

Und Englisch kam dann ganz natürlich hinzu, später auch Französisch. Die Grammatik dieser Sprachen beherrschte ich nicht wirklich gut, aber ich konnte mich schnell hineinhören in eine neue Sprache, ich habe sie intuitiv erlernt. Was letztlich zählt, ist die Verständigung im Alltag. Das Englische war mir jedenfalls bald so vertraut, dass es mir so leichtfiel wie meine Muttersprache. Und heute bin ich ja auch mit einer englischsprachigen Frau verheiratet.

Mit vierzehn beim größten Radrennen der Südhalbkugel

Sport, etwa Cricket, Basketball und Tennis, hatte in der Schule meiner neuen Heimat einen hohen Stellenwert. In den Pausen haben wir Cricket gespielt, selbst wenn es nur fünf Minuten waren. Hauptsache, wir haben uns bewegt, was für mich ja ganz wichtig war und bis heute ist. Ich wollte immer raus, immer etwas erleben und mich dabei bewegen. Das Schlimmste war für mich, in Kapstadt auf ein Weingut fahren zu müssen, um dort einen Nachmittag zu »entspannen«. Ich wollte mich austoben – nicht nur rumsitzen. Das war für mich Entspannung und machte mich glücklich.

Wie so viele in Kapstadt hatte mein Vater sich vom »*Argus*-Fieber« anstecken lassen und kam so zum Radfahren. Die *Argus* ist ein großes Jedermann-Radrennen über etwa 110 Kilometer rund um Kapstadt mit 30.000 bis 35.000 Teilnehmern. Heute heißt es übrigens *Cape Town Cycle Tour* und ist das größte der südlichen Hemisphäre. Mein Vater wurde also durch die *Argus* ein begeisterter Amateur-Rennradfahrer. Mit ihm habe ich als Dreizehn- und Vierzehnjähriger viele Ausfahrten gemacht. Es waren meine Anfänge im Ausdauersport. Wir haben richtig schöne Touren rund um Hout Bay unternommen, uns gegenseitig angefeuert: Am Ende dieser Touren, wenn wir so richtig schön erschöpft waren, sind wir meist auf der letzten Anhöhe vor unserem Zuhause – das waren ein paar Hundert Meter – um die Wette gesprintet. Das letzte Mal, als mich Dad besiegte, habe ich aus lauter Wut mein Fahrrad in den Nachbargarten geschleudert. Ich konnte eben schlecht verlieren. Aber solche Erlebnisse haben mich zu Leistungssteigerungen angestachelt.

Und 1995, ich war vierzehn, war es dann so weit: Wir sind beide die *Argus* mitgefahren. Für mich als Teenager war es ein überwältigendes Erlebnis und natürlich auch eine weitere Erfahrung, was Wettkämpfe betrifft. Ich hatte mein erstes Mountainbike bekommen, ein Geschenk meiner Eltern. Es hatte Straßenreifen. Wie immer war es auf der Strecke sehr windig, und mein Vater musste an den

Hängen ziemlich leiden, so auch am letzten: dem Suikerbossie. Der kleine Anstieg, etwas über zwei Kilometer, war für mich damals wegen eines heftigen Adrenalinschubs, den ich vor lauter Begeisterung hatte, spielend leicht zu nehmen. Und so habe ich oben gewartet, was meine Kumpel so gar nicht verstanden. Aber das war der Deal mit meinem Vater gewesen – wir fahren das Rennen *zusammen*. Auch wenn wir unser Ziel von vier Stunden knapp verpasst haben, es ist eine meiner schönsten Kindheitserinnerungen. Und es ist zugleich mein erstes sportliches Großevent gewesen.

Ich war in einem wunderbaren Land angekommen, in dem das Klima geradezu perfekt für Menschen wie mich war, die sich nicht nur gern bewegen, sondern Bewegung unbedingt brauchen, um sich wohlzufühlen.

»Du musst richtig schwimmen lernen!«

Zu den vielen Sportarten, die wir in Kapstadt ausüben konnten, gehörte natürlich auch der Wassersport und vor allem das Surfen. Eines Tages, ich war wohl fünfzehn, hat mich ein Kumpel erstmals zum Surfen mitgenommen. Und das ist vor Kapstadt nicht ungefährlich: Am Kap trifft die eiskalte Strömung aus dem Südatlantik auf den warmen Strom aus dem Indischen Ozean. Schließlich liegt die Stadt zwischen zwei Weltmeeren. Das Zusammentreffen dieser Gewässer führt zu starken Strömungen und ungewöhnlich hohen Wellen. Jeder hat vom berüchtigten Kap der Guten Hoffnung gehört, an dem schon viele Seefahrer gescheitert sind. Touristen wundern sich immer, wie kalt das Wasser am Kap ist. Die Strände sind bei schönem Wetter voll, aber nur wenige wagen sich ins höchstens 16 Grad kalte Wasser.

Ich war jung und unerschrocken, und ich lernte schnell, halbwegs passabel zu surfen. Was ich aber nicht gut konnte, war richtig schwimmen. Ziemlich leichtsinnig, wenn ich das heute bedenke, aber gut, damals habe ich gemacht, was Spaß macht, und nicht weiter drüber nachgedacht. Anfangs bin ich mit meinem Kumpel ein bisschen in den Wellen gecruist. Ich konnte das Brett ja mit der Verbindungsschnur immer wieder an mich heranziehen und mich dann draufwerfen. Als ich besser und besser wurde, habe ich mich in die größeren Wellen gewagt. Allerdings war dann natürlich auch die Strömung stärker. Ich konnte mich dann nur mit Brett über Wasser halten – als wagemutiger So-lala-Schwimmer. Meine Eltern hatten Angst um mich. Und lässig, wie man als Teenager eben sein will, habe ich gesagt: »Macht euch keine Sorgen, ich bin ein Soulsurfer!« Spaß war mein Antrieb, nicht der Nervenkitzel, und da ich zu schlecht war, um konkurrenzfähig zu sein, konnte ich Sport zum ersten Mal nur des Spaßes halber machen.

Meine Mutter dagegen hat es nicht mehr ausgehalten vor Angst. Also hat Mum beim Training-Center angerufen und sich erkundigt, wie gefährlich das mit den Wellen wirklich ist. Völlig klar. Ihr Sohn war damals fünfzehn Jahre alt und konnte nicht gut schwimmen. Es hieß: »Jetzt musst du es lernen!« Sie hat mich im Schwimmverein angemeldet. Und erstmals im Leben habe ich professionellen Schwimmunterricht bekommen. Daraus wurde dann schnell ein richtiges Training, mein erstes systematisches Training überhaupt.

Krasser Drill mit Quälix

Der richtige Kick vom reinen Schwimmtraining zum richtigen Wettkampfsport fehlte mir aber noch. Als ich fünfzehn war, sollte sich das ändern. Eine richtig harte Sau – sorry! – wurde für mich zum Glücksfall: mein Trainer im Schwimmverein, Karoly von Törös. 1942 in Ungarn geboren, war er selbst Brustschwimmer und Wasserballer in den Sechziger- und Siebzigerjahren. Karoly war der Quälix, der Felix Magath unter den Schwimmtrainern, und im wahrsten Sinne des Wortes »mit allen Wassern gewaschen«. Seine Kommandos und sein Training überhaupt waren schon extrem. Manche Trainingseinheiten hatten es in sich. Beim Rückenschwimmen zum Beispiel mussten wir vom Startblock weg den Körper über Nylonseile rücklings wuchten, die quer über das Becken gespannt waren. Wenn du da ein paarmal hängen geblieben bist, hast du ausgesehen wie jemand, der ausgepeitscht wurde.

Das Training war teilweise so hart, dass Leute im Wasser ohnmächtig geworden sind. Karoly hat keine Rücksicht auf »Orthopädie« genommen. Eine Schmetterlingsserie von eineinhalb bis zweieinhalb Kilometern mit Paddels zu schwimmen ist wirklich grenzwertig, weil dabei die Schulterbelastung sehr hoch und die Atmung eingeschränkt ist. Nach den Trainingseinheiten gab es Dehnübungen, zum Teil brachial ausgeführt. Wir mussten uns die Schultern mit einem Gummiseil dehnen, das etwa eineinhalb Zentimeter dick war. Ich dachte, mir reißt die Muskulatur ab. Das hatte was von chinesischem oder russischem Staatszirkus.

Trotz all dieser irrsinnigen Anstrengungen und Schmerzen hat es mich unablässig gereizt, dabei zu sein. Von Karoly haben wir Härte gelernt – in jeder Beziehung. Im Freibad zum Beispiel mussten wir bei 18 bis 19 Grad Wassertemperatur ins Becken, und nach dem Training gab es keine Dusche mit warmem Wasser. Die älteren Jungs hatten schon mal Schnaps zum Aufwärmen dabei. Natürlich mussten sie aufpassen, sich nicht erwischen zu lassen von Karoly. Und jeden Morgen fand ein öffentliches Wiegen statt. Die Werte wurden in eine Tabelle eingetragen, die jeder im Schwimmbad einsehen konnte, was den Druck natürlich erhöht hat. Wer über seinem Idealgewicht lag, bekam Ärger. Karoly konnte unheimlich aufbrausend sein. So jemanden kannst du natürlich nicht auf jeden loslassen, das kann auch mal richtig nach hinten losgehen – gerade bei Mädchen mit ihrem geringen Körpergewicht kann so eine Methode kontraproduktiv sein. Andererseits haben es Mädchen aus dieser Schwimmgruppe auch wirklich geschafft, so etwa Sarah Poewe. In Kapstadt geboren, startete sie später für Deutschland, holte 2003 im Schwimmen Gold bei Europameisterschaften sowie Bronze in Athen bei den Olympischen Spielen 2004. Auch Sarah besuchte die Deutsche Schule in Kapstadt.

Für mich war das Training mit Karoly ideal, so hart, wie es war, ohne dass mir das damals so bewusst war: Mein Ehrgeiz und Karolys Methode, halb genial, halb »wahnsinnig«, passten gut zusammen. Bei ihm konnte ich mich voll und ganz austoben, mich physisch richtig ausprobieren, meine Grenzen testen. Das machen ja Jungs in diesem Alter sehr gern. Außerdem hat er mir die richtige Arbeitsmoral vermittelt. Dass du mit Fleiß sehr, sehr weit kommen kannst, dass du aus dem Nichts heraus etwas werden kannst, den Glauben hat er mir überzeugend vermittelt. Karoly hat mich geprägt, mir alles gegeben, was ich für den Weg vom Breitensport zum ernsthaften Leistungssport gebraucht habe.

Meine heutige Kompromisslosigkeit und mein Grundverständnis von Sport, dass du kämpfen musst, um etwas zu erreichen – das habe ich von ihm gelernt. Und natürlich leiden zu können, Schmerzen aushalten zu können. Wenn bestimmte Übungen anstehen, ist es völlig egal, ob dir das gefällt oder nicht. Du musst da durch! Das hat mir später als Ironman, wenn ich Wettkämpfe über die Langstrecke von acht Stunden bestritten habe, sehr geholfen.

Karoly hatte noch eine ganz andere, sehr menschliche Seite, die mir als Teenager stark imponierte: Er war ein Womanizer, ein absoluter Frauenheld. Wenn er morgens zum Schwimmtraining kam, konnten wir sofort ablesen, wie der Abend zuvor gelaufen war. Dieser elegante Mann konnte auch sehr feinfühlig sein. Gut fand ich auch, dass er sein Herz stets auf der Zunge trug und wichtige Dinge immer direkt angesprochen hat, er war offen, und er hat sich einen Dreck darum geschert, was die Leute von ihm, seinen Aussagen und seinem Training gehalten haben. Dieses Selbstbewusstsein und diese Unabhängigkeit haben mich fasziniert.

Drei Jahre, 1997 bis 1999, habe ich bei Karoly trainiert. Meine Eltern haben mich tagtäglich die etwa 30 Kilometer *one way* mit dem Auto von unserem Wohnort Camps Bay nach Newlands hin- und zurückgebracht.

Meine Trainingstage waren hart: Um Viertel nach fünf klingelte der Wecker, eine Viertelstunde später sind wir los, weil um sechs Uhr – vor der Schule – das Training begann. An manchen Tagen haben wir zweimal trainiert, noch mal abends um sieben, das summierte sich dann auch mal auf über 240 Kilometer pro Tag Fahrerei für meine Eltern, nur damit ich trainieren konnte. Was für ein Aufwand!

Im Abiturjahr wurde mir das auch alles zu viel. Ich hatte einfach nicht mehr den Biss, mit dem Schwimmen weiterzumachen, zumal die Erfolge ausblieben. Geduld war noch nie meine Stärke. Und als Teenager in dem Alter hast du ja auch noch andere Interessen. Ich habe dann eine Zeit lang im Fitnesscenter trainiert, um meine Muskulatur weiter aufzubauen, um einen *beach body* zu bekommen. Ganz typisch war, dass ich obenherum die ersehnten Muckis bekam, aber unten richtige Spargelbeine hatte.

In der Zeit habe ich viel und lange mit meinem besten Kumpel Max gefeiert und ansonsten mit den *lifesavern* aus Clifton. Aber wir gingen nicht zu den üblichen Partys. Für die harten Partys war ich schlichtweg zu müde nach den vielen sportlichen Aktivitäten des Tages – Surfen, Schwimmen im Meer, Kanufahren, Laufen, Krafttraining oder Pumpen, wie wir im Sportjargon sagen – Hauptsache, was machen. Ich hatte ja immer den Drang nach Action.

Auch ohne Partybesuche habe ich Mädchen kennengelernt. Das erste Mal so richtig verliebt war ich mit 18. Sie hieß Elena, kam aus Deutschland und war als Austauschschülerin zum Englischlernen für ein paar Monate in Kapstadt. Ich war so verliebt, dass es außer ihr und dem Sport nichts gab – definitiv nichts! Diese fünf Monate im siebten Himmel waren zugleich meine längste Beziehung, bevor ich Emma kennenlernte. In dieser Zeit des ersten Verliebtseins damals habe ich meine Unabhängigkeit so sehr aufgegeben, dass ich von da an wohl immer ein bisschen Panik hatte. Ich dachte, dass das in jeder Beziehung so sei. Deshalb habe ich, spätestens als eine neue Zahnbürste in meinem Bad stand, das Weite gesucht und bin im wahrsten Sinne des Wortes geflüchtet.

Die Unlust, mich weiter zu quälen im Schwimmtraining, die Lust, auch mal was anderes kennenzulernen und auch mal abzuhängen und zu feiern, und die Schmetterlinge im Bauch haben mich also damals von dem harten Training weggebracht. Als ich Karoly dann eines Tages gesagt habe, dass ich nicht mehr dabei sein werde, hat er mir keine Träne nachgeweint. »Der Nächste, bitte!« So war er eben. Da ging er ganz nach dem Motto der alten Ostblock-Schule im Leistungssport vor: Wir schmeißen zehn Eier an die Wand und schauen, ob eins hängen bleibt. Wie zig andere bin ich nicht hängen geblieben. Ich habe mich freiwillig verabschiedet, einige wurden aussortiert, weil sie es nicht gepackt haben, wechselten in andere Klubs. Dort haben sie dann anfangs über ein, zwei Jahre richtig gute Ergebnisse erzielt, weil die Belastung geringer war und sie noch vom harten Training bei Karoly profitiert haben. Danach sind aber viele dieser Schwimmtalente in der Versenkung verschwunden. Eigentlich war ich ja auch einer von denen. Im Schwimmen hat mir eben das Talent zur Welt- oder auch zur nationalen Spitze gefehlt. Viele Jahre später habe ich Karoly wieder getroffen, und er hat sich sehr gefreut zu sehen, dass ich als sein ehemaliger Schützling es dann doch in einer anderen Sportart geschafft habe, an die Weltspitze zu kommen. Und das hat mich wiederum irgendwie stolz gemacht!

Schwimmen um Leben und Tod

Ich bin ausgebildeter Rettungsschwimmer, habe Wettkämpfe im → Life Saving bestritten. 1999 bin ich dem *Clifton Surf Life Saving Club* beigetreten – und hatte damals übrigens noch nicht die geringste Ahnung vom Triathlon. Auch dann noch nicht, als ich mit achtzehn an Wettkämpfen im Rettungsschwimmen teilgenommen habe. Life Saving ist nämlich eine richtige Sportart und sehr populär in Südafrika.

Wir haben dafür hart trainiert, zu festen Zeiten, mit viel Spaß, aber auch mit der nötigen Intensität. Lebensrettung ist ja auch eine ernsthafte Sache. Wir mussten fit für den Ernstfall am Strand sein: Du musst den Strand überwachen und Menschen im Notfall aus den Fluten retten. Das kann man sich etwa so vorstellen wie in der US-amerikanischen TV-Serie *Baywatch* mit David Hasselhoff – mit dem Unterschied, dass in dieser TV-Serie die Häufigkeit der Notfälle etwas übertrieben ist, der Ernst einer Rettungssituation aber nicht. In → Clifton konnte es wirklich um Leben und Tod gehen. Deshalb war damals auch eine komplette Erste-Hilfe-Ausbildung mit allem Drum und Dran notwendig. Es war Pflicht, dieses Wissen jedes Jahr aufzufrischen oder einen Nachweis zu erbringen, dass man noch alles draufhat, dass man nichts vergessen hat. An den Wochenenden habe ich oft Dienst geschoben, ehrenamtlich. Wenn jemand wollte, konnte er sich dafür registrieren lassen, dann gab es umgerechnet acht Euro am Tag als Lohn. Aber ich war nicht bereit, mich für diesen Hungerlohn an einen Job zu binden, während ich mit meinen Kumpeln am Strand einen auf *Baywatch* machen konnte, da man sich den Strand für den bezahlten Dienst nicht aussuchen konnte. An »unserem« Strand patrouillierten nur freiwillige Lifeguards. Meine Eltern haben das glücklicherweise alles so akzeptiert.

Wir hatten eine Menge Spaß in unserer Gruppe der Rettungsschwimmer, es war herrlich, sich austoben zu können, dem Wasser nahe und in der Natur sein zu können. Zwei Sommer lang war ich beinahe jeden Tag an den vier Stränden von Clifton, die durch Felsblöcke voneinander getrennt sind. Den ganzen Tag am Meer, dann in der Uniform, den *Clifton*-Shirts, das hatte was. Der Strandabschnitt, der dir zur Überwachung zugeteilt wurde, hatte ein paar Hundert Meter, der kleinste Abschnitt etwa 200 Meter, der längste vielleicht 600 Meter. Gerade an den Wochenenden war schon ziemlich viel los, der wunderschöne weiße Sandstrand ist richtig gut besucht. Weil das Wasser so frisch, ja richtig arschkalt war, sind die Leute meist nur sehr kurz ins Meer. Klingt nach einer ruhigen Kugel für die Rettungsschwimmer. Aber es war eben der Atlantik. Das offene Meer in Clifton hat schon richtig Power, eine ziemlich starke Strömung. Unvorsichtige Touristen haben immer wieder kleinere Verletzungen erlitten, das kam häufig vor.

Eines Tages wurde es richtig ernst: Es war ein extrem heißer Sommertag im Dezember. Ich hatte mit Josh die Aufsicht am Strand. Die Strandabschnitte in Clifton sind durchnummeriert. Und so liefen wir vom vierten zum ersten Strand Patrouille, wie an jedem anderen Tag auch, und schauten immer wieder aufs Meer. Plötzlich entdeckten wir einen Mann, der wild mit seinen Armen ruderte, sie immer wieder aufs Wasser schlug – etwa 150 Meter vom Strand entfernt. Er war schon hinter der Brandung, und die Strömung riss ihn schnell aufs offene Meer hinaus. Wir wussten sofort, dass dies ein Ernstfall war! Der Schwimmer hatte die Bedingungen, die hier an der Küste herrschen, unterschätzt, wie so manche vor ihm. Ohne unsere Hilfe hatte er keine Chance, ans Land zu kommen. Denn gegen die extrem starke Strömung in diesem Abschnitt können nur wirklich sehr gut trainierte Schwimmer ankommen. Aus eigener Kraft würde er es nicht schaffen.

An diesem Tag gab es wie so oft hier eine starke Dünung. Bis zu drei Meter hoch türmten sich die Wellen. Den Mann auf normalem Wege, also mithilfe eines Surfbretts und reiner Muskelkraft, an Land zu bringen, schien uns zu gefährlich. Josh nahm das Walkie-Talkie und rief einen Hubschrauber. Bis der einsatzbereit war, sollte ich zu dem Mann schwimmen und ihn beruhigen.

Weil das Wasser dort so kalt ist, musste alles sehr schnell gehen, ich durfte keine Zeit verlieren. Das Wichtigste für einen Rettungsschwimmer ist, vorsichtig zu sein, möglichst ruhig zu bleiben und einem Menschen, der in Panik ist, vielleicht sogar Todesangst hat, nicht zu schnell nahe zu kommen. Wenn er noch nicht zu geschwächt ist, also noch halbwegs fit, entwickelt er ungeahnte Kräfte. Denn er kämpft um sein Leben. Egal wie sportlich du bist, da kannst du nicht mithalten. Er verletzt dich, weil er wild um sich schlägt und austritt. Er zieht dich mit runter, du hast keine Chance. Also musst du ihm die Rettungsboje reichen und ein wenig abwarten, bis er sich halbwegs beruhigt hat. Ich schaffte es, zu ihm hinauszuschwimmen, und er hielt glücklicherweise so lange durch. In seiner Nähe löste ich die Klettverbindung von der Gurtschlaufe der Rettungsboje, zog mir den Gurt über den Kopf und schob einen Arm durch, sodass der Gurt sicher quer über meinem Oberkörper saß. So war ich mit der Boje verbunden, die ich ihm nun hinschob. Es ist eine Art Schwimmbrett mit Griffen, an denen sich der zu Rettende festhalten kann.

In 15 Grad kaltem Wasser unterkühlt jemand sehr schnell, das unterschätzen die meisten Leute. Wenn die Kerntemperatur des Körpers von 37 Grad um zwei oder mehr Grad sinkt, beginnt bereits die Unterkühlung: Erst kommt das Muskelzittern, dann Lähmungen der Muskulatur und schließlich der Verlust des Bewusstseins.

Wenn sich ein kraftloser Schwimmer helfen lassen will und sich an der Boje festhält, musst du versuchen, trotz des Wellengangs in Reichweite zu bleiben. Immer auf der Lauer, um im richtigen Moment zuzupacken. Wenn der Hubschrauber da ist, legst du ihm den Gurt an, und er wird hochgezogen.

Wir haben den Mann retten können. Er war unterkühlt, hatte ziemlich viel Wasser geschluckt, war aber nach der Notversorgung relativ schnell wiederhergestellt. Er hatte unglaubliches Glück! Für mich war es die Feuertaufe. Du kannst noch so viel trainieren und Notfälle simulieren, nichts ist so echt wie der Ernstfall. Um uns Rettungsschwimmern den Respekt zu nehmen, wurde uns von Beginn an eingebläut: »Wenn du nicht da bist, um zu helfen, säuft er ab. Also lass dich nicht stressen! Hab selbst keine Panik!« Hatte ich nicht, im Gegenteil: Ich fand das richtig cool. Als Teenager hältst du dich für den Größten, weil du eben jemanden gerettet hast, dann selbst im Hubschrauber hochgezogen wirst, am Strand runterspringst, und alle haben dir dabei zugesehen. Im dem Moment dachte ich mir: Du bist ein ziemlich geiler Typ! Na ja, in dem Alter darf man das.

An Tagen mit den richtig großen Wellen, sechs bis sieben Meter hohe Brecher, konnten viele von uns *lifesavern* nicht anders und haben sich reingestürzt. Eine Herausforderung, eine Mutprobe – so wie Jungs halt eben sind. Meist war ich mit Craig Scarpa unterwegs, aber da gab es noch viele andere wilde Typen, die das Leben in vollen Zügen genossen haben und sich ausprobieren wollten mit ihrer Kraft. Ein Teil der Gruppe war etwa Mitte bis Ende zwanzig, also schon etwas älter als ich selbst damals. Einige haben es ziemlich weit getrieben. Zum Beispiel der Südafrikaner Chris Bertish und sein Bruder. Die Jungs waren knallhart, sind zum Surfen um die ganze Welt gereist auf der Suche nach den größten Wellen. Bertish hat vor ein paar Jahren die weltweit größte Welle genommen – auf natürlichem Weg. Das heißt: Er ist selbst reingepaddelt, wurde nicht von einem Jetski in die Welle reingezogen. Kurz darauf hat er den Atlantik überquert – auf einem Stand-up-Paddleboard. Wahnsinn, der Typ – schon damals!

Beim Rettungsschwimmen hat mich neben der Sinnhaftigkeit dieser Aufgabe auch der Wettkampfcharakter ziemlich schnell gepackt. *Surf Rescue* – das waren verschiedene Rennformate, aber meist eine Kombination mehrerer Sportarten: Strandlauf, Schwimmen und Paddeln auf dem Rettungsbrett, oft als Mannschaftsevent der unterschiedlichen Lifesaver-Clubs gegeneinander, alle aus der Region um Kapstadt.

Ich erinnere mich an einen Mannschaftsevent, bei dem vorher gelost wurde: Wer ist Opfer, wer ist Retter? Der Retter musste zu einem von einem Sportler simulierten Notfall aufs Meer rauspaddeln. Weil diese Disziplin nicht meine Stärke war, hoffte ich darauf, das »Opfer« sein zu dürfen, zog aber natürlich das »Retter«-Los. Da waren richtige »Paddeltiere« dabei, gegen die hatte ich kaum eine Chance. Manche dieser Jungs haben im Einerkajak an der Qualifikation für Olympia teilgenommen, eine ganz andere Liga also. Und mittendrin ich – als Hänfling. Doch im Meer braucht man immer etwas Glück, und weil die anderen schon weiter draußen waren, wurden sie von einer großen Welle an den Strand gespült, die ich weiter hinten gut navigieren konnte. Die Jungs und Mädels am Strand haben sich fast totgelacht, als wir als Erste wieder am Strand waren.

Südafrikanischer Meister ohne Pass

2000, ich war achtzehn, habe ich meinen ersten Life-Saving-Wettkampf außerhalb Kapstadts bestritten. Es war echt aufregend, meine erste Reise zu einem Rennen. Ohne meine Eltern. Ich bin mit ein paar Jungs aus dem Club im

Auto nach Port Elizabeth gefahren. Die Stadt liegt etwa achteinhalb Autostunden von Kapstadt entfernt an der Ostküste. Natürlich war ich ziemlich nervös. Und die Fahrt allein – mit einem Haufen Jungs in VW-Bussen – war schon abenteuerlich. Wir sind natürlich nicht gerade nach Vorschrift gefahren. Und dann wollte sich auch noch einer meiner verrückten Kumpel beweisen, indem er während der Fahrt »umsteigen« wollte – wie in einem schlechten Actionfilm.

Plötzlich ist er aus einem der Fenster aufs Dach geklettert, wo die Surfbretter befestigt waren. In dem Moment hatte er bei uns schon einen Legendenstatus erreicht. Mit achtzehn findet man so was noch cool. Aber spätestens sein Tigersprung auf den dicht neben uns herangefahrenen zweiten VW-Bus ist in die Klubgeschichte eingegangen. Es ging hier halt nicht nur um den Sport, sondern ums Prestige.

In Port Elizabeth haben wir uns dann am Strand richtig verausgabt, abends dann eher an der Bar im Surfclub. Eines war mir immer klar – wenn der Startschuss fällt, gebe ich alles. Und dann habe ich diesen Strandlauf über zwei Kilometer tatsächlich gewonnen. Ich wurde südafrikanischer Meister bei den Herren. Und das, obwohl ich keinen südafrikanischen Pass hatte, lediglich eine Aufenthaltsgenehmigung. Ich habe damals akzentfrei Afrikaans und Englisch gesprochen, die Jungs wussten nicht, dass ich Ausländer war. Also bin ich einfach als Südafrikaner gestartet. Dabei sein war eben alles. Dass ich dieses Einzelrennen gewonnen habe, war schon richtig geil, ich war megastolz. Ich bekam meine erste Medaille. Leider habe ich sie nicht mehr. Aber die Badehose von damals, eine

Clifton-Badehose mit unserem Klubemblem drauf, die habe ich bis heute aufgehoben. Und die erinnert mich an meine Anfänge als Wettkämpfer.

Der gewonnene Wettkampf war ein besonderes Ereignis in meinem jungen Leben und eine gute Erfahrung. Die Leute um mich herum – Bekannte, Freunde und die Kumpel aus dem Life Saving Club in Clifton – haben sich mit mir gefreut. Kurz danach hieß es jedoch: Alles schön und gut, aber jetzt geht es wieder weiter. Schule, Training und Schicht schieben am Strand.

Mein bester Kumpel und zugleich Mentor war damals Craig Scarpa. Ich hatte ihn über das Team der Rettungsschwimmer kennengelernt. Craig hat mir sehr viel bedeutet, weil er vom Charakter her das genaue Gegenteil zu mir war, ein ganz anderer Typ: sehr introvertiert, sehr nachdenklich, ein eher künstlerisch veranlagter, kreativer Mensch. Er hat mich trainiert, richtig gepuscht. Uns hat vereint, dass wir bewegungssüchtig waren, und so haben wir extrem viel Zeit miteinander verbracht. Obwohl er deutlich älter war als ich, hat er mich auf seine sportlichen Abenteuer mitgenommen. Unsere Verbindung war die Natur, das Meer und die Berge. Wir sind zusammen Kajak gefahren bei riesigen Wellen, haben Mountainbiketouren unternommen oder lange Bergläufe gemacht, zum Beispiel eine 28-Kilometer-Runde um den Tafelberg mit 1100 Höhenmetern. Zwischen uns bestand eine freundschaftliche Rivalität. Wir haben gemeinsam überlegt, wie wir besser werden können – aber ohne Wettkampfcharakter. Wir wollten neue Höhen erreichen, es ging aber nicht in erster Linie darum, den anderen zu besiegen. Craig war mein erster Förderer außerhalb meiner Familie, hat immer an mich geglaubt. Ich habe ihn auch später immer mal wieder gesehen.

Conrad – harter Hund und Vorbild

Während meiner Zeit in Clifton habe ich den Triathleten Conrad Stoltz kennengelernt, und zwar eines Sonntags beim → Freiwasserschwimmen. Das habe ich auch eine Zeit lang als Rettungsschwimmer betreut, indem ich mitgeschwommen bin. Ich war achtzehn, und Conrad, acht Jahre älter als ich, wurde für mich zu einer Leitfigur. Allein durch den Altersunterschied. Ein harter Hund. *The Caveman*, der Höhlenmensch, ist sein Spitzname. Ein rauer Typ, der aus einer Kleinstadt im Nordosten Südafrikas kommt und kein Pardon kennt. Im Wettkampf galt für ihn »Augen zu und durch«. Als er eines Tages ein Reh mit dem Auto anfuhr, hat er das tote Tier aufgelesen, ins Auto getragen, zu Hause ausgenommen und auf den Grill gepackt. Man glaubt es kaum, aber von ihm konnte ich strukturiertes, analytisches Training lernen, etwa auf dem Fahrrad bestimmte Minutenintervalle in einer ganz spezifischen Wattzone zu treten. Allerdings lagen wir nie auf einer Wellenlänge, was den bestmöglichen Weg zur maximalen Leistung angeht. Nach manchen Trainingseinheiten hat er sich eben auch mal einen *thick shake*, einen fetten, ungesunden Milchshake von McDonald's gegönnt. Für ihn war das damals seine Belohnung für ein gutes Training, aber so richtig habe ich das nicht kapiert und hielt ihn für inkonsequent. Doch ich konnte selbst von dieser Lockerheit was mitnehmen und zugleich an seiner Seite einen ersten Einblick in die Welt eines Profitriathleten bekommen. Was für mich wichtig war: Ich wollte nun auch dorthin!

Ich habe seinen sportlichen Weg intensiv mitbekommen. Etwa, dass er nach Europa gegangen ist, um in Frankreich für einen Verein bei bestimmten Rennen zu starten. Damit hat er sein Geld verdient. Dass das mit Triathlon möglich ist, dass man mit der Sportart finanziell über die Runden kommen kann, war für mich völlig neu. Im Schlafzimmer seines Hauses in Stellenbosch hing so ein Show-Scheck. Diese überdimensionalen Dinger, die man bei Siegerehrungen bekommt. Stoltz hatte einen Triathlon in Chicago gewonnen und den Scheck bekommen. »20.000 Dollar« stand da drauf. Alter Schwede, dachte ich mir, 20.000 Dollar! Da habe ich zum ersten Mal darüber nachgedacht, was ich mit meinem Sport verdienen und mir später vielleicht leisten kann. Dass ich mir eines Tages Träume erfüllen kann. Einen Mercedes AMG kaufen zum Beispiel ... Conrad war also mein erster Kontakt zum Triathlon und meine Inspiration. Ihn bei seinen sportlichen Aktivitäten zu beobachten öffnete mir die Augen dafür, was mit dem Sport möglich sein kann. Anfangs bekam ich nur ein müdes Lächeln von ihm, aber peu à peu konnte ich mir seinen Respekt erarbeiten, und er hat meinen Arbeitseifer zu schätzen gewusst. Als ich ihn aber einige Jahre später bei einem Provinzrennen geschlagen habe, hat er eine Woche lang nicht mehr mit mir geredet – gewinnen kann halt nur einer. Heute können wir drüber lachen und sind nach wie vor befreundet.

Ich begann also damit, Sportarten zu kombinieren, ohne dass ich wusste, wohin das eines Tages führen sollte.

Mein erster Triathlon – eine Überraschung!

Im Jahr 2000 habe ich an meinem ersten Triathlon teilgenommen. Das Rennen, damals eine richtige Wald-und-Wiesen-Veranstaltung, fand rund 120 Kilometer von Kapstadt entfernt in Caledon statt. Rund 800 Leute waren am Start, die meisten von ihnen Hobbysportler wie ich, einfache Amateure. Ich bin Dritter geworden, muss aber zugeben, dass da alles drunter und drüber ging und auch nicht wirklich viele starke Triathleten am Start waren. Die zwei Jungs, die vor mir ins Ziel kamen, waren schon richtig gut, bestritten internationale Wettkämpfe, der Rest des Feldes bestand aus Amateuren. In der Szene wurde mein dritter Platz als Überraschung gewertet. Schon damals ging es mir nicht nur um den Spaß, obwohl ich das ohne gezieltes Training gemacht habe, einfach frei Schnauze. Ich kannte dort niemanden, war ja ein völliger Newbie, ein blutiger Anfänger. Das Beste war: Für meinen dritten Platz bekam ich als Preis ein Triathlonoutfit. Der nächste Mosaikstein.

Wenn ich mal wieder in Südafrika bin und ein paar Trainingskilometer auf dem Rad von Stellenbosch aus fahre, komme ich dort vorbei. In diesen Momenten im Sattel denke ich: Wow, hier hat alles begonnen. Eine echt schöne Erinnerung.

Ein knappes Jahr später, im März 2001, habe ich an meinem ersten internationalen Triathlon teilgenommen, im

Elite-Rennen. Dieser Afrika-Cup, vergleichbar mit einem Europacup-Rennen, wurde in einem Resort namens *Club Mykonos*, wunderschön gelegen in der Langebaan Lagune, ausgetragen. Mein Vater motivierte mich für dieses damals für mich sehr anspruchsvolle Rennen, indem er sagte: »Wenn du dort mitmachst, fahre ich mit dem Fahrrad hin und schaue zu.« Versprochen ist versprochen. Mein Vater tat mir leid, weil er 160 Kilometer lang Gegenwind hatte. Morgens um sieben fuhr er los, es war ein höllisch heißer Tag, und er war fast acht Stunden unterwegs. Zurück ist er dann mit uns im Auto gefahren. Ich beendete das Rennen mit Magenkrämpfen auf den hinteren Rängen, und so fuhr meine Mutter zwei geschlagene Helden zurück nach Hause.

Abi in der Tasche

2001 habe ich an der Deutschen Schule in Kapstadt mein Abitur gemacht, in einer angenehm kleinen Klasse mit vierzehn Schülern. Mein Abschluss mit Note 2,4 war nicht fantastisch, aber ausreichend und okay. Zu dem Zeitpunkt hat mich das nicht wirklich groß gejuckt. Meinen Eltern war wichtig, dass ich überhaupt Abitur mache. Im Nachhinein wurde mir klar, dass ich mit ein wenig mehr Aufwand deutlich mehr hätte bewegen können.

In diesem letzten Schuljahr bekam der Sport im Allgemeinen und speziell der Triathlon eine immer größere Bedeutung für mich. Meine Eltern spürten das natürlich auch. Als ich wieder einen dieser Strandlaufwettbewerbe gewonnen hatte, stellten sie mich eines Tages vor die Wahl:

»Du bekommst eine Belohnung, kannst wählen: Wir finanzieren dir die Partywoche nach dem Abitur mit deinen Kumpeln, oder wir spendieren dir ein neues Paar guter Radschuhe.« Denn die hatte ich mir zuvor stets von meinem Vater geliehen. Natürlich wäre es bei der Abifahrt auch ums Feiern und Saufen gegangen. Meine Mutter wusste, dass ich mich für die Radschuhe entscheiden würde. Obwohl ich es damals noch nicht realisiert habe, begann ich, mit solchen Entscheidungen Schritt für Schritt kompromisslos in eine ganz bestimmte Richtung zu gehen: zur Profikarriere, zum Triathlon.

Mein großes Glück war, dass mich meine Eltern immer haben machen lassen, dass sie mir nie gesagt haben, dass meine Liebe für den Sport zu nichts führen würde und ich lieber was Anständiges lernen soll. So konnte ich meinen Weg gehen und meinem Traum näher kommen.

Kapitel 2

Habe letzte Nacht nicht lange geschlafen – höchstens drei oder vier Stunden. Mehrmals bin ich mitten in der Nacht aufgewacht: Panik! Habe ich verschlafen? Habe ich den Wecker nicht gehört? Nein, alles gut. Fehlalarm. Wenn ich ganz früh rausmuss, vor Wettkämpfen oder Flügen, habe ich immer Angst zu verschlafen. Das ist die Anspannung, klar. Aber ich weiß, ich brauche sie, um das meiste rauszuholen. Ohne Anspannung kein Wettkampf. Halb sieben ist schon eine verdammt frühe Startzeit. Denn es ist ja ratsam, gut drei Stunden vor einem Rennen aufzustehen, damit der Kreislauf in Schwung kommt und das Frühstück halbwegs verdaut ist. Ich jedenfalls mache das immer so. Physiologisch gesehen ist die vorletzte Nacht vor dem Rennen wichtiger als die letzte. Von Donnerstag auf Freitag musst du dich richtig regenerieren, gut schlafen, zumal die Tage davor in → Kona hektisch und anstrengend sind. Die letzten Trainingseinheiten stehen auf dem Programm. Dazu Termine hier, Termine dort. Interviews, Pressekonferenzen. Für mich als Titelverteidiger viel mehr als für die anderen. All die bekannten Gesichter, die ich hier sehe, die Leute, die ich treffe, mit denen ich aber jetzt nicht wirklich lange quatschen kann und möchte.

Am Morgen des Rennens bin ich der Erste in unserem Haus, der wach ist und aufsteht. Um kurz nach drei gehe ich in die Küche, mache mir einen Kaffee. Es ist noch ganz still im Haus, draußen stockdunkel. Ich beginne mit meinem täglichen Ritual, mir einen guten Espresso zuzubereiten. Dafür habe ich auf jeder Reise meine Handmühle und eine Hand-Espressomaschine dabei. In der Stille des Hauses mahle ich meine Bohnen und setze Wasser auf.

Während ich meinen Espresso schlürfe und langsam wach werde, stehen nach und nach die anderen auf. Meine Frau Emma, mein Manager und bester Freund Felix Rüdiger. Ich lege mich auf die Massagebank. Albert Lorza Planes, mein Physiotherapeut, macht mit mir Dehnübungen, um die Muskeln aufzuwecken, auf Trab zu bringen. Aktivierung vor Sonnenaufgang, ein wenig Stretching. Ich ziehe mich an, kontrolliere noch einmal, ob alle meine Sachen gepackt sind, die Getränke, alles, was ich brauche. Nur für eins nehme ich mir vor der Abfahrt noch Zeit: einmal noch aufs Sofa, die Beine hochlegen, Kopfhörer drauf, Musik an, Augen zu. Ich höre »Eye of the Tiger« von Survivor, das bringt mich in eine positive Grundstimmung. Im Kopf rattert währenddessen das Rennen im Schnelldurchgang durch.

Um 5 Uhr etwa fahren wir alle gemeinsam zum Start-Ziel-Bereich neben dem King Kamehameha's Beach Hotel. Ich will nicht allzu früh vor Ort sein, muss mich nicht wirklich groß warm machen, vielleicht 500 Meter einschwimmen. Bei einem Ironman dauert der Wettkampf so lange, die Belastung geht moderat los, also nicht direkt ein Vollsprint zur ersten Boje. Du musst deine Muskulatur nicht speziell darauf vorbereiten. Ein minimales Aufwärmprogramm reicht. Es ist noch dunkel, als der Start-Ziel-Bereich zum Ameisenhaufen wird. 2300 Starter, ob Profis oder → Age-Grouper, die Angehörigen, Freunde, Bekannte. 5000 Helfer sind an diesem Tag an der Strecke im Einsatz. Trotzdem ist es jetzt ganz leise, viel wird nicht mehr geredet. Alle Starter begeben sich in ihren → Tunnel, ein gemeinsamer, einzigartiger Energiefluss entsteht. Hier und da ein paar Worte, man grüßt sich kurz, nickt sich zu. Wenn einer der Amateure in diesen Momenten noch ein Foto oder ein Autogramm möchte, bin ich relativ unentspannt, das gebe ich zu. Aber all die Age-Grouper, die hier sind und sich mit dem Ironman einen Lebenstraum erfüllen, wissen auch, wie lange und hart sie für diesen Tag trainiert haben, was ihnen dieser Wettkampf bedeutet. Ich kann meine Anspannung nur schwer verbergen, will nicht unhöflich sein, marschiere daher schnurstracks durch die Masse zur → Wechselzone auf dem Pier, der ab 4.45 Uhr geöffnet ist. → Bodymarking steht auf einem Schild, das zu einem Zelt auf dem Parkplatz des Hotels weist. Dort bekomme ich von den Helfern meine Startnummer, die 1 für den Titelverteidiger, aufgemalt. Der Ablauf ist Routine, alles einstudiert. Nun sind alle Formalitäten erledigt.

Dann noch ein letztes Mal vorbei an meinem Fahrrad. Ein prüfender Blick, ein letzter Check, die Reifen noch einmal aufgepumpt, die Wasserflaschen und Verpflegung am Rad positioniert. Felix fragt mich über die Absperrung ein letztes Mal, ob alles passt. Kein Betreuer darf in den für die Athleten abgesperrten Bereich. Wir gehen eine Checkliste durch. Man darf sich nie zu sicher sein. 2014 ist mir beim finalen Aufpumpen des Vorderrads der Reifen geplatzt. Das war ein Schuss extra Adrenalin, auf das ich gut und gerne verzichtet hätte. Kann aber passieren. Wir haben es dann hektisch reparieren können. Bereits am Nachmittag zuvor muss jeder Profi und jeder Age-Grouper sein Fahrrad vor Ort beim feierlichen → Bike-Check-in abgeben. Dort wird es geprüft, in die vorgesehene Halterung gestellt, je nach Startnummer, und über Nacht bewacht. Keiner darf mehr ran. Nicht dass da jemand etwas manipuliert.

Nach dem letzten Materialcheck suche ich mir einen Platz im Vorstart-Bereich, vor der Wiese vor dem Hotel, wo wir einigermaßen ungestört sind. Weg von der Menge. In diesen Bereich dürfen nur noch die Athleten, ihre Betreuer und ihre Angehörigen. Meine Frau cremt mich ein mit Sunblocker auf den Armen, Schultern und Nacken. Dazu die Füße und die Achseln mit Vaseline, um Blasen und Scheuerstellen vorzubeugen. Noch einmal sitzen, anlehnen. Ein letztes Mal entspannen. Und dann geht es ab zum Wasser. Quer durch die Massen der Athleten, die alle auf ihren Start warten, die zwölf Treppen runter vom Pier ins Wasser. Es ist 6.22 Uhr, die Sonne gerade aufgegangen, diese rotgelbe Kugel hat sich über den Hügel geschoben. Ein einheimischer Glaubensführer singt ein traditionelles hawaiianisches Lied, preist den Sonnenaufgang und wünscht allen Teilnehmern einen erfolgreichen Tag.

Mein Ziel, als ich ein Dreikäsehoch war

Die Faszination für Sport, mein heutiger Lebensinhalt, meine Leidenschaft, rührt von einem Schlüsselerlebnis, das ich mit gerade mal sieben Jahren hatte. Meine Eltern haben, wie schon erwähnt, ja immer umgeschaltet oder den Fernseher ausgemacht, wenn Sport kam. Als wir einmal zu Besuch bei meinen Großeltern in Paderborn waren, habe ich im Garten gespielt, die Familie war beim Mittagessen. Und plötzlich waren alle weg, hingen drinnen vor der Glotze. Olympia. Die Sommerspiele von Seoul 1988. Es musste etwas Besonderes sein. Es kam Sport, und der Fernseher wurde nicht ausgeschaltet! Selbst meine Eltern haben geschaut. Ich weiß nicht mehr, was lief, aber das hat alle fasziniert. Mich kleinen Knirps auch. Ich fühlte mich magisch angezogen. Es kam etwas im Fernsehen, das alle bewunderten. Die Sportler im Stadion wurden gefeiert, bekamen Anerkennung von den Zuschauern. In dem Moment wusste ich: Da will ich mal hin, das will ich auch erleben. Und gewinnen! Damals hatte ich natürlich nicht die geringste Ahnung, wie und in welcher Sportart. Es ging mir nur um Olympia. Von jetzt auf gleich hatte sich Olympia in meinem noch nicht vorhandenen Lebensplan verankert. Irgendwo im Hinterkopf habe ich es abgespeichert, als Siebenjähriger setzt man sich ja keine bewussten Ziele, macht keine konkreten Pläne.

An die Spiele von Barcelona 1992 habe ich dagegen keine besondere Erinnerung. Wir waren gerade nach Südafrika gekommen. Keine Sportart im Fernsehen hatte mich besonders fasziniert, erst im Nachhinein wurde mir bewusst, wie legendär Dieter Baumann zu Gold über 5.000 Meter gelaufen ist. Vier Jahre später, bei den Spielen von Atlanta 1996, war ich nun immerhin knapp fünfzehn. Da war das etwas ganz anderes, da habe ich ja schon sehr aktiv trainiert. Die Basketballer, das US-Dreamteam, trumpfte damals auf, was ich aber nur am Rande mitbekommen habe. Weil ich ja schon aktiver Schwimmer war, hat mich ein anderes Ereignis begeistert: Penny Heyns gewann sowohl über 100 Meter als auch über 200 Meter Brust. Es waren die ersten Goldmedaillen für Südafrika nach der Wiederzulassung des Landes zu den Olympischen Spielen. Und weil die Gewinnerin unseren Schwimmtrainer Karoly kannte, kam sie eines Tages auch zu uns und zeigte uns die Goldmedaillen. Wir durften sie anfassen, das war unglaublich!

Vier Jahre später gab es dann noch eine Steigerung. Die Sportart Triathlon war zum ersten Mal olympische Disziplin, und ich kannte tatsächlich jemanden persönlich, der 2000 an den Sommerspielen von Sydney teilnahm: den Triathleten Conrad Stoltz, den Conrad, mit dem ich zusammen bei den Rettungsschwimmern in Clifton gelegentlich trainiert habe. Ich habe schon erzählt, wie sehr ich ihn bewunderte. Er war eine Leitfigur für mich, den acht Jahre jüngeren Teenager. Meinen ersten Triathlon, den ich je gesehen habe, war der olympische in Sydney im August 2000, und Conrad war dabei. Acht TV-Kanäle haben damals in Südafrika beinahe rund um die Uhr die Spiele übertragen – ganz großes Kino für mich! Ich habe alles verfolgt, alles aufgesogen, meist allein vor dem TV: Der Kanadier Simon Whitfield gewann die Goldmedaille, der Deutsche Stephan Vuckovic holte Silber. Conrad startete auf dem Fahrrad einen Ausreißversuch, führte zeitweise das Feld an, kam am Ende als 20. ins Ziel. Spätestens nach diesem in vielerlei Hinsicht historischen Rennen war ich vom Triathlonvirus infiziert.

Auch Sarah Poewe, die mit mir in der Schwimmgruppe war, ist in Sydney gestartet. Somit war die Verbindung zu Olympia gleich doppelt gegeben. Doch Triathlon hat mich einfach fasziniert, und der Multisport wurde damals mein Ding.

Übrigens kamen auch meine Sporthelden der damaligen Zeit aus den drei Triathlonsportarten: Alexander Popow räumte im Schwimmen in den Neunzigerjahren alles ab. In Deutschland wurde Jan Ullrich ein Radsportheld. Der Größte war allerdings der Läufer Haile Gebrselassie. Er gewann 1996 in Atlanta und 2000 in Sydney Gold über 10.000 Meter. Und dies immer mit einem Lächeln auf den Lippen; keiner hat jemals Leiden so schön aussehen lassen wie er.

Ich muss es mir verdienen, Olympionike zu werden

Die Phase zwischen 2004 und 2008 war eine besonders wertvolle Zeit, vielleicht die wertvollste Zeit in meinem Leben, die ich aber nie wieder erleben möchte. Damals habe ich in Saarbrücken gewohnt, anfangs am Olympiastützpunkt im Wohnheim und dann in einer Wohngemeinschaft mit zwei anderen Sportlern. Wir haben am

Stadtwald nicht weit vom Olympiastützpunkt in einem kleinen Haus gelebt.

Ich war in der Nationalmannschaft und trainierte in der Hermann-Neuberger-Sportschule. Dort hatten wir einen Gemeinschaftsraum und haben die Spiele von Athen 2004 zwischen unseren Trainingseinheiten gemeinsam verfolgt. Vor allem natürlich die Triathlonwettbewerbe, das war ein großes Happening mit allen Jungs und Mädels aus der Gruppe. Ich erinnere mich noch gut, dass wir als aktive Sportler natürlich alles besser wussten. Wir waren klassische *armchair coaches*. Wir haben nicht verstanden, warum die Kommentatoren nicht noch mehr ins Detail gegangen sind und bestimmte Dinge erklärt haben. Und wir haben die deutschen Teilnehmer angefeuert, es waren ja schließlich unsere Trainingspartner und Kollegen aus der Nationalmannschaft.

Es war eine extrem prägende Phase in meinem Sportlerleben, nicht nur wegen Athen. Mein Kumpel, Trainingspartner und großes Vorbild war Daniel Unger, der als Triathlet 2002 in Frankfurt erstmals Deutscher Meister geworden war und sich für die Olympischen Spiele 2004 qualifiziert hatte. Er freute sich auf Athen, hatte die Olympiaklamotten schon in der Tasche, als bei ihm ungefähr 14 Tage vor den Spielen Pfeiffersches Drüsenfieber diagnostiziert wurde. So konnte er in Athen 2004 nicht als Sportler, sondern am Ende nur als TV-Co-Kommentator während der Triathlonübertragungen teilnehmen.

Die jahrelange Vorbereitung und all die Energie, die er hineingesteckt hatte, waren von einem auf den anderen Augenblick dahin. Alle Anstrengung schien umsonst gewesen zu sein. Da habe ich erstmals gesehen, wie zerbrechlich diese Träume sein können, er hatte sich so gut vorbereitet, war in Topverfassung gewesen. Das war ein harter Rückschlag für ihn und sein ganzes Umfeld.

Des einen Pech ist des anderen Glück. So wurde damals der → U23-Weltmeister Sebastian Dehmer als Ersatz nominiert. Hinter Sebastian, der ein Jahr jünger ist als ich, bin ich im Mai 2004 auf Madeira Vizeweltmeister geworden. Er war völlig unerwartet in das deutsche Herrenteam nachgerückt und kämpfte neben den erfahrenen Sportlern Andreas Raelert und Maik Petzold. Sebastian flog als Olympionike nach Athen und nicht etwa ich selbst. Sebastian war eben deutlich besser, das musste ich anerkennen. Er hatte es sich mehr verdient. Sebastian kam in Athen auf Platz 26, bester Deutscher wurde Andreas Raelert als Sechster.

Und weil die Jungs noch ein ganzes Stück stärker waren, wusste ich, dass ich mich mächtig ins Zeug legen musste, um meinen Traum Olympia eines Tages zu erreichen. Auch wurde mir damit klar, welchen Stellenwert allein schon die Nominierung für das olympische Team hat. Sie ist nicht selbstverständlich. Dein Land vor Ort vertreten zu dürfen ist die größte Ehre, die einem Sportler zuteilwerden kann, es ist alles, was du dir jemals erträumst. Dieser Traum sollte aber nicht mit der Nominierung enden. Beim Rennen ist wieder »alles« möglich. Die Spiele sind eine große Quelle der Inspiration, vor allem für Kinder und Jugendliche. Auch deswegen gilt es, den ursprünglichen Geist von Olympia zu verteidigen.

Mittlerweile sind die Entscheidungen mancher Sportfunktionäre in meinen Augen nicht mehr in Gleichklang mit dem Interesse des Sports beziehungsweise des olympischen Gedankens zu bringen. Die Grundidee geht verloren. Die olympischen Ringe auf den Wettkampfanzügen der Sportler, die Nadeln an den Revers der Funktionäre oder die Flaggen am nationalen Olympiastadion und an den Regierungsvertretungen müssen wieder Symbole für Fairness und Transparenz werden.

Unterstützung zur richtigen Zeit

Nach den Sommerspielen in Athen 2004 war mir endgültig klar: Ich wollte zu Olympia! Ich habe mein Ziel immer deutlicher gesehen: Peking 2008. Nun hatte ich vier Jahre Zeit, den arrivierten Jungs Paroli zu bieten, es mir und den anderen zu beweisen, dass ich es verdient hatte, nominiert zu werden.

Es war – abgesehen von Daniel Ungers Pech – eine super Zeit damals. Allerdings habe ich da auch erstmals nach meinen frühen Kindheitsjahren in Deutschland einen ganzen Winter hier verbracht, was für mich als Sonnenkind extrem hart war und was ich nicht wiederholen möchte. Und hinzu kam, dass ich als Sportler in der Ausbildung noch richtig am Hungertuch genagt habe. Ganze 200 Euro habe ich monatlich von der Sporthilfe bezogen, zum Sterben zu viel, zum Überleben zu wenig.

Doch dann kam es, dass ich im Saarland buchstäblich aufgefangen wurde. Damals hat sich Gerd Meyer, seit 2002 Präsident des Saarländischen Landessportverbandes, meine Geschichte angehört. Ich war als junger, talentierter Athlet mit dem saarländischen Triathlon-Verbandspräsidenten bei ihm, und Gerd Meyer hat es ermöglicht, dass ich über eine Vereinsbeheimatung in einem saarländischen Verein unterstützt wurde und von meinem Sport tatsächlich erstmals leben konnte. Endlich musste ich mich ums tägliche Brotverdienen nicht mehr sorgen. Das war ein bedeutender Schritt für mich, um mich von nun an noch mehr dem Sport widmen zu können.

Was diese Zeit außerdem so besonders gemacht hat, war der Arbeitseifer in unserer Saarbrücker Trainingsgruppe. Andreas Raelert, den wir auch als »Duracell-Mann« bezeichnet haben, war dabei ein extrem fleißiger Typ, der sehr hart und vor allem sehr viel mit uns trainiert hat und anscheinend keine Pause brauchte. Dann waren da noch Maik Petzold, der wohl talentierteste der Truppe, Daniel Unger, mein großes Vorbild, der Ausgeglichene unter uns, und Steffen Justus, der Jüngste, ein Lauftalent und schon ewig im Kader. Das war also eine schlagkräftige Gruppe, die am Olympiastützpunkt in Saarbrücken trainiert hat. Damals war die Philosophie die, so viele gute Sportler wie möglich zusammenzuführen und darauf zu hoffen, dass aus ihnen ein paar Weltklasseathleten werden. Das hat ja auch später geklappt. Viele sind auf internationaler Ebene erfolgreich geworden.

Ich wurde eine Weile lang von Ralf Ebli trainiert, der anfangs Stützpunktleiter in Saarbrücken war und das sehr gut gemacht hat. Leider musste er dann aus familiären Gründen umziehen, und mit dem Ferntraining hat das nicht mehr funktioniert. Ein Jahr lang, 2006, war Wolfgang Thiel mein Trainer. Wir haben uns dann kurz vor der Olympiaqualifikation getrennt, weil ich damals einfach ein Dickkopf war und mit seiner ruhigen Art nicht klarkam. Er war zu dieser Zeit nicht der passende Gegenpol zu mir. Dann kam 2007 Roland Knoll ins Spiel, mit dem ich von da an sechs Jahre trainiert habe und unter dem ich zum Olympiasieg 2008 gekommen bin. Ich schätze ihn sehr. Wir sind auch nach wie vor sehr gut befreundet. Er war wie kein anderer für mich da, annähernd rund um die Uhr verfügbar, zu jedem Thema. 2013 ist er bei der Deutschen Triathlon-Union ausgeschieden und Landestrainer in Bayern geworden, unser gemeinsamer Weg endete damit. Zuvor hatte er mir empfohlen, mir jemanden zu suchen, der mich in Saarbrücken betreuen könne. So wurde Dan Lorang mein Trainer und ist es bis heute geblieben. Dan tut mir mit seiner nüchtern-analytischen Art gut. Als er mich zum ersten Mal traf, sagte er mir, was er von meinen Leistungen hielt. Er war sehr ehrlich und sprach das, was nicht gut war, auch sofort an. Er ist ein Zahlenmensch, weiß ganz genau, was realistisch ist und nicht, und er ist ein ausgleichender Typ, während ich selbst ja eher ein Hitzkopf war und es heute manchmal noch bin. Dan analysiert ganz cool, was Sache ist. Er bewahrt mich davor, übers Ziel hinauszuschießen. Als Spitzensportler musst du ja nicht nur hoch motiviert sein, sondern auch einschätzen können, was geht und was nicht geht, um effektiv zu trainieren, um möglichst viel herausholen zu können.

»Es gibt keinen Plan B, gell?«

Unsere Anstrengungen 2007 sind dann mit einem vorläufigen Highlight gekrönt worden: Das war die Weltmeisterschaft 2007 in Hamburg, wo Daniel überraschend den Heimsieg eingefahren hat. Und damit begann eine Triathloneuphorie in Deutschland. Ich wurde damals Sechster und hatte mir gemeinsam mit Daniel einen Platz im deutschen Team für Peking 2008 erkämpft. Diese wichtige Hürde zum Traum war somit genommen.

Daniel und ich haben uns damals gegenseitig extrem motiviert, richtig gepuscht, aber es war uns auch klar, dass es nicht immer so bleiben würde. Daniel und ich wollten täglich besser werden, um von einem guten Niveau zu einem Weltklasseniveau zu kommen. Das war eine wirklich sehr prägende Phase, was meine Triathlonlaufbahn betraf. In dieser Zeit nahm ich an einem Sporthilfeforum zur dualen Karriereplanung teil. In einer Art Seminar haben die Teilnehmer über ihre geplante Ausbildung und ihr Studium kurz referiert. Rund zwanzig Leute waren vor mir dran und haben erzählt und erzählt: Sie machen dies und das, hier und da. Und wenn es nicht klappt, dann eben so und so. Ich kam als Letzter dran und habe gesagt:

»Meine Damen und Herren, es ist mir jetzt ein bisschen unangenehm, das hier so zu sagen. Ich möchte Triathlon-Olympiasieger werden. Aber ich habe keinen Plan B – also muss Plan A funktionieren.«

Großes Gelächter im Raum, die Tutoren fanden es gut – na ja, wenigstens den Mut, es auszusprechen. Das war keine Arroganz, sondern vielmehr die Wahrheit, nach der ich mein Leben ausgerichtet habe.

Peking 2008 – olympisches Gold

Die letzten Wochen vor dem lang ersehnten Rennen in Peking hatten wir mit dem kompletten deutschen Triathlonteam auf der Insel Jeju in Südkorea verbracht. Dieser Ort bot uns Ruhe, gute Trainingsstätten und vor allem ein ähnlich schwüles und unangenehmes Klima, wie es für den Wettkampfort vorausgesagt wurde. Und das war die perfekte Wahl, denn am 19. August 2008, am Tag des Rennens um die Medaillen, war es einfach abartig heiß. Und der blaue Himmel über Peking – die Maßnahmen zur Luftreinhaltung hatten zumindest sichtbaren Erfolg – schirmte die Sonnenstrahlen nicht ab.

Das Schwimmen und Radfahren verlief relativ unspektakulär, es gab keine entscheidenden Attacken, und alle Favoriten warteten nur aufs Laufen und versuchten so viel Kraft wie möglich zu sparen bis dorthin. Das war auch meine Taktik, allerdings wusste ich von den Neuseeländern, dass sie einen ihrer Athleten nur als Helfer mitgebracht hatten. Und das machte ich mir zunutze und hängte mich beim Schwimmen schon an seine Füße. Ich konnte darauf vertrauen, dass ich dort gut aufgehoben war. Ich kam mit der Spitzengruppe als Zwölfter aus dem Wasser.

Die letzten paar Hundert Meter vor der zweiten Wechselzone sind immer furchtbar hektisch, denn jeder versucht, beim »Absprung« vom Rad ganz vorne zu sein. Und als ich den Neuseeländer nach vorne fahren sah, klebte ich kurze Zeit später an seinem Hinterrad. Wieder eine richtige Entscheidung, denn er preschte aggressiv nach vorn und nahm mich mit. Und ich stieg ganz vorne in der großen Gruppe der Favoriten vom Rad.

Beim Laufen wurde es dann spannend: Die 10 Kilometer gingen über vier Runden. Auf den ersten beiden war das Tempo hoch, aber noch nicht extrem. Dennoch formte sich eine Spitzengruppe von knapp zehn Sportlern. Es war klar, dass bald etwas passieren würde. Und bei Kilometer 6,5, an einem kurzen Steilstück, war es so weit. Einer verlor die Nerven, lief die erste richtige Attacke. Die Gruppe fiel sofort auseinander. Ich habe mich spontan entschlossen, nicht zu parieren, sondern bin konstant weitergelaufen und habe vier Athleten etwas davonziehen lassen. Ich wusste genau, wenn ich überdrehe und in den roten Bereich komme, wird sich mein Puls bei der extrem starken Hitze nie wieder erholen. Heute denke ich, dass das der Schlüsselmoment in meinem Rennen war, die richtige Entscheidung zur richtigen Zeit. Denn schon wenige Minuten später waren wir fünf wieder vereint und liefen zusammen die letzte Runde. 1,5 Kilometer vor Schluss waren wir nur noch zu dritt an der Spitze: der Neuseeländer Bevan Docherty, der Spanier Javier Gómez und ich. Der kanadische Goldmedaillengewinner von 2000, Simon Whitfield, war anscheinend abgehängt und lief ein paar Meter hinter uns. Auf dem letzten Kilometer, als wir wieder in das »Stadion« mit den großen Zuschauerrängen zum Finale einliefen, fingen die taktischen Spielchen an, und wir drei Spitzenreiter wurden langsamer. Ich konnte auf der Großleinwand sehen, dass dank unseres »Poker«-Tempos Simon wieder aufgeholt hatte. In dem Moment, als ich auf die Großleinwand geschaut habe, hat er seine Kappe in einem symbolischen Akt weggeworfen und ist aggressiv nicht nur an uns herangelaufen, sondern gleich an uns vorbeigezogen. Er hat nicht lange gefackelt und ungefähr 600 Meter vor dem Ziel schon zum Sprint angesetzt. Es war nun auch klar, dass einer von uns vieren keine Medaille bekommen würde, einer sollte die Rechnung für die Taktik der letzten paar Hundert Meter bezahlen. Ich aber hatte mich die ganze Zeit auf diesen Sprint vorbereitet und ihn auch genau so erwartet. Ich war dort, wo ich sein wollte, und ich war fast erleichtert, als es endlich losging.

Eines war ganz merkwürdig. Das Zuschauergebrüll, die Hubschraubergeräusche und der ganze andere Umgebungslärm verschwanden plötzlich für mich. Ich hörte nur noch das Atemholen und Luftschnappen meiner Konkurrenten, ein nahezu irrealer Moment. Denn es gab ja tatsächlich sehr viele Umgebungsgeräusche, was mir erst im Nachhinein so richtig bewusst wurde.

Durch Simons Tempoverschärfung wurde Javier abgehängt, und als es nach der letzten 180-Grad-Wende auf die 300 Meter lange Zielgerade ging, war ich hinter Simon, und Bevan war hinter mir. Simon legte nun endgültig richtig los, und ich blieb in seinem Windschatten bis zu den allerletzten 150 Metern. Dann scherte ich nach links aus, rannte an ihm vorbei und sah mich nicht mehr um, sondern konzentrierte mich nur auf das Ziel. Ich war mir nicht sicher, ob noch jemand hinter mir war, und hatte einfach nur Angst, dass doch noch jemand an mir vorbeikommen würde. Ich wollte auf Nummer sicher gehen und bin mit einhundert Prozent Vollgas durchs Ziel gelaufen. Mit einem Freudenschrei ließ ich mich erschöpft und überglücklich hinter der Ziellinie fallen.

Im Nachhinein habe ich dann erst gesehen, dass ich so einen guten Vorsprung hatte, dass ich die letzten Meter mehr hätte genießen können. Aber die Freude, dass ich als

Erster die Linie hatte überqueren können, überwog alles andere. Nachdem ich mit meinen engsten Freunden und Begleitern ausgiebig gefeiert hatte, ging es dann zurück ins olympische Dorf. Und dort habe ich drei Jungs aus dem Seminar wiedergetroffen. Sie grinsten mich an und meinten: »Es gibt keinen Plan B, gell?« Ein geiler Moment!

Mein Freund Felix Rüdiger schmiss nach Peking endgültig sein Studium, und wir gründeten kurz darauf unsere erste gemeinsame Firma mit dem Namen: »Plan A«. Seither kümmert sich Felix als mein Manager um das Geschäftliche.

Nach Olympia – Achterbahnfahrt der Gefühle

Nach den Spielen in Peking fühlte ich eine gewisse Leere in mir, denn der Gedanke an das olympische Finale hatte bis dahin mein Leben vollständig ausgefüllt – es farbig und reich gemacht! In den Jahren davor wurden die Gedanken an das Rennen immer konkreter, nahmen Form an. Denn wer bei den Olympischen Spielen eine Chance haben will, muss sich dem Sport hundertprozentig hingeben. Im Nachhinein war es das leichteste Ziel, das ich mir je gesetzt habe – nicht vom sportlichen Standpunkt aus, sondern aus mentaler Perspektive. Du bekommst ein konkretes Datum, Jahre im Voraus, du hast einen ganzen Stab an Trainern, Wissenschaftlern und Offiziellen, die immer wieder deinen Leistungsstand prüfen und dich auf das Ziel einschwören. Und die Erzählungen über die Spiele, der Nimbus, den sie haben, geben deinem Ziel Olympia ein Gewicht, das du im Sport sonst suchen kannst. Mit dem Erreichen dieser Ziellinie aber war die positive Anspannung bei mir wie weggeblasen. Mein Traum war in Erfüllung gegangen. Und so, wie ich vorher geträumt hatte, dass ich es schaffe, hatte ich im Nachhinein noch ein paarmal den Albtraum, es nicht geschafft zu haben. Deshalb blieb die Medaille eine ganze Weile in Reichweite meines Betts, damit ich mich vergewissern konnte, dass ich mein Ziel erreicht hatte – und es damit auch abgehakt war für mich.

In den ersten Monaten nach Peking habe ich das Loch, in das ich nach diesem Sieg fiel, natürlich noch gar nicht wahrgenommen, denn ich war nur unterwegs, und die Zeit verflog im Nu. Jeder klopfte mir auf die Schulter und sagte, wie toll alles sei, und da habe ich schnell den Blick für das Wesentliche verloren. Es kam alles sehr unvermittelt: Plötzlich war ich innerlich desorientiert und ziellos. Ich dachte: Warum um 6.00 Uhr aufstehen? 7.00 Uhr reicht doch auch. 5 Kilometer schwimmen? 4 Kilometer reichen doch auch! Ich wollte mich auf meinen Lorbeeren ausruhen und meinte, es gebe einen Bonus fürs Schon-mal-geschafft-Haben. Aber der Sport ist hier wunderbar ehrlich und direkt. Bei den ersten Rennen in der Saison 2009 bekam ich dermaßen »einen Schuss vor den Bug«, dass mir schmerzhaft bewusst wurde: Ein leicht reduzierter Aufwand führt ohne Umwege und ganz schnell zum Mittelmaß.

Für die Sportwelt war klar – »Olympiasieger, jetzt musst du Weltmeister werden!« Schließlich war der Olympiasieg mein erster großer internationaler Erfolg. Weltmeister zu werden, wäre ein logischer Schritt gewesen, aber es war nicht mein persönlicher. Sportlich hatte ich das Jahr 2009 schon vergeigt, bevor es richtig losging. »Das kann schon mal passieren, so ein Übergangsjahr«, redete ich mir ein und ignorierte dabei, dass mir das neue Serienformat zur Weltmeisterschaft (ein Punktesammeln, wie man es von der Formel 1 kennt) weder richtig lag noch mich hundertprozentig motivierte.

Diese Einsicht hatte ich zu dem Zeitpunkt aber noch nicht, und ich habe das Ruder nicht herumgerissen. Es hat lange gedauert, bis ich begriffen habe, dass es mit »einfach weiter« nicht getan war.

2010 habe ich Emma näher kennengelernt, deshalb war es ein besonderes Jahr für mich. Wir haben jede freie Trainingsminute für uns genutzt, viel gelacht und waren von da an unzertrennlich. Auch sportlich schien bei mir von außen betrachtet wieder alles nach Plan zu laufen. Ich konnte wieder Rennen gewinnen und bin tatsächlich als Führender der WM-Wertung im September zum Finale nach Budapest geflogen. Schon ein vierter Platz hätte mir zu dieser wichtigen Wegmarke gereicht. Aber was dann folgte, war der absolute Tiefpunkt meiner Karriere. Ich glitt in einen Burnout, war schon vor dem Rennen mental völlig überfordert und dem öffentlichen Druck nicht mehr gewachsen. Ich mutete mir auch eine Menge an Verpflichtungen und Terminen zu, was die Situation natürlich nicht besser machte. Es war eine Zeit, in der ich vor dem Rennen Abstand von alledem gebraucht hätte. Aber da ich mich als Sportler definiere und der Sport nicht nur mein Beruf ist, sondern meine Berufung, konnte ich diesen Schritt damals einfach nicht vollziehen und kam enttäuscht als 41ster ins Ziel.

Mit einem solchen Misserfolg hatte ich zuvor nie umgehen müssen. Ich musste lernen und erleben, dass die dramatische Niederlage eben auch nur eine sportliche war und nicht mein ganzes Leben infrage stellte. Nun hatte ich die Quittung für die Unehrlichkeit mir selbst gegenüber bekommen.

Wäre ich ehrlich zu mir gewesen, hätte ich mir eingestehen müssen, dass ich seit dem 19. August 2008 nicht mehr wusste, was ich sportlich erreichen will. Es war keine schöne Zeit, aber meine Frau Emma, meine Eltern, Felix und seine Frau Isabell haben mir sehr geholfen und mich vor Schlimmerem bewahrt. Insofern war es menschlich eine wertvolle Phase für mich.

Als ich aus dem Tief wieder raus war, habe ich mir die Verteidigung meiner Goldmedaille in London 2012 als neues Ziel gesetzt. Aber die Magie der Spiele war nicht dieselbe wie zuvor. Mein Trainer und Freund Roland Knoll hat nochmals mit eisernem Willen versucht, alles aus mir herauszuholen und mich in eine siegesfähige Form zu bringen, doch vor allem eine rätselhafte Verletzung im Frühjahr des Olympiajahres hat mich erneut zurückgeworfen.

Dann begann eine Odyssee rund um den Globus. Ich suchte nach Antworten. Keiner konnte mir sagen, warum meine Achillessehne so wehtat. Da war kaum Flüssigkeit, orthopädisch schien alles in Ordnung zu sein, und mein Kopf wollte auch. Das ging über einige Monate so, und irgendwann, als mein Vater mich in der Reha besuchte, wurde mir bei einem unserer Gespräche klar, dass im Leben überhaupt nichts *muss*. Selbst dass ich nochmals laufen würde, war kein Muss. Wenn ich fest daran glaubte, könnte es vielleicht mit vereinten Kräften noch mal was werden, aber ohne den Glauben an eine Heilung würde es

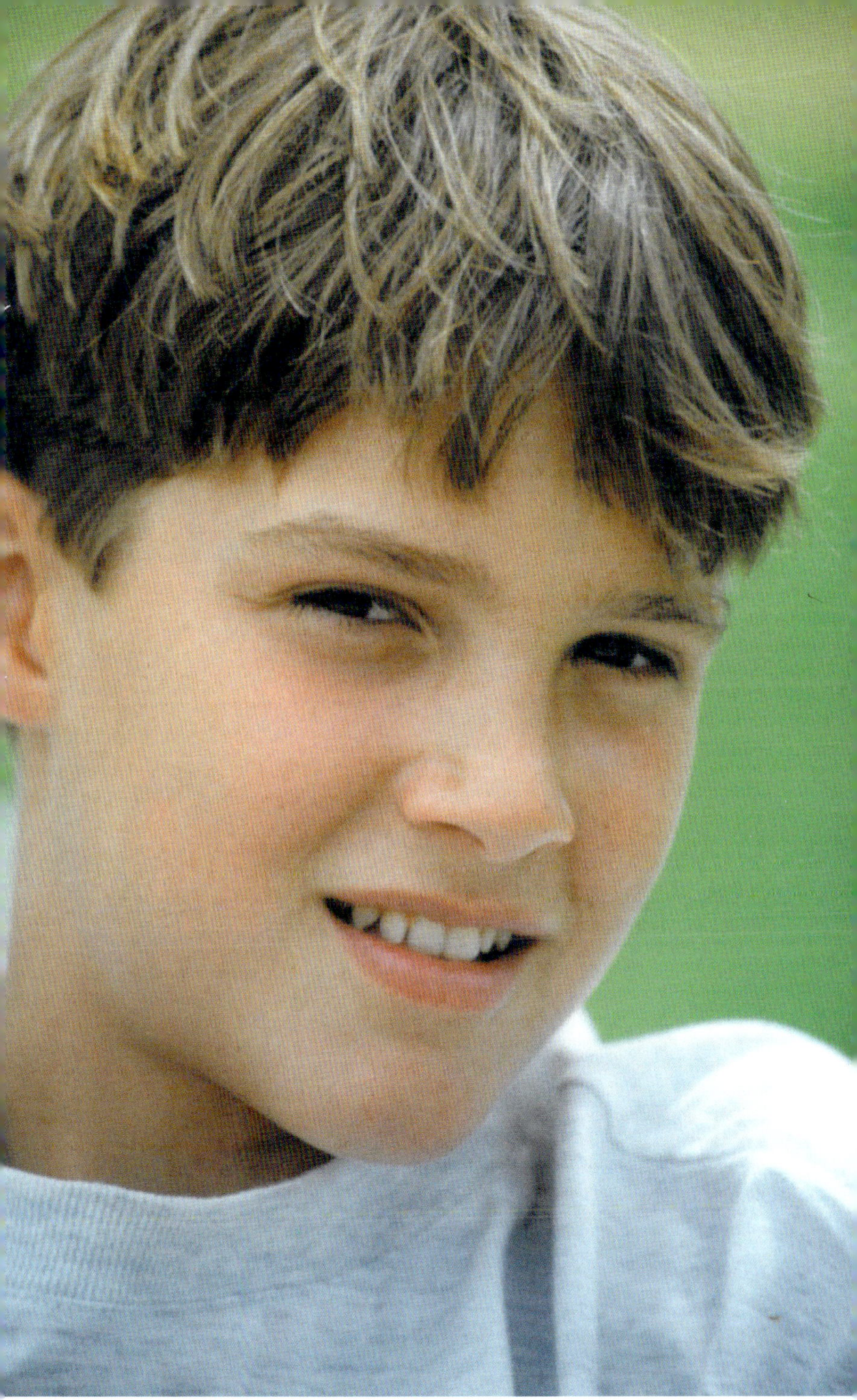

Gerade habe ich meinen 12ten Geburtstag gefeiert und fühle mich nun in Südafrika richtig wohl.

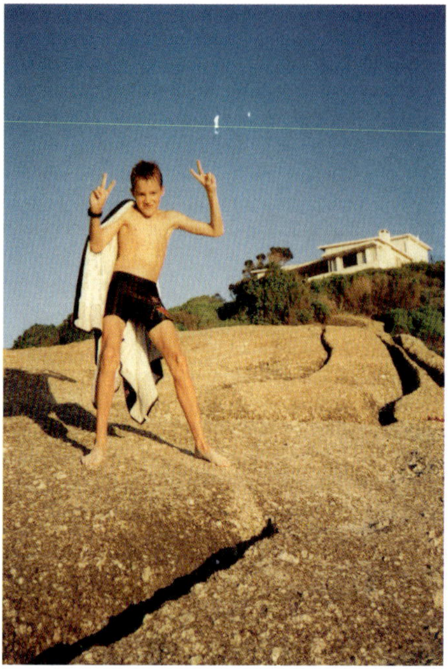

Mein erster Sommer in Südafrika, in Llandudno, einem malerisch am Meer gelegenen Stadtteil von Kapstadt, 1992.

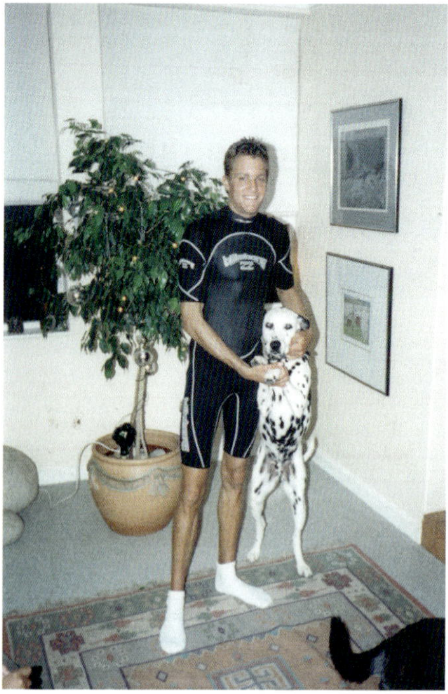

Als ich vom Surfen kam, hat mich unser Hund Max zu Hause in Camps Bay freudig begrüßt.

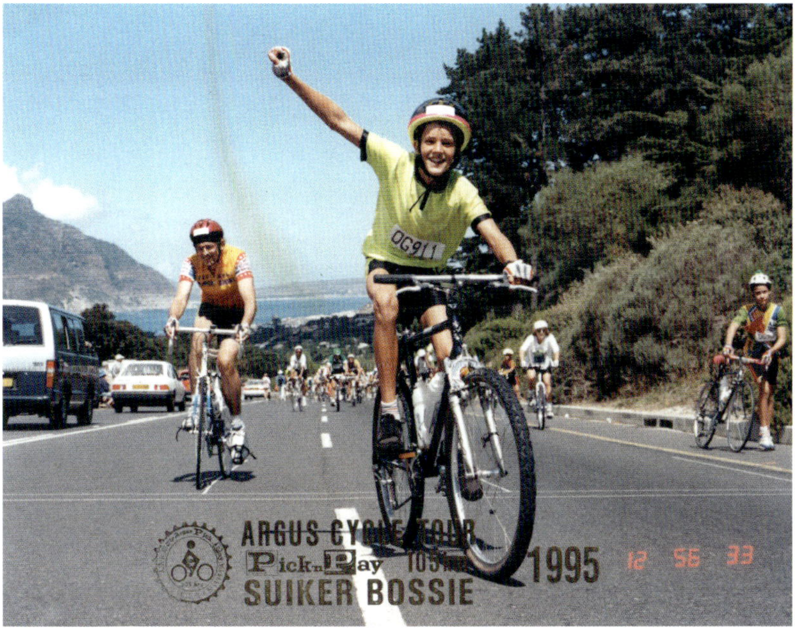

Mit meinem Dad habe ich als 14-Jähriger zum ersten Mal an der berühmten Argus Cycle Tour in Kapstadt teilgenommen. An der Steigung zum Suiker Bossie habe ich vor lauter jugendlichem Überschwang meinen Dad auf meinem neuen Mountainbike überholt.

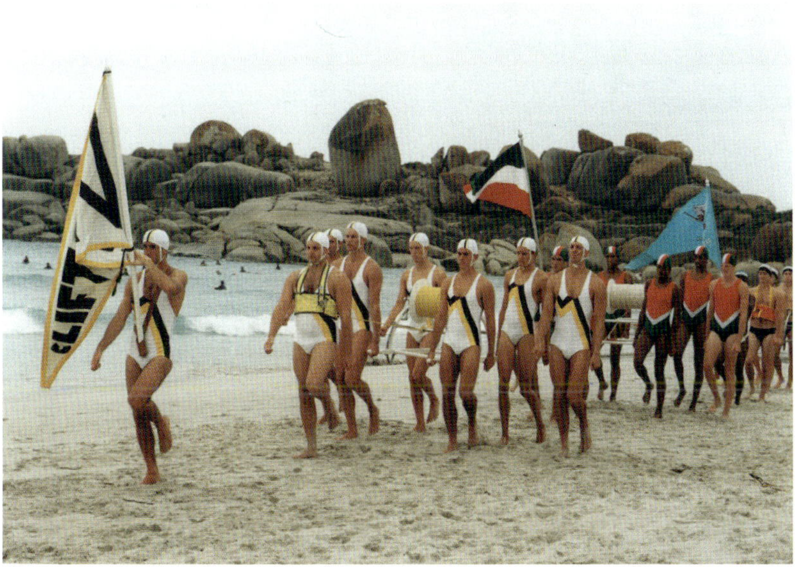

Als Mitglied des *Clifton Surf Life Saving Club* habe ich an verschiedenen Wettkämpfen teilgenommen.

An der Argus Cycle Tour in Kapstadt teilzunehmen war für mich ein Muss. Je älter ich wurde, desto besser war ich gerüstet. 2001 fuhr ich die Tour auf dem Rennrad.

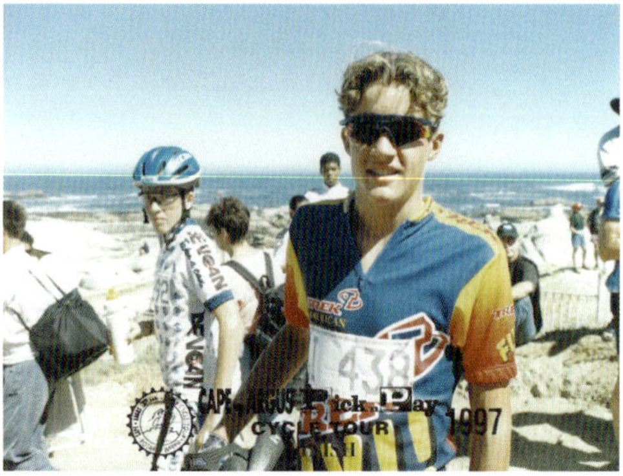

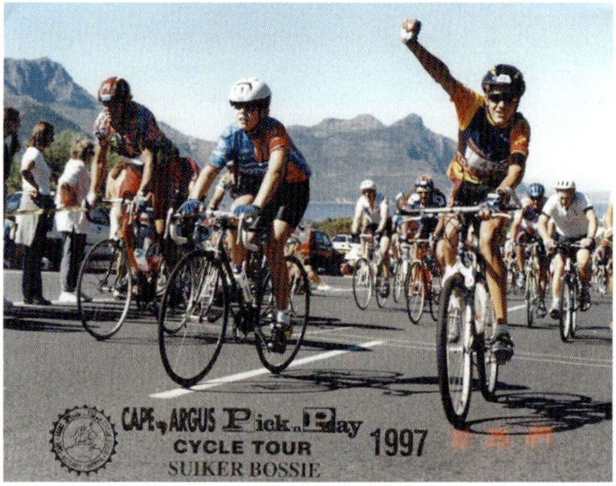

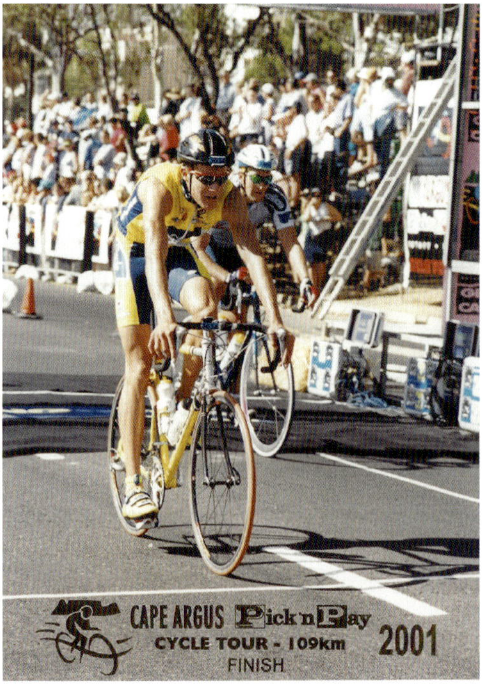

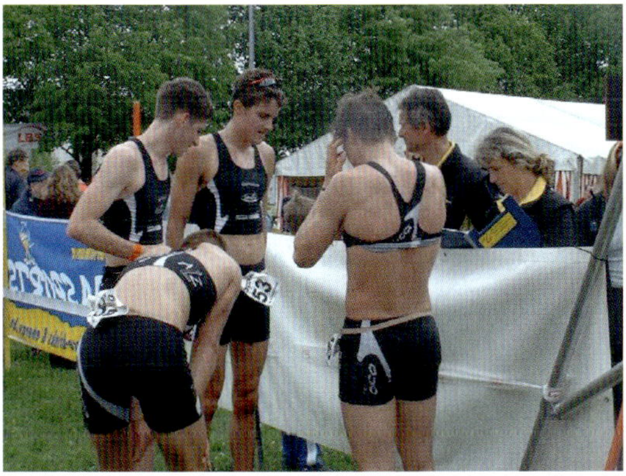

Mit Anfang 20 war ich in Deutschland und habe an ersten Wettkämpfen für den Sportverein ALZ Sigmaringen in der Landesliga von Baden-Württemberg teilgenommen. Die Familie Gneiting leitete das Team.

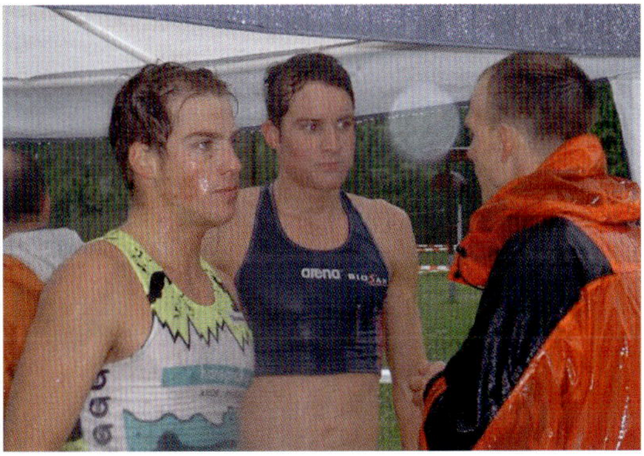

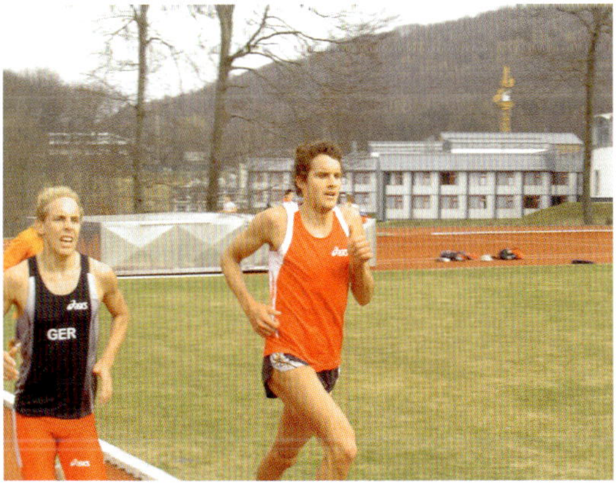

Hier mit Steffen Justus beim gemeinsamen Tempo Training auf der 400-Meter-Bahn der Saarbrücker Sportschule. Als sonnenliebender Mensch musste ich mich erst wieder an das Klima in Deutschland gewöhnen.

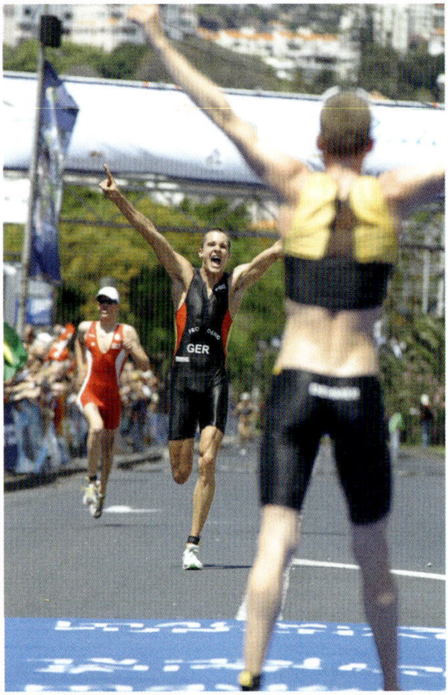

Bei der U23-Weltmeisterschaft auf Madeira 2004 laufe ich jubelnd als Zweiter ins Ziel ein und werde vom Sieger Sebastian Dehmer enthusiastisch empfangen.

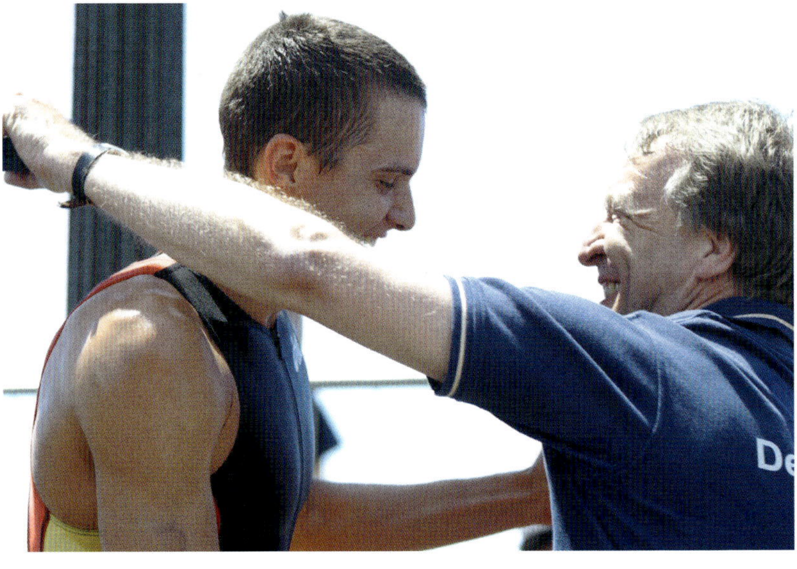

Die Freude über den ersten bedeutsamen Erfolg ist groß: Sportdirektor Rolf Ebeling teilte sie mit mir.

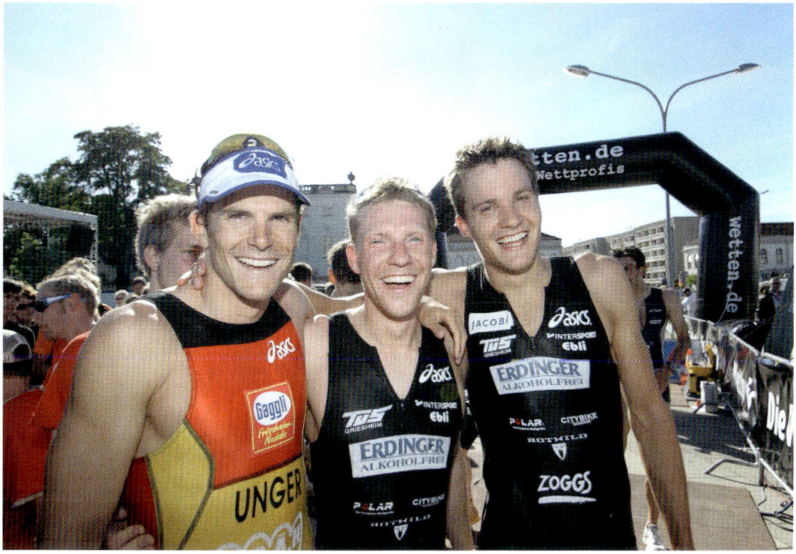

Wir strahlen um die Wette bei der Deutschen Meisterschaft in Potsdam 2005: Ich habe Bronze geholt, neben mir Sebastian Dehmer, der Gold-Junge, und Daniel Unger, der Silber gewann.

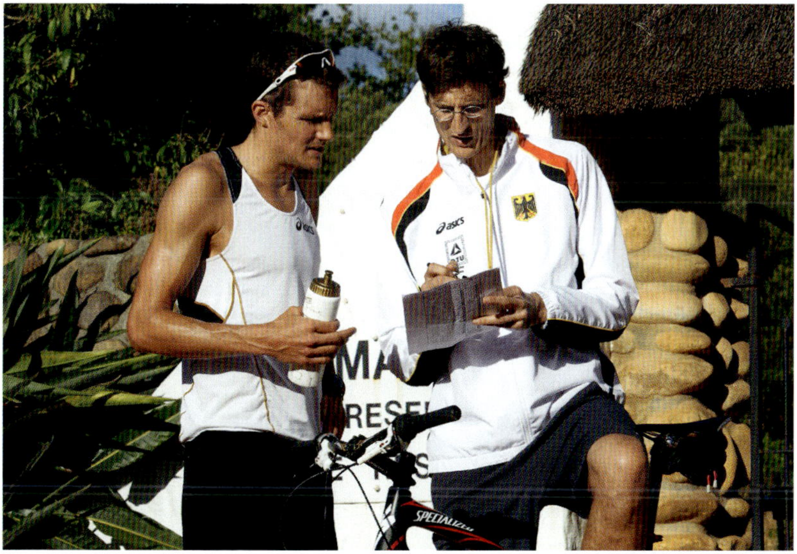

Seit 2007 habe ich mit Roland Knoll trainiert, mit dem ich mich Tag ein und aus auf Peking 2008 vorbereitet habe.

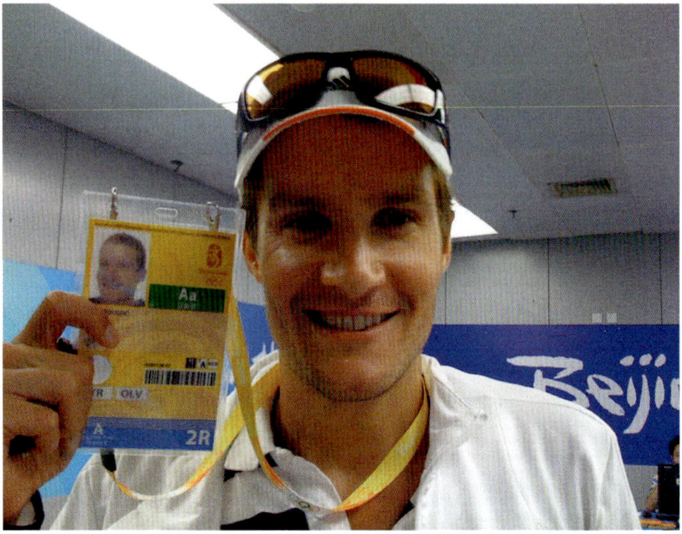

Nun habe ich es geschafft und zeige stolz meine Akkreditierung für die Olympischen Spiele in Peking 2008, meine Eintrittskarte zu den Spielen und zum abgeriegelten olympischen Dorf in der chinesischen Hauptstadt.

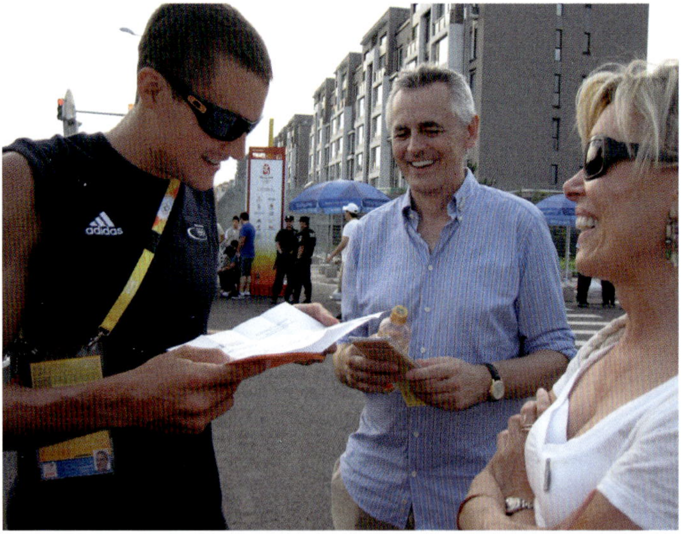

Der 18. August 2008 war aus zweifachem Grund ein großer Tag für mich: Nur einen Tag vor dem großen Rennen in Peking habe ich meinen 27. Geburtstag gefeiert. Meine Eltern mussten vor den Toren des olympischen Dorfs auf mich warten, um mir gratulieren zu können.

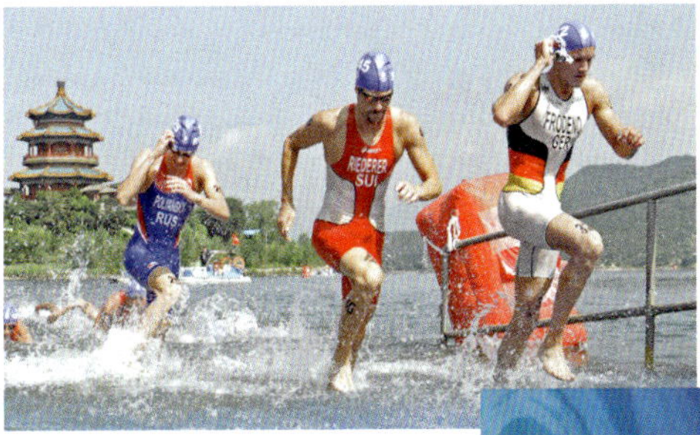

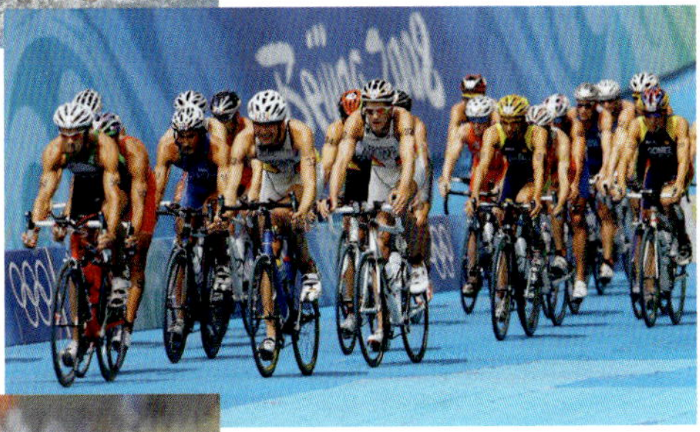

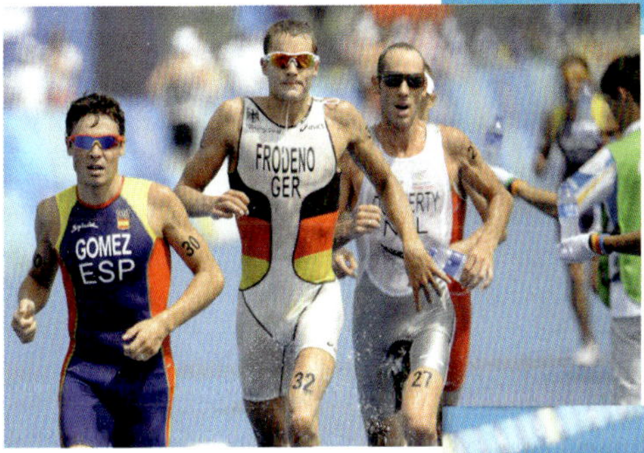

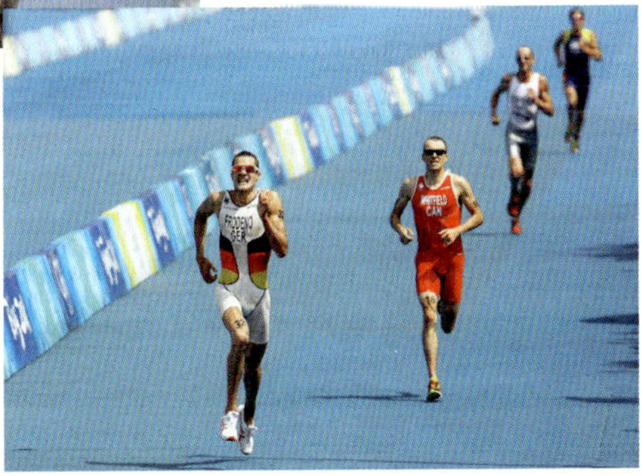

Der Tag meiner Träume, der 19. August 2008, in Peking: Ich bin gut geschwommen, das Radfahren war eher unspektakulär, aber richtig spannend wurde es beim Laufen. Hier ist unsere Spitzengruppe vor der Zielgeraden noch eng beisammen: Javier Gomez, ich selbst, Bevan Docherty und verdeckt Simon Whitfield. Im Sprint setze ich mich dann ab gegen Whitfield, der Silber holt, Docherty, der Bronze gewann, und Gomez, dem nur noch Blech blieb. Mit 27 Jahren hat sich mein Traum erfüllt, und ich habe die Goldmedaille gewonnen.

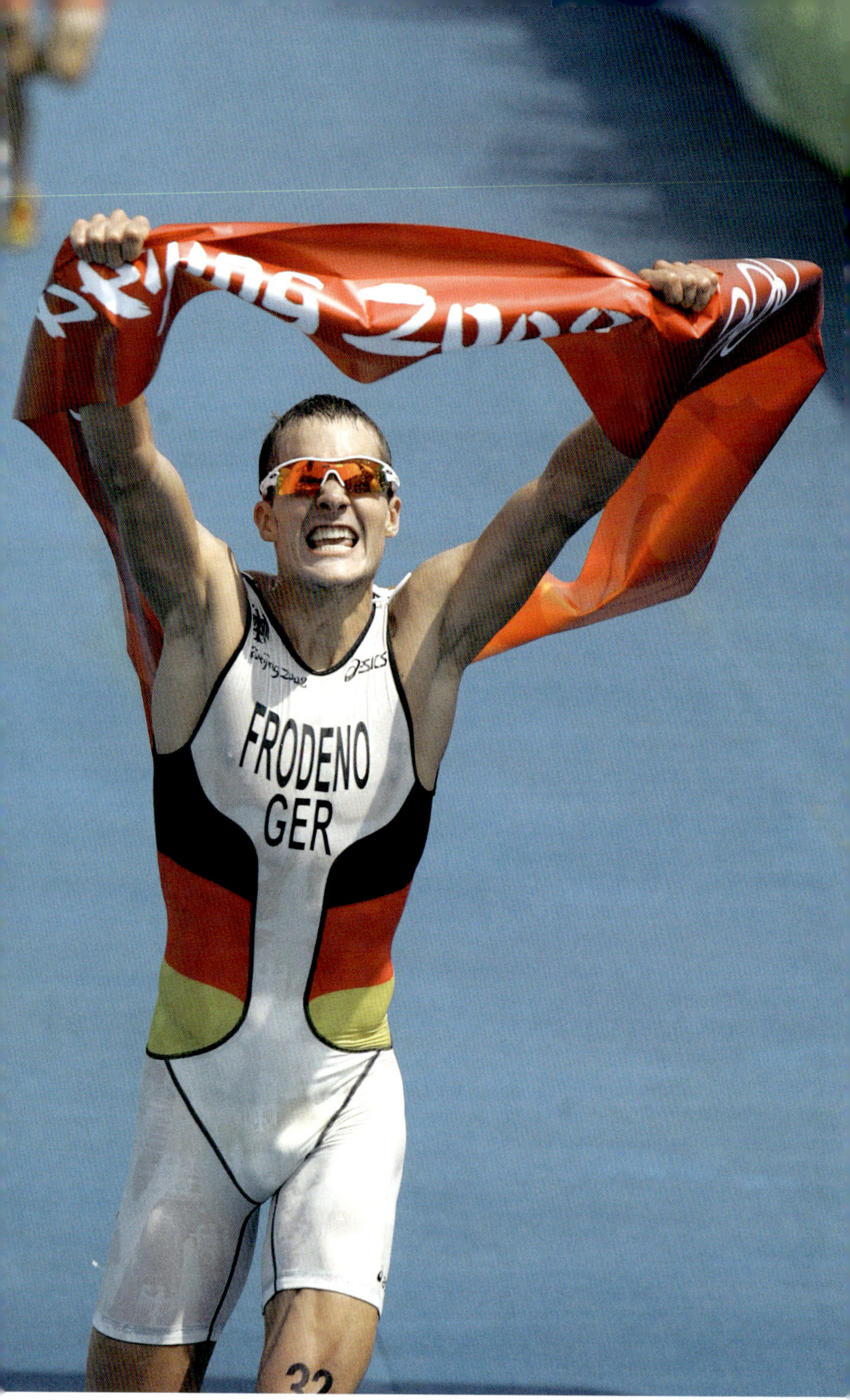

Überglücklich halte ich als Erster das rote Zielband hoch und feiere einen Triumph

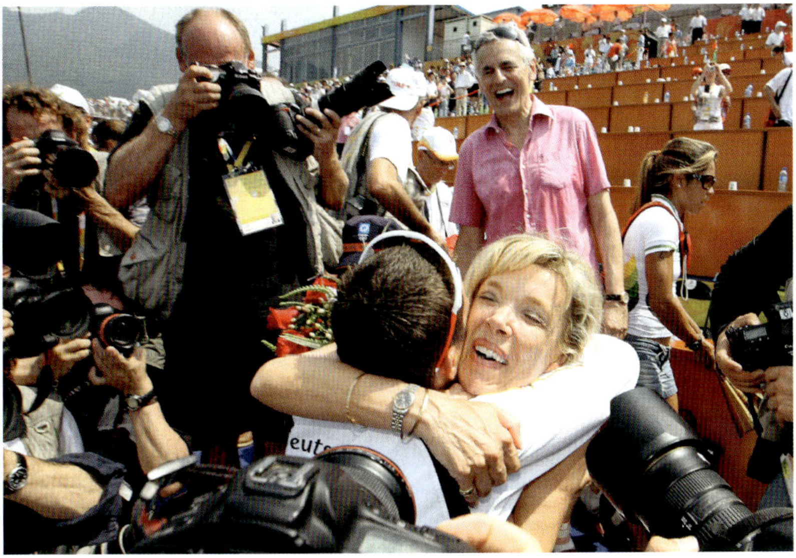

Meine stolzen Eltern gratulieren mir. Mum umarmt mich zuerst, mein glücklich lachender Dad ist im Hintergrund zu sehen. Er hat Mum und den Medienleuten den Vortritt gelassen.

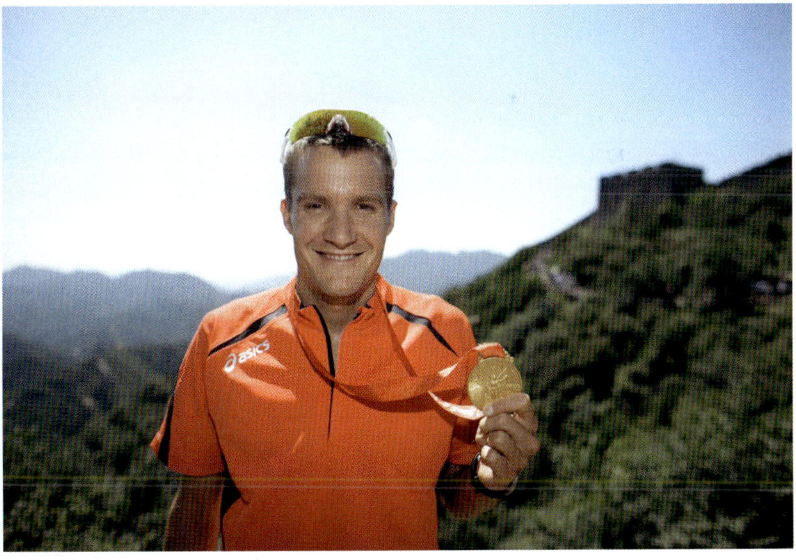

Was das Foto nicht zeigt: Ich stehe auf der Chinesischen Mauer, als ich stolz meine Medaille zeige. Die Goldmedaille behalte ich in der folgenden Zeit immer nah bei mir, bewahre sie am Bett auf, damit ich sie vor dem Einschlafen und beim Wachwerden sehe und weiß, dass ich sie tatsächlich gewonnen und nicht nur davon geträumt habe.

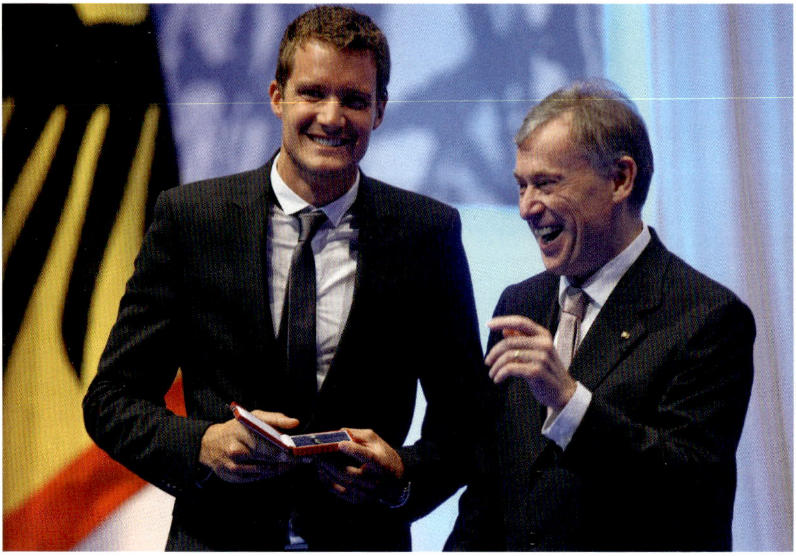

Bundespräsident Horst Köhler verleiht mir das »Silberne Lorbeerblatt«, die höchste sportliche Auszeichnung in Deutschland.

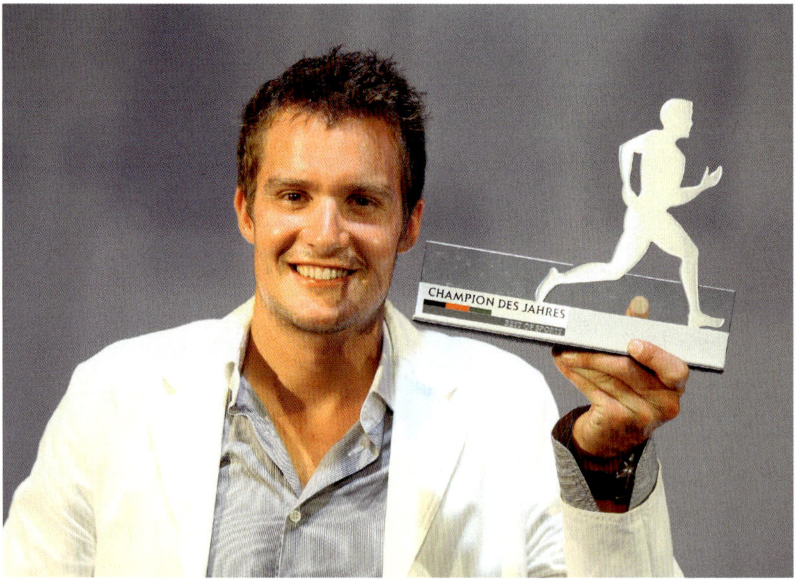

Hier bin ich Champion des Jahres 2008, gewählt von Deutschlands Spitzensportlern, die jährlich ihren Favoriten küren – ein ganz besonderer Preis, der die Wertschätzung und Akzeptanz in den eigenen Reihen ausdrückt.

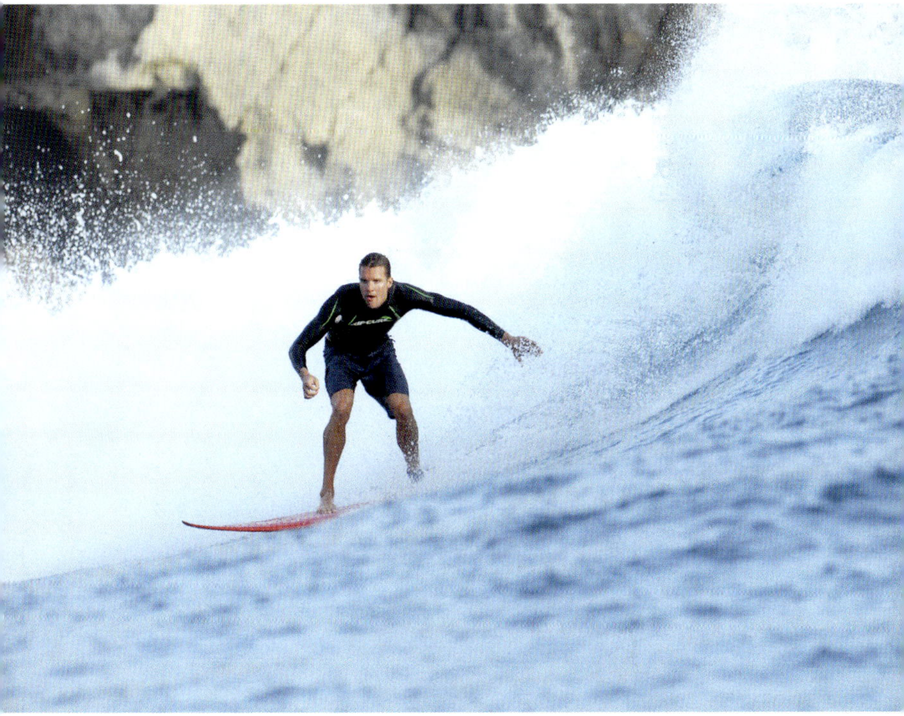

Als Champion des Jahres 2008 habe ich eine Traumreise nach Bali zum Wellenreiten gewonnen. Viele Tage habe ich dort gemeinsam mit meinem Kumpel Craig Scarpa, den ich aus Kapstadt kenne, auf dem Wasser verbracht. Wir haben das Surfen vor Südafrikas Küste gelernt, wo es ganzjährig große Wellen gibt.

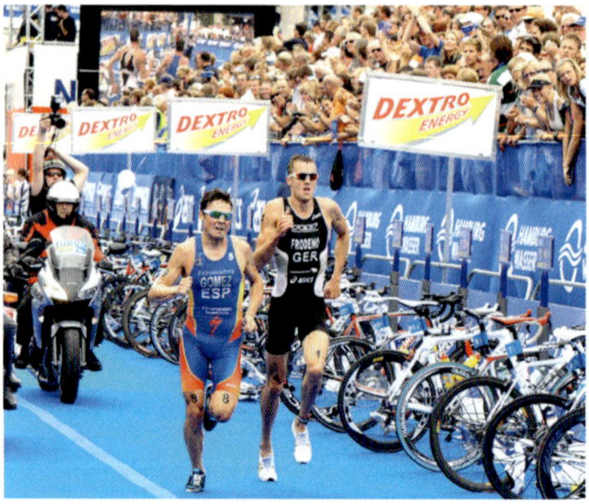

2010 war ein unvergessliches Jahr für mich, mit Höhen und Tiefen. Mit Javier Gomez habe ich mir beim Wettkampf in Hamburg ein besonders spannendes Duell geliefert. Mit der Kugel des WM-Führenden bin ich dann zum Finale nach Budapest gereist, war dem WM-Titel greifbar nah.

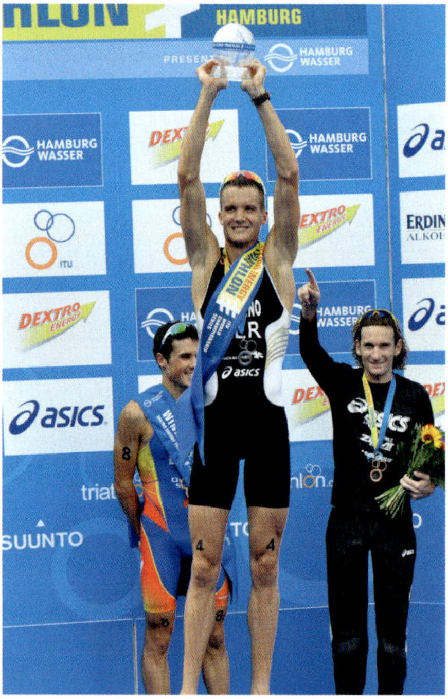

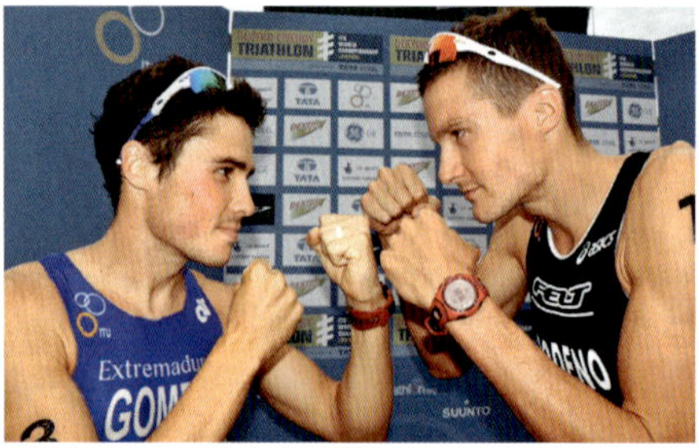

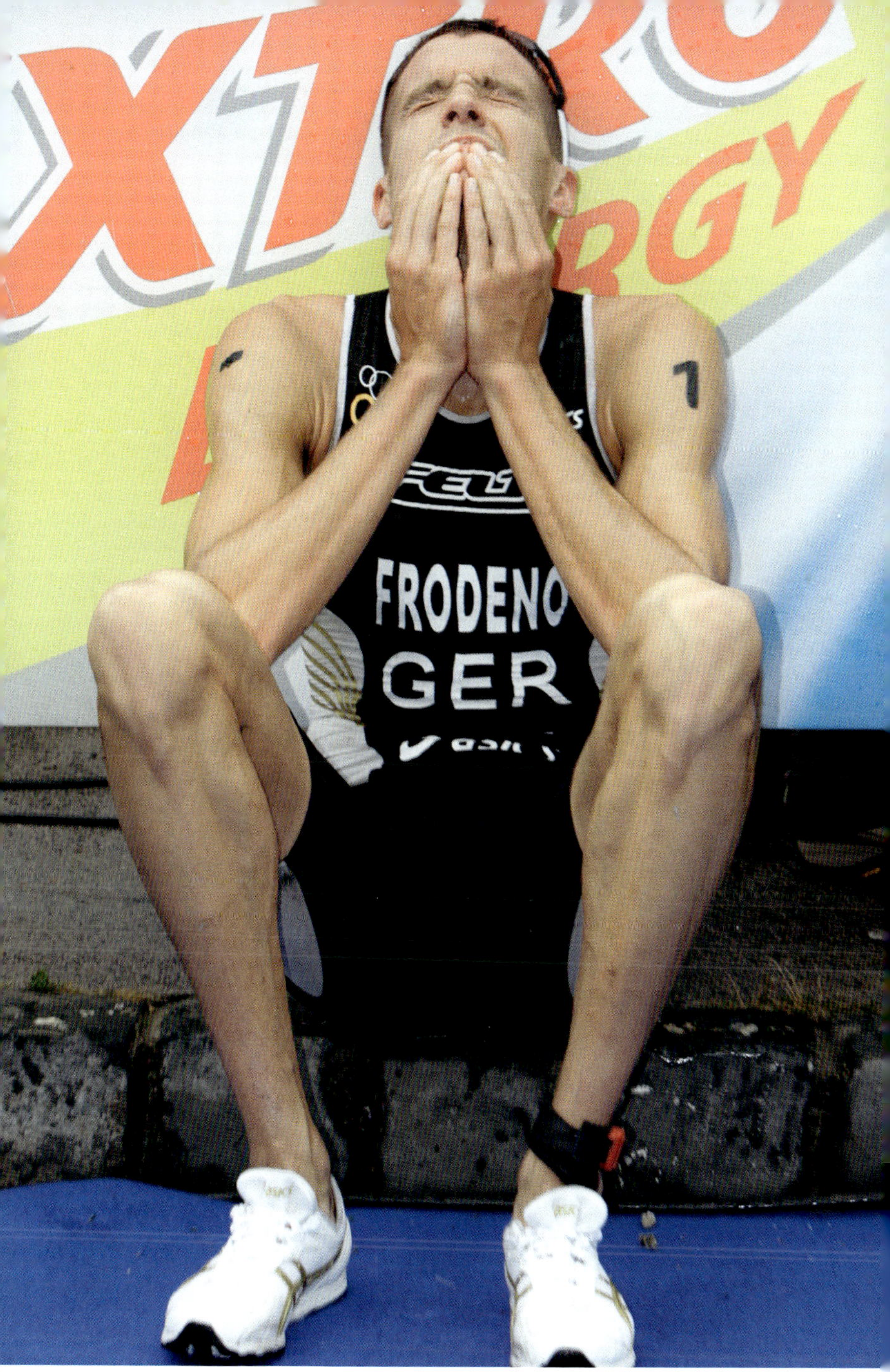

Noch kann ich es nicht fassen, am 11. September 2010 bin ich in Budapest auf dem 41. Platz gelandet, habe den WM-Titel verloren. Das hat mich noch lange ziemlich heftig mental beschäftigt, bevor ich mich dann wieder richtig aufgerappelt habe.

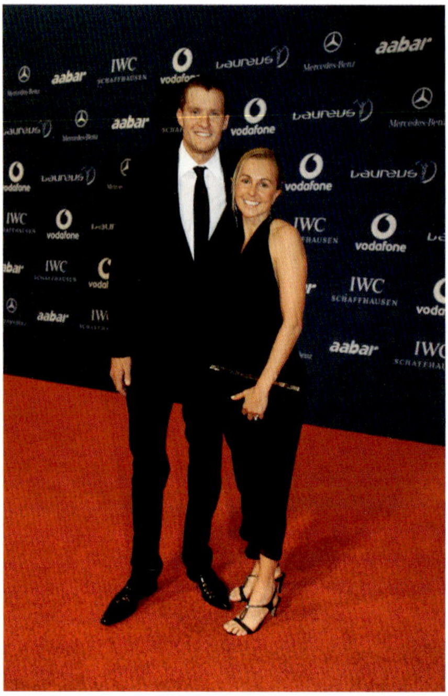

Emma (damals noch) Snowsill und ich im Frühjahr 2010 bei der Gala des Laureus World Sport Awards in Abu Dhabi. Wir haben uns u. a. 2008 in Peking getroffen, wo Emma auch eine Goldmedaille im Triathlon gewonnen hat. Aber richtig kennengelernt haben wir uns erst in diesen Tagen in den Emiraten. Noch sind wir kein Paar, das sollte sich dann im Sommer 2010 ändern.

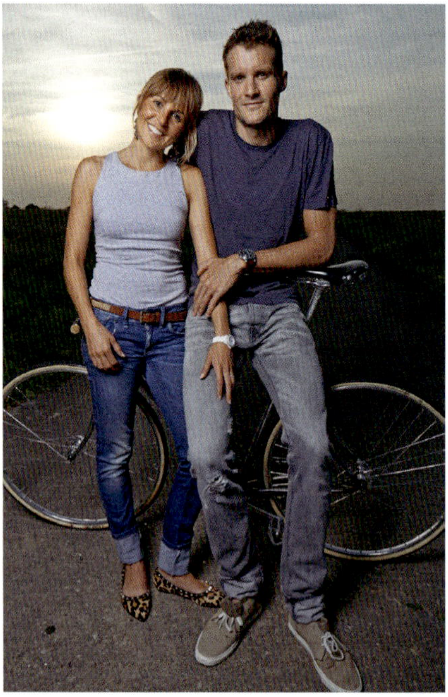

Im Mai 2013 verloben wir uns, das Glück ist uns beiden ins Gesicht geschrieben. Emma trägt nun einen Verlobungsring.

sicher nichts. Und so setzte ich mir, gut drei Jahre nach den Spielen von Peking, erstmals ein gnadenlos ehrliches Ziel: Ich wollte einfach wieder unbeschwert laufen können.

Die Weltreise nach Antworten endete übrigens bei meinem Hausorthopäden in Saarbrücken, bei Dr. Frank Krämer und dessen Frau Barbara, einer plastischen Chirurgin, die sich bestens mit empfindlichen Nerven auskennt. Die beiden erkannten eine Nervenentzündung in der mittleren Wade, die sich schmerzhaft aber nur in der Achillessehnenregion bemerkbar machte. Als sie den Nerv betäubten, konnte ich nach Monaten auf einmal wieder hundertprozentig schmerzfrei laufen – wenn auch nur für eine halbe Stunde. Dies war einer der schönsten Momente meiner sportlichen Karriere, ich war vollkommen euphorisch, und ich brachte das mitten in der Saarbrücker Fußgängerzone zum Ausdruck. Ich bin in Jeans die 200 Meter von der Arztpraxis zurück zum Auto gejoggt. Du musst nicht zur Laufelite nach Kenia fahren, um ein *Runners High* zu erleben.

Nach diesem Ereignis habe ich alles hinterfragt: Was will ich eigentlich im Sport noch erleben? Muss ich wirklich diesen Weg gehen, oder gibt es auch einen anderen? Die Suche begann erneut – nach einem neuen Ziel!

Nun dachte ich erstmals ernsthaft über die Option Ironman nach. Alle die Jahre zuvor habe ich den für mich als »langweilig« und »langsamen Sport« abgetan. Und so traf es sich ganz gut, dass ich wenige Monate zuvor zu einem Sponsorentermin nach Kona musste. Ich sage bewusst »musste«, weil die Sponsorentermine für meinen damaligen Radsponsor *Specialized* natürlich rund um die

Ironman-Weltmeisterschaft stattfanden. Erstmals erlebte ich den Ironman Hawaii unmittelbar und sog den Spirit des Rennens zwangsläufig auf. Ich verstand plötzlich, warum der Ironman Hawaii diesen Mythos hatte. Verantwortlich für diese folgenschwere Erfahrung war mein alter Freund Bobby Behan, früher selbst professioneller Triathlet. In meinen letzten Jahren in Südafrika war er in der Stellenboschclique. Wir haben viel gemeinsam trainiert und erlebt. Später war er auch in Peking und unterstützte mich als Zuschauer an der Strecke. Unsere Rollen hatten sich verändert. Er war mittlerweile nicht mehr aktiv und nun in die Triathlonindustrie gewechselt. Ich war nicht mehr der unbekannte junge Sportler, sondern stand bei seinem Arbeitgeber unter Vertrag und war somit einer seiner Athleten. Bobby wollte mich bei seinem Produktlaunch auf der Insel dabeihaben, und so wie ich ihn kenne, wollte er mich auf den Ironman einstimmen.

Letzten Endes verschwand mein Nervenschmerz in der Wade genauso plötzlich, wie er gekommen war, und ich schaffte es tatsächlich noch an die Startlinie in London. Natürlich war meine Fitness im Laufen lange nicht da, wo sie hätte sein müssen, um die Goldmedaille zu verteidigen. Ich wurde Sechster. Unter diesen Vorzeichen war ich mit dem Ergebnis sehr zufrieden. Das war ein versöhnlicher Abschluss für mein Kapitel bei Olympia, zumal meine Gedanken schon auf einer kleinen Lavainsel im Pazifik waren.

Conceive! Believe! Achieve!

Über die Jahre habe ich lernen müssen, dass im Profisport mentale Härte wichtiger ist als körperliche Härte. Dass dein Körper topfit und bereit für den Wettkampf sein muss, im Rennen viel auszuhalten hat, ist die eine Seite. Der Kopf muss aber auch bereit sein. Mein Motto, ja mein Anker ist ein Zitat von Muhammad Ali. Die Boxlegende sagte einst: »If my mind can conceive it and my heart can believe it, then I can achieve it.« Kurz: Conceive! Believe! Achieve! Auf Deutsch etwa: »Wenn ich (ein Ziel) begreifen kann und daran glauben kann, kann ich es auch erreichen.« Dieser Spruch motiviert mich, gibt mir Inspiration.

2014, bei meinem ersten Ironman in Frankfurt, hatte Felix die Idee, mir den Spruch auf meinen Wettkampfanzug am Oberschenkel zu drucken, und zwar auf dem Kopf stehend, sodass nur ich ihn ständig beim Radfahren und Laufen über die acht Stunden lesen konnte. Dass ich im Verlauf dieses Rennens in der Mainmetropole aufgrund von drei technischen Defekten auf dem Rad und Krämpfen beim Laufen in gewisser Weise zum Aufgeben animiert wurde, aber nie kapituliert habe, war diesem Motto geschuldet. Es hatte sich in mein Hirn gebrannt.

Wann immer ich im Training oder im Rennen einen schweren Moment habe, denke ich daran. Sie helfen mir, über einen toten Punkt zu kommen. Vor allem bei meinem Wechsel auf die Langdistanz hat mir dieser Grundsatz vor Augen geführt, dass einem der Glaube an sich selbst bei so einem großen Ziel am meisten hilft. Glaube an dich, träume von dem, was möglich sein kann, und gehe deinen Träumen nach – sonst tut es niemand!

Natürlich ist es am besten, wenn du dich in deinem Job oder für eine andere Herausforderung selbst motivieren kannst. Das ist der Idealzustand. Die Psychologen sprechen von intrinsischer Motivation. Doch Motivationshilfen von außen sind durchaus zusätzlich erlaubt und hilfreich. Musik zum Beispiel, das kennt doch jeder – oder? Bei mir läuft das über Kopfhörer beim Training. Auf dem Weg nach Peking habe ich beispielsweise andauernd Eminem gehört. »Lose yourself« aus dem Film *8 Mile*, auch bekannt als *8 Mile – Jeder Augenblick ist eine neue Chance* (2002), wo Eminem als Rapper nur diese eine Chance hat, aus seinem Elend in der tristen Vorstadthölle von Detroit rauszukommen. Peking ist meine »eine Chance«, das habe ich mir dann immer wieder gesagt und eingeprägt. Eine andere Möglichkeit der externen Motivation: Bilder. Ich hatte den Goldlauf von Dieter Baumann in Barcelona 1992 erwähnt – ein tolles Rennen, eine sensationelle kämpferische Leistung. Vor den Spielen von 2008 habe ich mir diese Sequenzen ein paarmal auf Video angeschaut und konnte sie danach vor meinem geistigen Auge abrufen. Ein richtiger Sprintkick! Wenn ich daran denke, bekomme ich noch heute eine Gänsehaut – Zahnpasta hin oder her. Ich konnte ja damals noch nicht wissen, dass Baumann Jahre später eine Zahnpasta benutzt hatte, in der später das Dopingmittel Norandrostendion gefunden wurde. Damals übrigens ein Riesenkrimi, denn es wurde vermutet, dass Baumann mit dieser Stasimethode unwissentlich gedopt wurde. Er selbst hatte die Vorwürfe stets bestritten und wurde vom Vorwurf des Dopings auch freigesprochen.

Für mich war vor Peking klar, dass es dort eine Sprint-entscheidung im Triathlon geben würde – und es kam dann ja auch so. Später, als ich dann in dieses tiefe Motivationsloch nach Peking fiel, zog ich mir die *Rocky*-Filme mit Sylvester Stallone als Boxer rein. Witzigerweise bekam ich das komplette DVD-Set damals doppelt geschenkt: von meinem Vater und von einem meiner besten Kumpel. Mir selber habe ich im Training immer zugerufen: »Rock it!« Um mich zu motivieren, aufzuwecken, kämpferisch zu machen.

Arbeitsmoral und Café-Tage, die jeder kennt

Natürlich gibt es auch heute Tage, an denen ich lieber auf der Couch hocken bleiben würde. Oder mich gern ins Café setzen würde oder einfach nur mit meinem Hund spazieren gehen möchte. An diesen Tagen stellt sich also die Frage: Wäre ich heute einfach nur gerne Mensch und nicht Maschine? Wenn ich mich dann überwinde und rausgehe zum Laufen, finde ich nach zehn, fünfzehn Minuten meinen Rhythmus. Ab da läuft es richtig gut. Das kennt vermutlich jeder, der joggen geht. Kaum einer wird, wenn er von seiner Runde zurückkommt, sagen: Ach, das war jetzt aber schlecht, dass ich mich aufgerafft habe.

Andererseits muss man auch lernen zu unterscheiden: Geht es heute wirklich nicht? Habe ich vielleicht doch einfach mal einen Café-Tag, weil der Körper tatsächlich nicht kann und Ruhe braucht? Es ist sehr schwierig, sich das eingestehen zu können, denn als Rennpferd denkt man immer, dass man etwas verpasst.

Na klar, ich bin sehr, sehr ehrgeizig. Das ist ein wichtiger Charakterzug von mir, vielleicht sogar ein Hauptmerkmal. Ich will immer meinem Ehrgeiz gerecht werden. Und natürlich ist Triathlon eine Fleißsportart. Mit viel Arbeit kann man weit kommen. Das Sprichwort »Viel hilft viel, und mehr hilft mehr« ist in Deutschland ziemlich verbreitet. Und wenn es dann doch nicht klappt, heißt es schnell, man sei eben nicht fleißig genug gewesen. Schön einfach, vielleicht gefällt uns diese Theorie auch deshalb so gut. Man hüllt sich in eine »Sicherheitsdecke« aus vielen Stunden Arbeit und vergisst, worum es eigentlich geht: die qualitativ beste Arbeit zum richtigen Zeitpunkt abzuliefern. Egal ob das ein Rennen, ein neues Produkt oder sonst irgendwas ist.

Ich war als jüngerer Athlet genauso. Ich habe meine Trainingsstunden gezählt und fand es wichtig, als Erster im Schwimmbad zu sein und als Letzter zu gehen. Dabei führt folgender Spruch auf die richtige Spur, den wir uns heute in unserer Trainingsgruppe zurufen: Der Erste und der Letzte im Schwimmbad ist der Bademeister. Denn im Rennen interessieren die Trainingsstunden, die du angehäuft hast, keinen.

Heute muss ich mich nicht mehr so extrem motivieren, auch nicht mit Hilfsmitteln wie früher. Im Gegenteil: Ich bin mittlerweile total scharf aufs Training. Selbst wenn ich auf einer PR-Reise bin und morgens erst ab acht Medientermine habe, liebe ich es, früh aufzustehen und mich ab sechs für eine Stunde aufs Laufband zu stellen. Aus zwei Gründen: *Erstens* ist es wahrlich schwieriger, die Nummer eins zu bestätigen, als die Nummer eins zu werden. Der Hype um meine Person ist nach den Hawaiisiegen gestiegen, das Drumherum, die Verpflichtungen und Medientermine, das alles ist mehr und mehr geworden. Während du solche Pressetermine wahrnimmst, gehen deine Konkurrenten trainieren, können sich gnadenlos auf den nächsten Wettkampf vorbereiten, denn sie haben nicht so viele Einladungen und Verpflichtungen. *Zweitens* ist tief in mir nach meiner langwierigen Verletzung in den Jahren 2011 und 2012 eine ganz andere Einstellung zum Sport, ein neues Bewusstsein entstanden. Sport fehlt mir, wenn ich einen Tag ohne bin. Mir geht es dann nicht gut, mein Wohlbefinden leidet. Ich brauche die Bewegung und bin dankbar dafür, dass ich meine Leidenschaft zum Beruf machen konnte.

Ich lebe meinen Beruf heute viel bewusster. Ja, ich *bin* süchtig nach Sport. Aber während Training früher oft für mich hieß, mich zu quälen, ist das jetzt anders. Der Sport, der tägliche Sport, hat mir geholfen, meine Identität zu finden. Er ist meine ganz große Leidenschaft und erfüllt mein Leben. Dafür bin ich dankbar. Nichts würde ich lieber machen als Triathlon. Das Wichtigste, ob du Profi bist oder Amateursportler: Vergiss nie, dass du es tust, weil du es liebst!

Die Kraft der positiven Gedanken

Und was motiviert mich während des Wettkampfs, während der über acht Stunden beim Ironman? Die Traumvorstellung ist, dass du in einen Rhythmus reinkommst, in dem es einfach läuft. Du rufst automatisch das ab, was du dir über Monate und Jahre antrainiert hast. Das passiert aber nicht ganz so oft. Doch was, wenn du einen mentalen

Hänger hast? Wenn die Automatismen nicht greifen? Was hilft dann? Positive Gedanken. Positive Erinnerungen. An Momente im Training, an frühere Rennen. Das ist eine meiner absoluten Stärken: Ich kann mir mental nur die Sahnestücke heraussuchen und erinnere mich ganz bewusst an sie. Was war gut im Training? Im letzten Rennen? Was hat mich nach vorne gebracht?

Ein Beispiel: Als ich 2015, bei meinem ersten Hawaiisieg, durchs mörderisch heiße → Energy Lab gelaufen bin und Probleme hatte, habe ich mir ins Gedächtnis gerufen, dass ich genau dort ein Jahr zuvor fünf oder sechs Plätze gutgemacht hatte. Und schon ging es mir besser. Negative Erinnerungen, an Pannen oder Zeitstrafen, sollte man blocken. Das bringt einen nicht weiter, kostet nur Gedankenkraft, weil es einen unnötig aufregt. Lieber denke ich an das Gefühl nach dem Wettkampf. Und sehe vor meinem geistigen Auge schöne Bilder, starke Emotionen – all das habe ich in meinem Kopf abgespeichert, an einem ganz bestimmten Ort. Immer abrufbereit.

Ich habe viel Memory-Training gemacht, das mentale Bebildern von Ereignissen erlernt und wie du es schaffst, sie dauerhaft im Kopf zu behalten. Die Glücksgefühle im Zielbereich etwa. Die Euphorie, die freigesetzt wird, wenn du es geschafft hast. Und ich weiß ja, wie sehr ich mich im Ziel freuen kann, wenn ich alles gegeben habe. Weil ich dann mit mir selbst, mit dem Sport, den ich liebe, im Reinen bin.

Kapitel 3

Ich versuche, mein Tempo zu halten, meine Technik sauber durchzuziehen. Denn: Je besser die Technik, desto geringer der Kraftaufwand im Wasser, desto geringer der Energieverlust. Ich konzentriere mich darauf, die möglichst ideale Körperhaltung im Wasser zu haben. Die Hüfte darf nicht absacken, und ich muss immer an den perfekten Beinschlag und den sauberen Armzug denken.

Die Küstenlandschaft von Hawaii zieht an mir vorüber, dafür habe ich beim Atmen aber keinen Blick. Der Schwimmkurs verläuft vom Kailua Pier in der Bucht von Kailua-Kona im Uhrzeigersinn in Form eines lang gezogenen Rechtecks in südlicher Richtung bis zu einem durch zwei große Boote markierten Wendepunkt und wieder zurück zum Startbereich. Wenn man um die zwei Boote herumschwimmt, liegen schon 1,9 Kilometer hinter einem. Halbzeit auf dem offenen Meer. Auf dem Weg zurück spüre ich den Wellengang, den die über 2000 → Age-Grouper erzeugen, denn es liegen räumlich nur knapp 100 Meter zwischen mir und dem Pulk, der noch auf dem Hinweg zum Wendepunkt ist. Manche kommen jetzt schon an ihr Limit. Die Kraft lässt bei einigen sichtbar nach, sie ersetzen den Kraulzug für einen Moment durch Brustschwimmen, um besser Luft holen zu können. Für den Fall, dass wirklich mal einer schlappmacht, sind genügend Helfer auf Rettungsbooten in der Nähe.

Noch ein paar Hundert Meter bis zum Pier. Plötzlich spüre ich, wie jemand versucht, sich an meiner Seite, direkt neben mir, festzubeißen. Viel zu nah kommt er an mich ran, unsere Arme berühren sich beim Schwimmen. Der Typ behindert mich. Wer ist denn das? Beim Atmen zur Seite versuche ich, ihn zu identifizieren. Ah, alles klar. Den kenne ich! Harry Wiltshire. Der ist schon mehrmals negativ aufgefallen, weil er Konkurrenten behindert hat, wurde für solche Manöver auch schon einmal gesperrt. Ich liege in einer Spitzengruppe mit zwölf Athleten, mittlerweile hat sich die Spreu vom Weizen getrennt. Die letzten Züge, dann geht es an Land, von der Horizontalen in die Vertikale – in die erste Wechselzone. Nicht zu schnell laufen, auf keinen Fall auf den glitschigen Treppen ausrutschen. Ich spreche in Gedanken zu mir: »Konzentrier dich, Hektik macht dich beim Wechseln nur langsam.«

Ich entscheide mich nicht, in den Prämienkampf einzugreifen, und so klettern Wiltshire und der US-Boy Potts als erste Kämpfer aus dem Wasser. Ich bin zufrieden mit dem bisherigen Rennverlauf, alles okay. Hinter Wiltshire und Potts laufe ich als Dritter Richtung Wechselzelt, unter den Duschen hindurch, die uns vom Salzwasser befreien sollen. Ab zu den Kleiderbeuteln, dann ins Zelt und den Schwimmdress runter. Und Sebastian Kienle? Ich kann ihn nicht sehen. Wie weit er wohl hinter mir ist? Als ich meine Badekappe abziehe, muss ich plötzlich an das Schwimmbad in Tokio denken – und kurz innerlich schmunzeln. Eine irre Geschichte.

Überholen verboten!

Im Herbst 2014 und 2015 sind mein Team und ich von Frankfurt aus über Los Angeles nach Kona zum Wettkampf geflogen. Dieses Mal, 2016, haben wir etwas Neues ausprobiert, sind über Japan mit einer Nacht Aufenthalt in Tokio gereist. Das hat sehr gut funktioniert, obwohl es eine Flugstrecke mehr war, von Frankfurt via Tokio, dann über die Datumsgrenze nach Honolulu und schließlich von Insel zu Insel rüber nach Kona.

Tokio hat mich positiv überrascht, was Trainingsmöglichkeiten und Kulinarisches betrifft. Wir haben sogar einige Cafés mit richtig gutem Kaffee gefunden, obwohl wir wenig Zeit hatten. Und mein Trainingsprogramm konnte ich gut durchziehen. Selbst wenn es nur um Stunden geht, um das Fitnessstudio des Hotels und das Frühstücksbuffet dort, sind diese Dinge so kurz vor dem großen Wettkampf sehr wichtig für mich, um meine Balance zu finden und zu halten. In Tokio bin ich aber ganz kurz aus der Ruhe gebracht worden. Eine skurrile Situation, sozusagen *lost in translation*.

Als ich mit meinem Trainingspartner Nick eine kurze Einheit in einem öffentlichen Schwimmbad absolvierte, kam plötzlich der Bademeister angerannt, gestikulierte und winkte uns aufgeregt zu. Er wollte uns etwas erklären. Wir verstanden nichts, wussten nicht, was er von uns wollte. Leider sprach er kein Englisch. Daraufhin holte der Mann ein Schild mit einem Symbol und ein paar japanischen Schriftzeichen. Nun wurde es uns klar: Überholen verboten!

Das ist dort im Schwimmbad innerhalb einer Bahn nicht erlaubt. Andere Länder, andere Sitten. Es ist Usus, dass die langsameren Schwimmer am Beckenrand kurz warten und die schnelleren vorbeilassen. Und das superhöflich! Da pocht keiner in seiner Bahn auf sein Recht, er sei zuerst da gewesen wie in Europa. Es hat dann bestens funktioniert, weil die anderen Gäste schnell erkannt haben, dass wir etwas schneller unterwegs waren als sie.

Auf dem Weg nach Hawaii

Weil ich den Sommer über weniger Wettkämpfe bestritten und stattdessen durchtrainiert habe, war die Vorbereitung auf den Ironman 2016 doch sehr langwierig und anstrengend, sodass ich mich dann wirklich auf diese Reise gefreut habe. Mit dabei waren mein Physiotherapeut Albert, mein Trainingspartner Nick sowie meine Frau Emma und mein kleiner Sohn Lucca. Mein Manager Felix kam ein paar Tage später nach Kona. Einer bildet immer die Nachhut und bringt all die Sachen mit, die wir zunächst vergessen. Wir haben alle gemeinsam in einem traumhaften Haus in einer Bungalowsiedlung am Meer gewohnt, ganz in der Nähe des alten Flughafens von Kona, nur wenige Minuten vom Start-Ziel-Bereich entfernt. Das Haus stellt uns jedes Jahr Dani Riedeker, ein guter Schweizer Freund, zur Verfügung. Das Mechanikerteam der Firma Canyon, mein Radhersteller, war woanders untergebracht, ganz in der Nähe, aber immer greifbar, falls wir technischen Support benötigten in den Tagen vor dem Rennen. Mein Trainer Dan Lorang war diesmal nicht dabei. Das mag merkwürdig klingen, hat aber seinen Sinn. Wir sehen uns auch im Trainingsbetrieb nur ein paarmal im Jahr, sind aber fast jeden Tag in Kontakt, schreiben uns Nachrichten via Laptop oder Handy. Meine Trainingsdaten werden von meiner Pulsuhr über WLAN direkt an ihn übermittelt. So ist er immer auf dem aktuellen Stand und konzipiert entsprechend meine nächsten Trainingseinheiten. Eine Eins-zueins-Betreuung mit physischer Anwesenheit ist also auch auf Hawaii nicht zwingend notwendig.

Der Zeitunterschied zwischen Hawaii und Deutschland beträgt zwölf Stunden. Wir reisen daher meist etwas mehr als zwei Wochen vor dem Renntag an, damit sich der Biorhythmus an die Zeitumstellung anpassen kann. Mediziner sagen, der Körper braucht im Durchschnitt pro Stunde Zeitverschiebung einen Tag. Diesmal habe ich mich direkt nach der Ankunft gleich aufs Fahrrad gesetzt, eine gute Stunde locker trainiert, bevor es dunkel wurde, und die erste Nacht fast 8,5 Stunden durchgeschlafen. Im Vergleich zu den Vorjahren war das alles ungewohnt einfach. Auch meine Puls- und Wattwerte waren schon nach wenigen Tagen völlig normal. Es war ein völlig neues Gefühl, so schnell in den Rhythmus zu kommen. In den Jahren zuvor ging es mir aufgrund der Zeit- und Klimaumstellung nie besonders gut an den ersten Tagen auf der Insel. Nun lief es so gut, dass es mich andererseits wieder besorgte. So sehr, dass mein Hirn ratterte und nach einem Problem suchte. Ist wirklich alles okay? Kann es einem vor einem Rennen zu gut gehen? Zweifel sind immer dabei. Ganz normal. Kennt jeder Spitzensportler. Was könnte man noch verändern, was könnte man noch optimieren?

Tapering und mehr – die Rennwoche

In der Rennwoche von Kona absolviere ich nur noch ein reduziertes Trainingsprogramm, maximal vier Stunden täglich – natürlich auch analog zur Startzeit des Rennens. Wir stehen mit der Dämmerung um halb sechs auf und gehen ab sechs laufen oder setzen uns eine Runde aufs Fahrrad, drehen eine große Schleife auf dem Highway, auf dem auch beim Rennen gefahren wird. Obwohl ich die Strecke aus den letzten Jahren kenne und sich die Routenführung nicht ändert, gibt es einem Sicherheit, alles noch mal in Ruhe abzufahren und sich jeden Abschnitt wieder in Erinnerung zu rufen. Am besten bevor der große Verkehr einsetzt. Spätestens ab neun Uhr morgens wird es dann unangenehm heiß, vor allem auf dem Highway, wo es keinen Schatten gibt. Also sollte zu dieser Uhrzeit die erste Einheit des Tages absolviert sein.

Viele Age-Grouper joggen oder radeln durch die Mittagshitze, um sich auf die Bedingungen des Wettkampftages vorzubereiten, aber davon würde ich abraten. Man macht sich nur kaputt so kurz vor dem Rennen, verliert womöglich entscheidende Kraft für den Wettkampf.

Am Nachmittag geht es für mich dann ins örtliche Schwimmbad, ein paar Bahnen ziehen. Ich versuche, die körperliche und muskuläre Spannung zu halten, weiter dosiert zu trainieren, nicht zu wenig, weil der Körper ansonsten zu sehr »herunterfährt«. Im Sport sprechen wir dann vom sogenannten → Tapering, also der Reduktion des Trainingsumfangs vor einer großen Ausdauerbelastung, vor einem Rennen. Zu drastisches Tapering ist nichts für mich. Ich würde mich damit zu sehr entspannen, zu sehr loslassen. Durch die starke Belastung über Jahre hinweg kommt mein Körper mit zu viel Entspannung erst mal nicht klar, ich fühle mich dann unwohl und eher lethargisch. Daher spreche ich lieber von Wettkampfvorbereitung. Am Mittwoch, drei Tage vor dem Rennen, trainiere ich jede Disziplin – aber verkürzt, mit ein paar intensiven Reizen. Donnerstag, der vorletzte Tag, ist der Entlastungstag, so wenig wie an diesem Tag bewege ich mich sonst das ganze Jahr über nicht. Am Freitag, dem Tag vor dem Startschuss, setze ich mich nur noch mal kurz für 45 Minuten locker aufs Fahrrad, versuche, vielleicht fünf Minuten richtig Druck auf die Beine zu bekommen. Eine kurze Runde laufen, ein bisschen schwimmen, je zwanzig Minuten mit kurzen Sprints. Das ist es. Eine Vorbelastung, welche die Energiespeicher nicht angreift, aber den Körper in den Wettkampfmodus versetzt.

Während die Trainingseinheiten in der letzten Woche kürzer und weniger intensiv werden, nimmt das Programm drum herum mit all den Terminen mit Medien und dem Veranstalter stetig zu. Als Titelverteidiger stehe ich natürlich ständig unter Beobachtung der Presse – aber auch der Athleten und Konkurrenten. Daher bleibe ich in den Tagen vor dem Wettkampf so oft es geht im Haus, gehe immer seltener raus, auch nicht mehr in Cafés. Einfach zu Hause abhängen, mit dem Team quatschen, lesen, im Internet surfen, massieren lassen, zu Abend essen. Die

Sonne geht im Oktober auf Hawaii schon ab sechs unter, um spätestens neun ist Bettruhe angesagt. Die wichtigste Regel der Wettkampfwoche lautet: Körperlich Energie sparen, mental Kraft tanken! Ich verbringe dann am liebsten Zeit mit Lucca, spiele ein bisschen mit ihm. Aber nicht zu wild! Nicht dass ich mir irgendetwas ausrenke. Kein Witz! Das geht schnell. Es sind schon die blödesten Sachen passiert. Der Körper eines Spitzensportlers ist eine ganz fein eingestellte Maschine. Was er können muss, kann er extrem gut. Aber sonst fast nichts. Und so kurz vor dem Tag X ist das natürlich am heftigsten.

Es ist vollkommen egal, ob du Vollgas gibst oder nicht

Im Wasser kann es auch mal ruppig werden. Beim Ironman geht es allerdings deutlich fairer zu als bei Wettbewerben mit kürzeren Distanzen, etwa beim olympischen → Triathlon. Wenn du aus der ersten Reihe startest, ist es im Grunde ganz easy. Trotzdem bekommst du im Nahkampf mal was auf die Mütze, einen Arm oder einen Ellenbogen ab – in den meisten Fällen unabsichtlich. Es kann aber schon auch mal passieren, dass du am Fuß gezogen wirst. Das nervt dann richtig. Denn wenn du nicht freischwimmen kannst, wirst du langsamer, kommst aus deinem Rhythmus, verlierst deine Konzentration. Insbesondere dann, wenn du dich rächen willst und versuchst, mit Gewalt deine Position zurückzugewinnen. Was aber nie etwas bringt. Du kommst keineswegs schneller voran, das lenkt dich nur ab.

Im Grunde solltest du dich ja einzig und allein um deinen Vortrieb kümmern und nicht um jemand anderes.

Beim Triathlon über die olympische Distanz werden beim Schwimmen nur 1,5 Kilometer zurückgelegt. 2014, in meinem ersten Jahr nach dem Wechsel von der olympischen Distanz auf die Langdistanz, hatte ich allzu großen Respekt vor den 3,86 Kilometern im Wasser. Ich bin also viel zu zurückhaltend geschwommen. Weil die Leute immer gesagt haben: »Sei vorsichtig! Wenn du es bei der ersten Disziplin zu schnell angehst, kommt am Ende des Rennens das große Sterben. Also lieber zu Beginn in einer Gruppe mitschwimmen, Kraft sparen, danach aufs Rad und das auch unauffällig durchstehen.« Aber schnell wurde mir klar: Wenn du als Profisportler Erfolg haben willst, reicht es eben nicht, im Rennen nur überleben zu wollen, nur durchkommen zu wollen. Du solltest immer mit deinen Aufgaben wachsen.

Aber um das zu verstehen und mich zu trauen, brauchte ich einen Impuls. Es war der Tipp von Joe Gambles, eines Kumpels aus Australien, im Sommer 2015: »Junge, ganz ehrlich: Es ist vollkommen egal, ob du beim Schwimmen die 3,86 Kilometer Gas gibst oder in der Gruppe nur mitschwimmst. Das macht bei deiner Leistungsfähigkeit keinen großen Unterschied. Du solltest deine Stärken ausspielen und das Heft in die Hand nehmen – denn gerade auf der Langdistanz kannst du dich damit taktisch in eine bessere Lage bringen.«

Diesen Rat habe ich befolgt, und er hat bei mir »einen Schalter umgelegt«. Ich hatte weiterhin Respekt vor der Distanz, aber keine Angst mehr. Denn das Renntempo beim Schwimmen ist bei einem Ironman nicht besonders hoch, nicht annähernd so hoch wie bei den Spezialisten. Wenn ich also fünfmal die Woche im Training mein Renntempo mit konstanten Zeiten schwimmen kann, warum dann nicht auch im Wettkampf? Warum sollte ich langsamer schwimmen als im Training?

Meine Einstellung hatte sich geändert. Das Schwimmen habe ich von da an als Chance begriffen, meine Konkurrenten sehr früh in Zugzwang zu bringen. Ich war ein besserer Schwimmer als alle anderen. Wieso hätte ich meine Stärke verbergen sollen? Das wäre taktisch keineswegs geschickt gewesen. Denn alle Jungs wissen: Wenn du nicht von Anfang an in der Spitzengruppe bist, kann das Rennen für dich gelaufen sein. Für deine Psyche ist es wichtig, sofort zur Spitzengruppe zu gehören, und die anderen geraten damit unter Druck. Deinen Vorsprung können sie kaum mehr aufholen. Nicht unbedingt, weil sie physisch so viel schlechter wären, sondern weil es mental schwierig ist, einen Rückstand aufzuholen. Aber diese Überlegung und Taktik wende ich nicht generell an. Das wäre viel zu einfach und durchschaubar.

Auf dem Rad versuche ich, sehr systematisch zu arbeiten. Ich habe einen Wattmesser an der Kurbel meines Rads, der mir in Echtzeit sagt, wie viel Leistung ich gerade erbringe. 4,1 Watt pro Kilogramm Körpergewicht ist meine magische Marke, an der ich mich zu orientieren versuche – bergauf, bergab oder im flachen Gelände. Das ist im Vergleich zu einem Profiradfahrer natürlich nicht viel, denn die müssen phasenweise 6,5 Watt pro Kilogramm und mehr fahren. Dafür müssen sie dann aber keine 180 Kilometer am Stück konstante Leistung bringen – und schon gar keinen Marathon danach laufen.

Im Marathon geht es dann an die Grenzen. Ich habe immer eine konkrete Zielzeit im Kopf und versuche, mich an diesem Tempo zu orientieren. Auch hier gilt, was ich schon für das Radfahren gesagt habe: Die konstante Leistung über einen langen Zeitraum zu erbringen ist sehr fordernd, und daher sind die Leistungen auch hier nicht mit denen der reinen Profiläufer zu vergleichen.

Mit steigender Renndauer werden die Höhen und Tiefen extrem viel anspruchsvoller für den Triathleten. Eine GPS-Uhr hilft mir beim Laufen, mein Zieltempo so lange wie möglich zu halten, denn mein inneres Tempogefühl wird hier unzuverlässig. Und irgendwann kommt dann sowieso der Punkt, an dem alle Daten ganz egal sind. Da geht es nur noch drum, nicht aufzugeben, durchzuhalten, Willenskraft zu behalten. Alles tut weh, und der innere Dialog entscheidet über Sieg und Niederlage.

Durch die Gluthölle muss jeder allein

Welche Strategie ich individuell in einem Rennen wähle, entscheide ich während des Wettkampfs situativ. Im Training kann ich das nicht simulieren. Aber ich kann andere Wettkämpfe dafür nutzen, Varianten auszuprobieren: Lanzarote 2016, die Ironman-Qualifikation, war so ein Rennen. Da haben mein Trainer Dan Lorang und ich vorher besprochen, dass ich mich auf dem Rad an meine angepassten Wattwerte halte und beim Laufen ein festgelegtes Tempo einhalte. Denn zuvor war ich verletzt gewesen, wollte also nichts riskieren. Gesagt, getan. Auf Lanzarote bin ich also zum ersten Mal mit Uhr gelaufen, um die Zeiten einzuhalten – das war auch gut so. Ohne Uhr hätte ich der Versuchung sicher nicht widerstehen können, als mich der Amerikaner Jesse Thomas bei der Halbmarathonmarke überholte und mir die Führung nahm. Viele haben sich über mich gewundert. Aber manchmal hast du dir größere Ziele gesetzt, die du nur mit Weitsicht, Taktik und Disziplin erreichen kannst. Dafür verzichtest du dann gern auf einen weniger wichtigen Sieg. Die Saison ist dann tatsächlich so verlaufen, wie ich es mir vorgestellt hatte. Der Verzicht hat sich ausgezahlt, meine Zurückhaltung ist belohnt worden. Beim Ironman auf Hawaii ist es wegen der harten klimatischen Bedingungen eine besondere Herausforderung, das Maximum der eigenen Leistungsfähigkeit zu erreichen. Denn dieses Rennen tut immer weh – ganz gleich bei welcher Geschwindigkeit. Selbst die Zuschauer und Betreuer, die gut acht Stunden an der Strecke stehen, sind nach dem Rennen völlig hinüber. Du hast dort jedes Mal das Gefühl, nicht 100 Prozent deiner Leistungskraft mobilisieren zu können. Dein Ziel ist, möglichst nah an deine physische Leistungsgrenze heranzukommen. Die Mediziner erklären es damit, dass der Körper aufgrund der hohen Außentemperatur allein 10 bis 20 Prozent seiner Energie benötigt, um den Organismus zu kühlen, eine überlebensnotwendige Reaktion. Insofern hat der Körper bei solchen Extremtemperaturen und Extremleistungen einen wesentlich schlechteren Wirkungsgrad als gewöhnlich.

Die Leistungsfähigkeit sinkt also. Nimmst du an einem Rennen bei normalen mitteleuropäischen Temperaturen teil, bildet dein Ergebnis beim Wettkampf also eher deine wahre körperliche Leistungsfähigkeit ab.

Auf Hawaii gehe ich daher taktisch defensiver vor, als es mir zum Beispiel in Roth oder in Frankfurt möglich ist. Da kann ich ein Rennen durchaus aggressiv angehen. Denn machst du auf Hawaii einen Fehler, kann das der eine Fehler sein, der dich nicht nur langsamer macht, sondern wenige Stunden später dafür sorgt, dass du das Ziel nie erreichst. Fehlerquellen gibt es viele: die Strategie insgesamt; das Tempo; die Versuchung, kurzzeitig über dein Limit zu gehen, weil ein Konkurrent dich dazu verleitet; und schließlich ganz banale Dinge wie die Verpflegung, also die Versorgung mit Energie und Flüssigkeit. Der Albtraum ist, in der sengenden Hitze umzukippen und von Sanitätern abtransportiert zu werden.

Das Rennen auf Hawaii ist insofern erbarmungslos fordernd, für jeden der Teilnehmer. Und es ist deshalb schonungslos ehrlich. Keiner kann sich verstecken. Niemand hat auch nur einen Meter Schatten. Jeder von uns muss ganz allein durch diese Gluthölle kommen.

Die »vierte« Disziplin beim Triathlon

Für den Tag des Rennens selbst muss ich mir ganz genau einprägen, wo mein Material platziert ist, wo etwa mein Fahrrad steht, alles sollte automatisiert ablaufen. Kurz vor Ende des Schwimmens führe ich mir schon vor Augen, was ich jetzt alles tun muss: Schwimmbrille abnehmen und Kappe ausziehen, im Laufen den Schwimmanzug öffnen. Dabei greife ich nach der langen Schnur vom Reißverschluss am Rücken, ziehe mir den Anzug bis auf Hüfthöhe runter. Erst wenn ich im Wechselzelt angekommen bin, ziehe ich den Schwimmanzug mit einem Ruck komplett runter auf den Boden, greife auf dem Weg zum Zelt meinen Beutel, der zwischen 2300 anderen an einem Haken hängt. Im Zelt dann weg mit der Schwimmbrille und -kappe, rein in den Beutel mit dem Anzug, dafür den Helm raus. Im Laufen zum Fahrrad ziehe ich Helm und Sonnenvisier auf und versuche, mir das Oberteil von meinem hautengen Wettkampfanzug überzustreifen. Das ist mein Outfit für die nächsten gut sieben Stunden. Was in der Hektik und weil der Körper noch feucht ist, nie so einfach abläuft. Du stehst so unter Strom, dein Puls rast, und dann musst du diesen kleinen Verschluss oder Reißverschluss zu fassen kriegen. Klappt nicht immer im ersten Anlauf. Am Rad angekommen, schnappe ich es mir und schiebe es aus der Wechselzone, laufe damit bis zur Markierung. Die Radschuhe sind in den Pedalen eingeklickt, mit Gummibändern horizontal befestigt. Ich springe im Laufen auf den Sattel und versuche, erst mal Geschwindigkeit zu bekommen. Erst dann schlüpfe ich in die Radschuhe, die Gummibänder reißen ab.

Jeder Handgriff muss sitzen, das ist das A und O. Fehler kosten unnötig Zeit, so wie 2014 auf Hawaii: Als ich nach dem Radfahren aus der Wechselzone rausgelaufen bin, habe ich bemerkt: Oh, das falsche Unterteil! Ich war mit einem reinen Zeitfahranzug über meiner Laufhose Rad gefahren, wieder so ein Tüftelexperiment. Mit dem Anzug aber konnte ich nicht laufen. In der Hektik der Wechselzone habe ich mir im Zelt mein Lauftop drübergezogen, hatte aber vergessen, mir den Zeitfahranzug komplett auszuziehen. Ich musste also umkehren, die paar Meter zurück ins Zelt rennen. Wie peinlich! »Hallo, da bin ich wieder! Hab was vergessen.« Das hat mich natürlich noch mehr angestachelt. Meine Motivation ist nie höher als dann, wenn ich selbst was verbockt habe. Trotzdem versuche ich, solche Fehler zu vermeiden und daraus zu lernen.

Der schnöde Mammon

Geld? Nein. Geld hat mich noch nie motiviert. Ich habe meinen Sport, meinen Beruf nie ausgeübt, um möglichst viel Kohle auf dem Konto zu haben. Mich hat zwar auch das Streben nach bestimmten Dingen angetrieben, aber nicht der Gedanke ans Geld.

Im August 2005 standen die Europameisterschaften über die olympische Distanz in Lausanne an, damals bin ich in der Triathlon-Bundesliga gestartet und hatte mich über die Junioren U23 in die Nationalmannschaft gekämpft. Zu der Zeit habe ich noch in Saarbrücken gelebt und hatte in der Woche vor der Abreise in der Bahnhofstraße eine ziemlich coole italienische Kaffeemaschine, so einen Vollautomaten, entdeckt. In Silber, ganz schlicht. Ein einfaches Teil, aber sehr schön. Sah gut aus. Die machte was her, vor allem, um Gästen einen guten Kaffee zu servieren. Sie war im Angebot für 500 Euro. Ein sehr gutes Angebot. Ich habe meinen Kontostand gecheckt: 400 Euro. Kurzerhand habe ich mir bei einem Kumpel 100 Euro geliehen. Ich war also in den Miesen und wusste: In Lausanne musst du was reißen.

Ich bin in den Laden und hab mir das Ding gekauft. Ein schweres Gerät. Rund 500 Meter musste ich die Kaffeemaschine über den Parkplatz zum Auto schleppen – dabei habe ich mir fast den Bizepsmuskel gezerrt. Dann wäre Sense gewesen mit Lausanne.

In Lausanne bin ich dann Sechster geworden, als bester deutscher Starter. Riesig! Es gab 2500 Euro Preisgeld. Fünf Kaffeemaschinen! Ich war super happy, weil ich bewiesen hatte, dass ich nicht nur 'ne große Schnauze habe. Nun hatte ich eine geile Kaffeemaschine und war stolz wie Oskar. Dass ich vorher in den Miesen war? War mir damals egal. Es hat mich motiviert. Danach wussten alle, dass ich einen Schuss habe. Die Story wurde zum Running Gag.

Vor fast jedem Rennen musste ich mir irgendetwas Größeres kaufen, um diesen für mich positiven Druck wieder aufzubauen. Damit ging übrigens meine Leidenschaft für Kaffee los. Obwohl ich – und das war das Aberwitzige – zu dem Zeitpunkt nicht mal Kaffee getrunken habe. Aber das Teil sah einfach toll aus. Jeden Tag habe ich mich daran erfreut. Ab und zu gab es dann zwei Kugeln Vanilleeis, einen Espresso drüber und fertig.

Damals wurde mir endgültig bewusst: Wer nicht wagt, der nicht gewinnt. Mir war schon immer klar: Du hast eine 100-Prozent-Fehlerquote, wenn du es gar nicht erst versuchst.

Ich ziehe Motivation vor allem also aus sportlichen Zielen. Noch ein Beispiel: Eine Million Dollar Preisgeld waren 2016 für den Sieger von drei Rennen über die Mitteldistanz ausgelobt, es ging um die sogenannte *Triple Crown*. Ich habe das Rennen Nummer eins im Januar in Dubai gewonnen. Auf die weiteren Rennen, die 70.3-WM Anfang September in Mooloolaba in Australien und das Rennen im Dezember in Bahrain, habe ich dann verzichtet. Mooloolaba war zeitlich zu nah am Ironman Hawaii dran, und vor Weihnachten gehört die Zeit der Familie, da trainiere ich weniger. Für den Sieger in Kona auf Hawaii gibt es übrigens »nur« 120.000 Dollar. Egal. Der Mythos ist größer, die Ehre, das Event selbst. Was ist da schon eine Million? Und letztendlich liegt es auch an einem selbst, danach noch mehr daraus zu machen.

Du hast eine Leidenschaft? – Go for it!

Meinen Eltern habe ich mein Verständnis für die Leistung im Job zu verdanken. Mein Vater hat zum großen Teil als selbstständiger Ingenieur gearbeitet, meine Mum mit ihm in seiner Firma – mit allen Höhen und Tiefen, die Freiberufler so durchmachen. Es gibt nie eine Garantie dafür, dass du morgen Geld auf dem Konto hast. Das Eis kann auch sehr dünn sein. Wenn es nicht so gut lief, haben meine Eltern immer gesagt: »Irgendwann können wir wieder in die Sonne blinzeln.« So habe ich hautnah erlebt, wie hart du arbeiten musst, wenn du in deinem Beruf bestehen willst. Ganz unabhängig vom Sport: Wenn du etwas erreichen willst, musst du richtig Gas geben! Wenn du eine Leidenschaft hast: Go for it!

Als Langdistanz-Triathlet, der nicht in ein Kadersystem eingegliedert ist, bilde ich eine Ich-AG, bin quasi ein selbstständiger Sportler. So schön unser Sport ist und so familiär es im Triathlonzirkus größtenteils zugeht, auch da geht es natürlich um die Existenz. Weil meine Frau Emma ihre Triathlonkarriere beendet hat und sich um unseren 2016 geborenen Sohn Lucca und unsere 2018 geborene Tochter Sienna kümmert, bin ich für das Familieneinkommen verantwortlich. Wir sind ein Familienunternehmen. Es steht und fällt alles mit mir und meinen Ergebnissen. Um meine bestmögliche Leistung zu bringen, brauche ich ein Team hinter mir.

Nichts ohne mein Team

Ein Handballer war es, der mir beigebracht hat, was es heißt, Mannschaftssportler zu sein. Die haben eine ganz andere Denkweise, als wir Triathleten sie haben. 2008 habe ich Christian Schwarzer, besser bekannt unter seinem Spitznamen Blacky, kennengelernt und mich mit ihm angefreundet. Blacky war früher ein legendärer Handballer, gewann mit der Nationalmannschaft Silber bei Olympia 2004 in Athen, wurde Welt- und Europameister. Durch die Gespräche mit ihm habe ich verstanden, was Teamsport überhaupt bedeutet und wie viel Spaß das machen kann. Dass du immer für deine Mitspieler da bist, dass der Bus nie ohne die komplette Mannschaft losfahren würde. Alle Mitspieler werden in alle Prozesse eingebunden, keiner aus der Gruppe ist außen vor. Zu erfahren und zu verstehen, wie ein Mannschaftssportler tickt, hat mich sehr interessiert und total fasziniert. Blacky hat ein unheimlich gutes Gefühl dafür, Leute zusammenzubringen, daher arbeitet er heute auch als Handballtrainer. Durch die Gespräche mit ihm habe ich verstanden, was es bedeutet, ein Team zu formen. Christian hat mich sehr inspiriert, hat mir vermittelt, wie ich eine Mannschaft aufstelle, aufeinander abstimme und wie das Team dann miteinander umgehen sollte.

All das war für mich Neuland. Als Triathlet bist du Einzelkämpfer! Auch wenn du zum Beispiel in der Triathlon-Bundesliga mal als Team antrittst. Jeder verfolgt sein Ding, in den Einzelrennen sowieso, da geht es um Punkte und Kohle, um die Karriere.

Als ich 2013 aus dem Verbandssystem zum Ironman-Bereich gewechselt bin, musste ich mir eine Mannschaft zusammenstellen. Einen eigenen, von mir finanzierten Trainer, einen fest angestellten Physiotherapeuten, einen, später zwei regelmäßige Trainingspartner. Dazu kommt mein Manager und Pressemann. Nur wenn die Mannschaft um mich herum funktioniert, kann ich erfolgreich sein. Aber wie kann ich die Leute um mich herum dazu bringen, das Beste aus sich herauszuholen? Indem ich meine Ziele, Titel oder Rekorde, zu einem gemeinsamen Ziel der Gruppe mache. Das Team hinter mir muss an diesem Ziel beteiligt sein, natürlich finanziell, aber vor allem auch emotional. Wenn bei einem im Team etwas nicht läuft, versuche ich, ihn mitzunehmen, zu motivieren, wieder stark zu machen. Als »Arbeitgeber« gebe ich Regeln vor, muss aber auch eine Vorbildfunktion haben. Es darf keine Egotrips geben, keine Spielchen. Und vor allem ist Ehrlichkeit im Umgang miteinander wesentlich. Die Leidenschaft macht den Unterschied. Bei uns ist es so, dass keine Arbeitsstunden gezählt werden, sondern im besten Fall Erfolge.

Wenn es funktioniert, wenn ich erfolgreich bin, haben die Leute um mich daran teil, das ist mir wichtig. Auch wenn ich persönlich von ihm als Mensch und Sportler absolut nichts halte, habe ich mir da etwas von Lance Armstrong abgeschaut. Wenn er die Tour de France gewonnen hat, bekam jeder aus seinem Team von ihm eine Rolex-Uhr geschenkt. Womit er seine Dankbarkeit demonstrierte. Im Radsport ist es bei den großen Rundfahrten noch viel krasser als bei uns Triathleten: Alleine, ohne deine Mannschaft, kannst du nichts gewinnen. Du bist noch mehr von deinen Jungs, von deinen Helfern im Team abhängig. Und so mache ich das mittlerweile in dieser Hinsicht wie Armstrong. Ich setze Belohnungen aus – immer gekoppelt an Erfolge. Weil wir alle so wahnsinnig viel Zeit miteinander verbringen, weiß ich, wie jeder tickt, was für Wünsche und Sehnsüchte er hat. Beispielsweise bekommt Felix eine Uhr im Erfolgsfall. Ich belohne meine Mannschaft sehr gerne, weil die Jungs mit voller Aufopferung dabei sind und ich allen extrem viel zu verdanken habe. Albert zum Beispiel behandelt mich hin und wieder auch noch abends um elf. Was ihm als Spanier nicht so schwerfällt, was aber keinesfalls selbstverständlich ist. Mir ist *noch etwas* sehr wichtig: dass die Familien komplett dabei sind – wenn es organisatorisch möglich ist. Ob im Training im spanischen Girona im Sommer oder bei Rennen, sei es in Frankfurt oder auf Hawaii.

So haben wir im Team ein gemeinsames Ding, das uns auch in schweren Momenten vereint: unser gemeinsames Ziel. Natürlich ist Triathlon während des Wettkampfs zu 100 Prozent ein Egosport, aber mein Team ermöglicht es mir, topfit an die Startlinie zu kommen und meine Leistung abrufen zu können. Mir ist aber auch bewusst, dass der Druck auf mir liegt. Denn: Mittel- und langfristig gesehen steht und fällt unser Team mit meinem Abschneiden. Wenn ich einen schlechten Tag habe oder mich hängen lasse, wird es diese Mannschaft im darauffolgenden Jahr vielleicht in der Konstellation nicht mehr geben. Weil es eventuell finanziell dann nicht mehr machbar ist. Nur wenn du oben bist, kannst du dir so ein Team leisten.

Ich habe einen absoluten Traumjob, liebe meinen Sport. Weil mir das, was ich tagtäglich mache, das Training, extrem viel Freude bereitet. Ich habe einen Lebensstil gefunden, von dem ich im Grunde keinen Urlaub brauche. Lediglich eine Menge Leidenschaft. Und die definiere ich als bedingungslose Hingabe für ein Ziel, das ich so kompromisslos wie möglich anstrebe. Für mich ist es immer sehr spannend, wenn ich herausfinde, dass es anderen erfolgreichen Menschen in ihren Berufen auch so geht. Sie empfinden ihre Arbeit, ihr tägliches Schuften, ihre Überstunden nicht als Last. Nein, sie gehen ihrer Passion sogar im Urlaub nach – ganz egal ob es Schauspieler, Wissenschaftler oder Manager sind. Und das alles, weil sie irgendwann in ihrem Leben ihren Träumen – wobei ich sie lieber Ziele nenne – konsequent nachgegangen sind.

Kapitel 4

Ich springe auf mein Fahrrad, meine Wettkampfmaschine. Die nächsten rund viereinhalb Stunden werden wir versuchen, eins zu werden. Mensch und Maschine. Ein kurzer Antritt über den kleinen Hügel der Palani Road, die ersten 15 Kilometer führen uns vorbei an all den Fans durch die Straßen der Stadt. Dann geht es in Richtung Norden, zum Flughafen auf den Queen Kaahumanu Highway. Ab in die Einsamkeit. Treten, treten, treten. Ab in den Glutofen. Kein Schatten, keine Gnade. Rechts und links schwarze Lavawüste. Wie schön habe ich es da in Girona, wenn ich aus der Stadt in Richtung Pyrenäen radele, in eine wundervolle, abwechslungsreiche Landschaft. In diesem Backofen hier auf Hawaii muss ich 180,2 Kilometer Radstrecke bewältigen, das ist ein Drittel meines wöchentlichen Trainingspensums.

Jedes Jahr geht es hier darum, den richtigen »Zug« zu erwischen – die Attacke des anderen zu parieren, die auch wirklich eine ist und nicht nur ein Austesten des Konkurrenten. Das Problem ist, dass man nur begrenzt Energie hat und bei jedem dieser Tempospiele eine Menge davon verliert. Zugleich will ich nicht jeden mitschleppen, wenn ich versuche, mich abzusetzen. Es gilt zwar das Windschattenverbot (→ Windschattenfahren), aber sich im Pulk zu bewegen hat trotzdem Vorteile: Es wird viel diskutiert, ob man bei zehn Metern Abstand nicht doch noch vom Windschatten des Vordermanns profitiert. Ich meine, auf jeden Fall! Und man hat ein Ziel vor Augen, an dem man sich festbeißen kann.

Dieses Jahr habe ich einen schweren Tag auf dem Rad. Selber Akzente setzen? Fehlanzeige. Ich muss pokern, im richtigen Moment so tun, als ob ich stark wäre, und den Kopf einziehen, so weit es geht, um dem Wind so wenig Angriffsfläche wie möglich zu bieten. Das Gute ist, dass es ab circa Kilometer 100 mehr oder weniger jedem so geht, und ich rede mir ein, dass es den anderen noch viel schlimmer geht als mir. Der Glaube bewegt manchmal Berge, den Anstieg hier lässt er nicht verschwinden, aber er hilft mir jetzt, mich Meilenstein für Meilenstein nach Kona zurückzukämpfen.

Warum ich Girona liebe

Nach meinem Wechsel auf die Langdistanz hatte ich das Gefühl, einen neuen Reiz zu brauchen, und zwar was meine Umgebung betrifft. Kraftraum, Sauna, Leistungsdiagnostik, Mediziner und Physiotherapeuten bieten in Saarbrücken zwar perfekte Bedingungen, aber ich kannte jeden Quadratzentimeter in- und auswendig. Ich habe dem Olympiastützpunkt in Saarbrücken alles zu verdanken, was ich erreicht habe, und immer von der guten Infrastruktur dort profitiert, aber der Tag kam, an dem ich etwas verändern musste. Denn die Region um Saarbrücken bietet topografisch gesehen keine große Vielfalt fürs Radtraining: wenige ganz flache Rundkurse, aber keinen einzigen richtigen Berg. Den längsten Anstieg bewältigt ein Profi in fünf Minuten, und der ist nicht einmal besonders steil.

Wesentlich für meine Neuorientierung war aber auch das Wetter. Hitzetraining ist in Deutschland eben nur ein paar Wochen im Jahr – wenn überhaupt – möglich. Und es kam auch noch ein privater Grund hinzu: Meine Frau Emma ist Australierin, von der Sonne verwöhnt. Sie war nicht wirklich glücklich mit dem Klima in Deutschland. Ich habe sie wohl zu oft getröstet mit der Aussage: »Schatz, das ist dieses Jahr mit dem schlechten Wetter im Sommer wirklich eine Ausnahme!« Und als ich das wieder mal sagen musste, antwortete sie verzweifelt: »Nein, das ist keine Ausnahme! Es gibt einfach keinen richtigen Sommer in Deutschland!«

Neben ungünstiger Topografie und Klima gab es noch einen dritten Grund: Ich wollte mich aus der Verbandsstruktur komplett lösen, um frische Energie für die neue Herausforderung Langdistanz zu haben. Also haben Emma und ich uns auf die Suche gemacht. Wir sind ganz pragmatisch vorgegangen, die für uns wichtigen Kriterien waren ausschlaggebend: einen neuen Trainingsstandort in Europa zu finden, der zugleich unser Lebensmittelpunkt für die Sommermonate werden soll. Das war gar nicht so einfach. Es musste ein Ort oder eine Stadt sein, wo ich gut bis sehr gut schwimmen, mit unterschiedlichen Anforderungen Rad fahren und sehr gut laufen konnte. Wir haben Landkarten studiert, tagelang im Internet gesurft, viele, viele Leute befragt.

Wir sind beide Italienfans, und da wir uns bei der Suche auf Südeuropa konzentriert haben, hat uns Italien als neue Wahlheimat zunächst besonders verlockt. Darauf wird es hinauslaufen, dachten wir. Aber so intensiv wir auch gesucht haben – wir konnten in unserem Traumland keinen Ort finden, der unsere Kriterien erfüllte. In der Toskana zum Beispiel sind die Straßen gut, auch die Bedingungen für das Laufen sind prima, aber du findest kein 50-m-Becken, das den ganzen Sommer über täglich geöffnet ist. Ein Bekannter von Emma aus Australien gab uns dann den Tipp, uns mal Girona anzuschauen. Nach meinen Recherchen hatte bis dato dort niemand aus der Triathlonszene trainiert, zumindest nicht dauerhaft. Aber das hielt uns nicht davon ab, uns das Städtchen auf Google Earth einmal anzuschauen. Und kurz entschlossen sind wir dann im Sommer 2013 hingeflogen. Diese Gelegenheit habe ich genutzt und Girona als Trainingslager für mein erstes

→ Mitteldistanzrennen, die 70.3-Europameisterschaft am 11. August 2013 in Wiesbaden, gewählt. So konnte ich an wirklich heißen Tagen trainieren und sämtliche Bedingungen für ein effizientes Training prüfen. Und in diesem ersten Sommer in Girona haben meine Frau und ich natürlich auch schon nach Wohnungen und Häusern geschaut, die für uns infrage kämen.

Ich war sofort Feuer und Flamme für Girona. Für mich hat sich schnell bestätigt, warum das Universitätsstädtchen unter Radfahrern bereits als Geheimtipp galt. Die Straßen sind gut asphaltiert und sicher, die Pyrenäen sind relativ schnell zu erreichen, und es gibt ein abwechslungsreiches topografisches Profil. Auch für Läufer bietet die Umgebung beste Bedingungen. Das gefiel mir richtig gut. Und das Allerbeste: In einem städtischen Sportkomplex gibt es ein für Mitglieder öffentliches Schwimmbad mit einem 50-m-Becken und zehn statt der üblichen acht Bahnen. So ein großes Becken ist für Europa ziemlich ungewöhnlich – etwa im Vergleich zu Australien und Neuseeland, wo sie ganz normal sind. In Girona lässt sich das Dach ein- und ausfahren, sodass es in der Sommerhitze auch mal Schatten spendet, was sehr angenehm ist. Anfangs hat es mich genervt, dass hin und wieder Leute in meiner Bahn geschwommen sind. Das Schwimmbad ist eben für jedermann zugänglich, der Mitglied ist, und nicht nur für Leistungssportler. Inzwischen habe ich mich damit arrangiert, muss halt manchmal ausweichen, wenn ich meine Bahnen ziehe. Diese Toleranz habe ich mir bei den Spaniern abgeschaut, eine gute Eigenschaft.

→ Freiwasserschwimmen lässt sich in der Region auch gut trainieren: Nicht weit vom Stadtzentrum, nur rund 20

Kilometer entfernt, liegt ein See, der mit Bojen genau vermessen ist. Alles in allem also das für mich perfekte Set-up: Top Trainingsstätten mit kurzen Wegen und im Sommer richtig heißen Tagen – die nahezu perfekte Simulation der Bedingungen auf Hawaii.

Aber Girona hat nicht nur mir gut gefallen und meine Träume erfüllt, sondern auch die meiner Frau: Das nette katalanische Städtchen mit 100.000 Einwohnern bietet eine hohe Lebensqualität. Es ist nicht zu groß, nicht zu klein, hat schöne Cafés und witzige Shops, und wenn man möchte, ist man in etwas mehr als einer Stunde in Barcelona. Girona ist eine kleine, sportbegeisterte Stadt. Zum Mittelmeer sind es nur etwa 40 Minuten. Mittlerweile lebe ich mit meiner Familie etwa fünf bis sechs Monate im Jahr in Girona, von April bis September, bevor es zum Ironman Hawaii geht.

Schon mein erster Trainingssommer dort hat sich ausgezahlt, denn ich bin bei der EM in Wiesbaden als Mitteldistanz-Rookie gleich Zweiter geworden, mit der besten Laufzeit aller über die 21,1 Kilometer. Und so war für uns klar, dass Girona im darauffolgenden Sommer, 2014, unser Hauptquartier sein sollte. Via Internet haben wir eine Bleibe gesucht – und eine schöne gefunden. Anfangs lebten wir in einer tollen Wohnung nahe der Kathedrale, später sind wir in ein wunderschönes, 250 Jahre altes Haus mit Garten in der Altstadt gezogen.

Sparringspartner und Freunde

In Girona habe ich ab 2014 täglich gemeinsam mit dem Australier Nick Kastelein trainiert. Wir haben uns hervorragend ergänzt. Nick bekam in seinem Landesverband keine Aufmerksamkeit und suchte nach Unabhängigkeit. Ein fleißiger Arbeiter, den ich anfangs im Training mitschleppte, der aber inzwischen ein starker Athlet geworden ist.

Natürlich bist du als Triathlet im Wettkampf auf dich allein gestellt, da kannst du mit niemandem zusammenarbeiten. Du musst dich ohne Hilfe durchbeißen, die Schmerzen durchstehen. Allein leiden. Und so schnell wie möglich ins Ziel kommen. Im Training dagegen bin ich gern in einer Gemeinschaft. In der Gruppe zu trainieren macht Spaß, selbst wenn die Einheiten noch so hart sind. Geteiltes Leid ist halbes Leid. Unsere Allianz wäre damals wohl in dieser Form nie zustande gekommen, wenn ich mich nicht für Girona entschieden hätte.

Nick ist nur eine Woche nach uns nach Girona gezogen. Völlig unabhängig von Emma und mir, reiner Zufall. Ich habe ihn erst im Frühjahr 2014 in Girona kennengelernt, und zwar im Schwimmbad. Als Triathlet fällt dir sofort auf, wenn da jemand ist, der richtig gut schwimmen kann. Wir kamen schnell ins Gespräch, haben kurz darauf angefangen, miteinander zu trainieren. Witzig, auf welche Wege dich das Schicksal manchmal führt.

Mittlerweile trainieren ein knappes Dutzend Triathleten in Girona. Mehr und mehr Athleten kamen nach, auch weil sie sehen wollten, wie und warum wir dort trainieren. Im Frühjahr 2016 fragte mich der Neuseeländer Terenzo Bozzone, den ich von einigen Wettkämpfen kannte, ob er sich uns anschließen dürfe. Nick und ich fanden die Idee gut, wir waren nun zu dritt. Terenzos bestes Ergebnis bis zu diesem Zeitpunkt war der elfte Platz beim Ironman Hawaii 2009, er war schon Weltmeister auf der Mitteldistanz, aber bis dahin hatte er noch kein richtig gutes Ergebnis auf der doppelt so langen Ironman-Distanz gehabt. Vor allem der Ironman Hawaii ist im Triathlon das Rennen, das wirklich zählt.

Ich schätze sehr an Terenzo, dass er ein so positiver, emotional intelligenter Mensch ist. Er brachte viel Freude in unsere Gruppe. Viele aus der Szene haben sich gewundert und gefragt: Warum nimmt der Frodo solch einen Weltklassemann wie Bozzone in sein Team auf? Meine Antwort: Wenn ich die besten Konkurrenten direkt an meiner Seite habe, weiß ich, welche Leistung an der Weltspitze erreicht wird, was ich also täglich bringen muss, um mithalten zu können. So kann ich mich doch nur verbessern – und die anderen auch. Terenzo hatte im Oktober in Kona keinen guten Tag, aber im Dezember 2016 konnte er den Ironman Western Australia mit Streckenrekord und persönlicher Bestzeit gewinnen.

Der vierte Mann in unserem Team ist stets ein Physiotherapeut. Seit Ende 2015 ist es Albert, mit dem ich noch heute arbeite. Albert Lorza Planes hat an der Universität Manresa studiert. Mir war klar, ich brauchte jemanden, der in der Nähe von Girona lebt und jeweils kurzfristig verfügbar ist. Ein Bekannter hat uns dann auf Albert aufmerksam gemacht. Wir haben uns sofort gut verstanden.

Unsere kleine Trainingsgruppe war also einzigartig und sehr wertvoll für jeden von uns. Stell dir vor, ein Andy Murray oder ein Novak Djokovic würde das ganze Jahr über mit zwei Top-10-Profis trainieren. Für ein Sparringsduell im Training mag das noch gehen, werden die meisten Kollegen sagen, aber nicht auf Dauer – undenkbar. Für mich war gerade diese hohe Qualität reizvoll und motivierend. Ich habe hart dafür gearbeitet, dass unser Trainingssteam so gut zusammenarbeitete. Es ist ein gegenseitiges Geben und Nehmen gewesen, bereichernd in sportlicher und menschlicher Hinsicht. Wir drei empfanden keine Konkurrenz, trieben uns stattdessen gegenseitig an.

Du darfst aber niemals dein Ego pflegen, wenn du im Team trainierst. Das machte auch keiner von uns. Das zeichnete unsere Gruppe aus. Wir halfen uns gegenseitig so gut wie möglich. Ob es ums Know-how ging, etwa um die exakte Position auf dem Bike, oder darum, sich in schwächeren Trainingsphasen oder nach Verletzungen wiederaufzubauen. Die moralische Unterstützung zählte, und keiner von uns hatte Allüren – abgesehen von meinem lässigen Umgang mit Uhrzeiten, zu denen wir uns verabredeten. In dem Punkt bin ich gar nicht deutsch. Wenn wir uns beispielsweise für halb neun morgens zu einem Work-out oder einer Trainingssession verabredet haben, bin ich um Viertel vor neun da gewesen. Die anderen beiden wussten das, scherzten darüber. Da kam wohl der Spanier in mir durch. Ich versuchte, mich zu bessern.

Das Wichtigste für uns war, dass wir drei ehrlich zueinander waren, dass niemand zurückstecken musste oder sich zurückhielt, wenn ihm etwas auf den Zeiger ging. Wir unterhielten uns viel während der Radausfahrten oder beim Laufen. Es gab allerdings auch Tage, an denen wir drei Stunden lang schwiegen. Das Schöne ist, dass auch das völlig in Ordnung war. Gemeinsam schweigen zu können ist nur möglich, wenn das Vertrauen zueinander groß ist.

Was unsere sportlichen Leistungen betraf, war für jeden von uns jeder neue Tag eine Bewährungsprobe – in allen drei Disziplinen. Das gemeinsame Training trieb uns an, motivierte uns, weil wir wussten, dass wir so tagtäglich besser wurden. Zugleich erhöhte es den Druck auf jeden Einzelnen, seine beste Leistung bringen zu müssen. Das galt insbesondere für mich, schließlich wollte ich nicht, dass mich die Jungs abhängten. Ich wollte ihnen immer noch zeigen können, wer der Chef unserer Gruppe ist. Nick ist sieben Jahre jünger als ich, Terenzo vier. Für mich wurde es also immer schwieriger, immer härter.

Nick war aber nicht einfach nur ein Trainingspartner, er war auch mein treuer Begleiter. Für seine Loyalität bin ich ihm sehr dankbar. Dass er während eines Hawaii-Aufenthalts ständig an meiner Seite war und dafür knapp drei Wochen im Jahr zusätzlich von seiner Frau getrennt, betrachtete ich *nicht* als selbstverständlich. Dafür profitierte Nick wenigstens auch ein wenig: In Kailua-Kona versammelt sich jedes Jahr im Oktober die gesamte Triathlonindustrie. 2015 kam er – bildlich gesprochen – mit einem leeren Rucksack an und kehrte mit einem gut gefüllten nach Hause zurück. Ich versorgte Nick, so gut ich konnte, gönnte ihm etwa auch die Betreuung durch meinen Trainer. Felix kümmerte sich um potenzielle Partner, und wir konnten ihm 2016 einen Radsponsor von Weltklasse besorgen. Im Triathlon ist das nicht so selbstverständlich wie vielleicht beim Fußball. Das taten wir alles mit dem Ziel, dass Nick es schaffen und mit der Sportart eines Tages Geld verdienen konnte. Irgendwann wollte er ja selbst den

Ironman Hawaii bestreiten. Ich setzte auf seine Eigenmotivation, bezahlte ihn nicht als Sparringspartner. Wenn er jeden Morgen früh aufstehen und sich den ganzen Tag nur für ein paar Kröten schinden würde, hätte er sicher irgendwann keine Lust mehr, dachte ich.

Es half mir sehr, dass wir dasselbe Trainingsprogramm absolvieren konnten. In den vorausgegangenen zweieinhalb Jahren konnte er seine Leistung so steigern, dass wir nun nahezu auf demselben Level waren. Ein langer Weg. Mein Trainer Dan Lorang hatte die Pläne konzipiert, stimmte das Programm auch auf ihn ab: Wenn Nick sich auf einen Wettkampf vorbereitete, bei dem ich nicht startete, bekam er sein eigenes, auf ihn abgestimmtes Programm. Bei der Challenge Roth 2016, sein erstes Rennen über die lange Distanz, ist Nick auf Anhieb Fünfter geworden, eine sehr gute Platzierung, er hat sein erstes richtiges Preisgeld gewonnen. Je besser Nick wurde und je häufiger wir bei denselben Rennen starteten, desto mehr ergänzten wir uns und desto effizienter wurde unsere Trainingsgruppe. Damit wir hoffentlich auch in den nächsten Jahren miteinander Gas geben konnten und uns individuell immer weiter verbesserten.

Nick und ich kamen wunderbar miteinander aus, waren perfekt aufeinander abgestimmt, unterstützten uns im Training bedingungslos. Er war mein tägliches Echo, ein guter Gradmesser, an dem ich genau erkennen konnte, wie es um meine Fortschritte stand. Zum Beispiel bei den letzten Trainingseinheiten während der Rennwoche auf Hawaii: Fühlte ich mich aufgrund der extrem fordernden Bedingungen schlecht und erging es Nick auch nicht besser, beruhigte mich das sehr. Es ist Gold wert, jemanden an der Seite zu haben, der den gleichen Anpassungsprozess an diese extreme Hitze und Schwüle auf Hawaii zu bewältigen hat.

Irgendwann waren wir drei auch mehr als nur Trainingspartner. Wir tranken auch mal einen Kaffee zusammen oder gingen mit den Frauen zum Abendessen. Wenn noch ein vierter Sportler dazukommt, dachte ich, müsste er frei von allem Konkurrenzdenken sein, sonst ginge es nicht. Ob ein Team funktioniert, hängt voll und ganz vom Charakter der einzelnen Mitglieder ab. Eine Handvoll Athleten kam mal für zwei, drei Wochen testweise zu uns, sie machten eine Art »Praktikum«. Sie konnten bei den Trainingseinheiten nicht mithalten, gingen schier unter. Unsere Gruppe trainierte viel intensiver als andere, was einigen Sportlerkollegen fremd war. Maximal einen Profi hätten wir schon noch aufgenommen. Mit einem fünften Mann wäre die Gruppe für ein effektives Radtraining zu groß gewesen, weil wir dann zu weit auseinandergezogen hätten fahren müssen.

Tag für Tag, Woche für Woche – Training, Training, Training

Alle Spitzensportler haben ihre eigenen ausgeklügelten Trainingspläne, die individuell abgestimmt sind und sich natürlich auch immer wieder ändern können. Selbstverständlich legt kein Profisportler seine Pläne bis ins Detail offen. Das würde auch niemandem etwas bringen, denn sie sind individuell auf die Leistungsfähigkeit, die Stärken und eventuellen Schwächen abgestimmt und werden immer wieder angepasst. Sie verändern sich natürlich auch mit den gesteckten Zielen und dem Trainingsverlauf bis zu einem jeweils festgelegten Wettkampf. Aber gern beschreibe ich eine Trainingswoche, wie sie ungefähr bei mir aussehen kann:

Montag: ein Entlastungstag, ich schwimme morgens 5 Kilometer, gehe mittags ins Gym, und wenn mir die Beine vom Vortag besonders wehtun, jogge ich ganz locker, um die Beine zu durchbluten. Hört sich widersprüchlich an, aber der Schmerz geht meist so weg, wie er gekommen ist. Eine harte Laufeinheit kann man mit einer lockeren kontern.

Dienstag: schwimme ich 4 bis 5 Kilometer, fahre mit dem Rad harte, kurze Intervalle von etwa zweieinhalb Stunden Dauer. Und schließlich mache ich noch einen lockeren Lauf oder einen Tempolauf im flachen Gelände.

Mittwoch: schwimme ich wieder ruhig 4 bis 5 Kilometer, absolviere Rad-Kraftausdauerintervalle am Berg (etwa 3 bis 4 Stunden), mache einen Koppellauf (→ Koppeltraining) von 10 bis 15 Kilometern in zügigem Tempo, das heißt im Wettkampftempo Mitteldistanz.

Donnerstag: mache ich eine lange (4 bis 5 Stunden) Radausfahrt mit → Grundlagenausdauerbereich-2-Intervallen, unternehme einen längeren Lauf bis hin zum Halbmarathon oder auch mal länger.

Freitag: gehe ich es ruhiger an, ähnlich wie am Montag.

Samstag: schwimme ich intensiv 4 bis 5 Kilometer, fahre 2 bis 3 Stunden Rad mit flachen Zeitfahrintervallen und mache beim Laufen Berganläufe.

Sonntag: unternehme ich wieder eine lange Radausfahrt und einen langen Lauf mit Tempospielen.

Mein wöchentliches Trainingspensum beträgt beim Schwimmen etwa 25 Kilometer, auf dem Rad sind es etwa 600 Kilometer und beim Laufen vielleicht 100 bis 110 Kilometer. Und ich gehe etwa dreimal die Woche in den Kraftraum und lasse mich mindestens siebenmal pro Woche von Albert, meinem Physiotherapeuten, behandeln und dehnen. Denn ich hasse es, mich selbst zu dehnen.

Dan Lorang, mein Trainer, denkt sich für jeden Tag etwas Neues aus. Wir fahren eigentlich nie ohne Aufgaben. Am liebsten fahre ich Kraftausdauerintervalle – längere Wiederholungen von 10 bis 30 Minuten im »dicken« Gang (bei niedriger Trittfrequenz). Wenn ich im Sommer in Girona bin, ist Sant Martí Sacalm der Berg, an dem wir uns zweimal in der Woche messen. Ich bin den Berg inzwischen so oft raufgefahren, dass ich schon nach wenigen Minuten weiß, wie weit ich im Vergleich zu sonst gekommen bin, und damit weiß ich, wie gut ich drauf bin an dem Tag. Zwischen den Schmerzen gibt es aber zur Belohnung immer eine Abfahrt, die in diesem Fall auch technisch anspruchsvoll ist, genau mein Ding.

Ein- bis zweimal in der Woche laufen wir direkt im Anschluss ans Radfahren – ein sogenannter Koppellauf (→ Koppeltraining). Zu Beginn der Saison fühlt sich das an, als ginge man auf rohen Eiern, aber der Körper lernt sehr schnell dazu. Im Gegensatz zum Radfahren am Berg sind Bergläufe mein Albtraum. Mein Kraft/Last-Verhältnis war noch nie Weltklasse, aber das macht diese Trainingsmethode leider auch sehr effektiv. Wir steigern uns hier durch die Saison von 30 Sekunden auf bis zu 10 Minuten.

Mein Arbeitstag im europäischen Sommer in Girona beginnt etwa um acht. Ich beginne meist im städtischen Schwimmbad. Die fünf Minuten von zu Hause aus dorthin fahre ich mit meinem Stadtrad. Es fällt mir am schwersten, mich für das Schwimmen in der Halle zu motivieren. In der Gruppe ist es viel einfacher, es macht einfach mehr Spaß, andere neben sich zu haben, die sich auch anstrengen. Da entsteht ein natürlicher Wettbewerb. Etwas ganz anderes ist es, die Kacheln am Beckengrund über Stunden hinweg allein zu zählen. Im Becken schwimmen kann sehr monoton sein. Das lässt sich nicht mit dem Radfahren im Freien vergleichen. Hin und wieder hat das Schwimmen auch seinen Reiz, aber es ist einfach nicht meine liebste Trainingsdisziplin.

In den kurzen Pausen, die ich während der Trainingstage mache, sehe ich meine Familie, was mir viel Kraft gibt, außerdem schlafe ich kurz oder lege mich auf die Massagebank.

Meine abendlichen Trainingseinheiten können auch schon mal bis zehn dauern. Zu Hause angekommen dusche ich, lasse mich gegebenenfalls noch mal massieren (immer vor dem Essen, sonst kann ich nicht gut schlafen), und dann esse ich mit meiner Familie und gelegentlich auch allein zu Abend. Danach werte ich die Trainingsergebnisse aus und gehe meist um elf Uhr ins Bett – ein Vollzeitjob.

Die Winter an der Sunshine Coast

Den Winter, meist von Oktober/November bis April, verbringen wir in Australien an der Ostküste, nördlich von Brisbane an der Sunshine Coast in Noosa. Emma ist weiter südlich, an der Gold Coast, aufgewachsen, ihre Eltern leben noch dort. Noosa ist ein Triathlon-Dorado, viele Athleten, mit denen man sich sehr gut austauschen kann, sind hier zu Hause. In unserer Nachbarschaft wohnen die ehemaligen australischen Triathleten Pete Jacobs, Belinda und Justin Granger sowie Greg und Laura Bennett. Auch der spanische Triathlet und Weltmeister Javier Gómez ist im europäischen Winter gelegentlich für ein paar Monate dort.

Das Klima im australischen Sommer ist beständig, es ist warm, teilweise sehr schwül und heiß, und es gibt auch viel Regen. Die Hitze und Schwüle sind perfekt für mich. Sie bereiten meinen Körper auf Hawaii vor. Ich kann persönliche Bestleistungen am ehesten erzielen, wenn ich im Warmen bin. Wärme tut nicht nur meiner Muskulatur gut, sondern meinem gesamten Organismus. Bei Kälterennen bin ich sehr schlecht, meine Leistung nimmt spürbar ab. Das ist auch etwas, das man nur sehr, sehr bedingt konditionieren kann. Das Training gestaltet sich einfacher, wenn es draußen 30 Grad heiß ist und du nicht im Zwiebellook mit zehn verschiedenen Lagen zum Training gehen musst.

Noosa ist ein wunderbarer Ort, umgeben von tropischem Regenwald und Hügeln, ein Surfspot, ein Badeparadies mit Traumstränden. Die Lebensqualität ist hoch, es gibt auch gute Restaurants und eine ausgeprägte Kaffeekultur, was mir beides sehr wichtig ist. In der Stadt findet seit 1983 jährlich im November der Noosa Triathlon statt, der wohl inoffiziell größte Triathlon der Welt. Es ist jedes Mal ein richtiges Stadtfest. Auch andere prominente Sportler und Nachbarn zeigen sich bei der Gelegenheit: Mark Webber, Thomas Muster und wie sie alle heißen.

Die Trainingsbedingungen sind unterm Strich akzeptabel, aber nicht uneingeschränkt erstklassig. So gesehen ist Noosa als Wohnort für den Winter eine Kompromisslösung, weil Noosa eben erstens, zweitens und drittens Emmas Lebensmittelpunkt ist und mir die Familie extrem viel bedeutet. Wenn Emma glücklich und zufrieden an meiner Seite ist, kann ich meinem Beruf deutlich besser und entspannter nachgehen, bin viel effektiver im Training.

Eine Alternative zu Noosa wäre noch Kapstadt und die Region um Stellenbosch, wo ich als Jugendlicher gelebt habe. Wir mögen Südafrika sehr. Aber dort können wir nicht so sorglos leben wie in Australien. Die Kriminalitätsrate ist hoch, die Gewaltschwelle niedrig. Wenn ich Emma mit Sohnemann Lucca und seit Januar 2018 – Töchterchen Sienna allein zu Hause lassen müsste, während ich trainiere, würde ich mich damit gar nicht wohlfühlen. Das muss nicht sein, das wäre auf Dauer zu stressig für uns alle.

Mein Trainingstag in Noosa beginnt sehr früh, meist um halb sechs Uhr oder früher. Im australischen Hochsommer ist es bereits um halb fünf hell und schon um die 20 Grad und mehr warm – was noch angenehm ist. Die Australier sind absolute *earlybirds*. Wenn du morgens um halb sechs rausgehst, ist echt viel los. Wenn du sagst, du möchtest um sechs trainieren, ziehen dich die »Aussies« auf und sagen: »Du willst also ausschlafen?« Das war für mich eine heftige

Umstellung und sehr hart, mich morgens um fünf aus dem Bett zu quälen, da ich lieber später trainiere.

Nick und ich trainieren meist zu zweit und passen uns der aktuellen Wetterlage und -vorhersage an. Wir starten mit Radfahren oder Laufen. Vormittags musst du zwei Einheiten abgehakt haben, meist kurz hintereinander, weil es um die Mittagszeit schon zu heiß wird. Am späten Nachmittag, was für die Australier schon abends ist, steht dann noch das Schwimmtraining auf dem Programm, von etwa halb fünf bis längstens halb sieben, bis es dunkel wird – etwas intensiver als in Girona.

Das Wichtigste beim Schwimmen ist und bleibt die saubere Technik. Während der Monate Down Under liegt darauf der Schwerpunkt. Daher ist auch der Umfang der Schwimmeinheiten höher als im europäischen Sommer. Und ein weiterer Grund kommt hinzu: In Australien habe ich einen einzigartig guten Schwimmtrainer. Der Mann heißt John Rodgers, ist achtzig, ein alter Hase also. Er war früher einmal kanadischer Nationaltrainer und hat auch in Australien einige große Talente entdeckt und zu erfolgreichen Schwimmern gemacht. An JR, wie wir ihn nennen, schätze ich sehr, dass er mich unglaublich gut motivieren kann. Das ist für mich natürlich sehr wertvoll. Übrigens ist er ein Bekannter von Karoly, meinem Schwimmtrainer aus Südafrika. JR kommt aus derselben harten Schule wie Karoly, aber er hat ein anderes Temperament. Er ist ein emotional guter Typ, kein trockener Knochen. Und er sagt mir immer die Wahrheit. Er hat keine Scheu, mir ins Gesicht zu sagen, wenn ich zu viele Kaffees getrunken und zu viel Bananenbrot gegessen habe. Wenn man als Athlet auf der Habenseite schon große Erfolge hat, ist es besonders wichtig, dass das engere Umfeld gnadenlos ehrlich zu einem ist. Denn besonders nach meiner Goldmedaille hatte ich häufig das Gefühl, dass einige Leute vor lauter Respekt vor dem Erfolg nicht mehr ehrlich zu mir sind.

Das Training mit JR bringt eine Menge. Ich bin der einzige Triathlet, der dauerhaft in der Schwimmgruppe ist, und wir haben viel Spaß mit ihm. Wir trainieren viermal in der Woche im Freibad, dazu kommen noch Trainingseinheiten im Meer.

Nach dem Schwimmtraining in Noosa folgt dann noch eine Massage, das Abendessen mit meiner Familie, und ab geht's ins Bett. Manchmal legen wir die Massage auf die Mittagszeit, damit ich schon um neun Uhr im Bett bin. Ein merkwürdiger Rhythmus, ganz anders als in Spanien. Ich muss mich ein wenig gegen meinen körpereigenen Rhythmus stemmen in Australien, was aber ganz gut klappt. Denn ich bin ein Abendmensch, also eher der Grundtyp Spanier. Der Abend ist für mich die schönste Tageszeit, ein Sonnenuntergang gibt mir mehr als ein Sonnenaufgang. In den letzten ein, zwei Stunden vor Sonnenuntergang unterwegs zu sein und draußen zu trainieren ist herrlich. Wenn du aber nach dem Training noch etwas essen gehen willst, musst du dich beeilen. Denn genau wie dir der Spanier seinen Lebensrhythmus aufzwingt, weil manche Restaurants nicht vor halb neun öffnen, bekommst du an der Sunshine Coast ab acht Uhr abends kaum noch etwas zu essen. Wenn du Glück hast, kannst du um kurz vor acht gerade noch etwas bestellen – wenn das Personal sehr wohlwollend ist. In den großen Städten, wo viele Touristen sind, wie in Sydney oder Melbourne, ist das natürlich anders.

Viel wichtiger als die Möglichkeit, abends zum Essen auszugehen, ist die Infrastruktur für meinen Job, für das tägliche Training. In Noosa bist du beim Laufen fast ausschließlich auf Beton unterwegs, und der ist noch eine ganze Stufe härter als Asphalt. Bei jedem Schritt spürst du den Druck, der auf die Knochen und die Muskulatur wirkt, ziemlich heftig. Ohne die Arbeit meines Physiotherapeuten wäre ich nach zwei Wochen hinüber. Ausweichrouten sind die Trails, die hauptsächlich für Mountainbiker gemacht sind. Doch für einige dieser Waldwege habe ich nicht den nötigen Mumm, um sie nur mit meinen Laufschuhen bewaffnet zu durchqueren – bei Schlangen hört bei mir der Spaß auf, und davon gibt es einige. Ich habe da schon beeindruckende, wirklich einschüchternde Geschöpfe gesehen, fünfmal so dick wie ein Arm. Das sind die allerdings ungiftigen Pythons. Die Australier nennen sie auch Carpet Snakes. Sie kriechen auf der Suche nach Mäusen und Kleingetier gern in der Nähe von Häusern, Garagen und Schuppen herum. Wir hatten aber auch schon kleinere Schlangen zu Besuch in unserer Garage. Viel gefährlicher als der Python aber ist der Taipan, die giftigste Schlange Australiens, die in den nördlichen Küstenregionen zu Hause ist, und die Death Adder, die ebenfalls im Nordwesten unterwegs ist und sich unter Blattwerk und Büschen versteckt. Sie flüchtet leider nicht, wenn sich ein Mensch nähert. Die meisten Schlangenbisse gehen aufs Konto der Brown Snake, die überall in Australien lebt. Wenn du eine von diesen Giftschlangen siehst, rennst du nur noch weg, machst kein Foto mehr, das sind mir die Instagram-Likes dann doch nicht wert. Zum Glück bin ich bisher noch nicht gebissen worden. Aber gut – das ist Australien, ein landschaftlich extrem schönes, abwechslungsreiches Land, aber auch das mit den giftigsten Tieren der Welt. Und weil es mir das Risiko nicht wert ist, muss Albert wegen der Kilometer auf dem harten Untergrund etwas mehr schuften.

Das Radtraining ist in Australien auch ganz anders als in Spanien, und zwar leider richtig gefährlich. Nicht wegen natürlicher Gefahren, sondern wegen wilder Autofahrer. Viele von ihnen haben null Verständnis für Radfahrer, nullkommanull Geduld, wenn du vor ihnen auf der Straße fährst und sie nicht gleich überholen können. Radfahrer sind per se immer im Weg. Viele Autofahrer meinen, das alleinige Anrecht auf die Straße zu haben. Es gibt fast keine Ausfahrt auf dem Rad, bei der du nicht beleidigt wirst. Manche Fahrer hinter dem Steuer – den Eindruck kannst du jedenfalls gewinnen – haben es auf Fahrradfahrer abgesehen: In Noosa hat mich einer mal aus dem Auto heraus mit einer vollen Getränkedose beworfen. Schlimmer noch ist, dass solche Wahnsinnigen es lustig finden, mit einer Schrottkarre, riesigen Pick-up-Trucks mit 400 PS, ganz knapp an dir vorbeizuheizen. Sie berühren dich fast, einige scheinen dich abräumen zu wollen. Ich bin schon öfter von der Straße gedrängt worden, konnte mich dann noch gerade so im Graben abfangen. Wenn du richtig Pech hast, kommt es noch dicker: Dann steigt einer dieser Typen aus und will dir noch eins auf die Nase geben. Ist mir auch schon passiert. Dir steht so ein Irrer gegenüber, brüllt dich an und will sich am liebsten noch prügeln.

Im Januar 2018 hat mich um Haaresbreite ein Truck verpasst, dessen Fahrer dann plötzlich Zeit hatte, anzuhalten und alle Heiligen vom Himmel zu holen und mir zu sagen, dass er es auf mich abgesehen hatte. Ich müsse ja schwul sein, da ich enge Klamotten trage.

Zum Glück bin ich noch nie verletzt worden. Mittlerweile fährt Albert, so oft es geht, mit dem Auto als Geleitschutz hinter mir her. Zusätzlich trainiere ich auch in den Monaten in Australien mehr auf dem Heimtrainer als in Girona. Aber völlig minimieren kann ich das Risiko nicht, denn natürlich muss ich auch auf die Straße.

Mit dieser Aggressivität mancher Autofahrer tue ich mich sehr schwer. Es ist extrem nervig. Und es wird von Jahr zu Jahr schlimmer.

Rund um Noosa bin ich pro Woche 500 bis 600 Kilometer auf dem Rad unterwegs und somit täglich damit konfrontiert. Du fährst ohnehin schon super-defensiv, weil du nichts riskieren willst. Wenn zum Beispiel ein paar Autos an einer Ampel stehen und warten, würde ich niemals – wie in Europa – rechts vorbeiradeln. Einfach, weil du niemanden provozieren solltest. All das überschattet das schöne Leben in Australien, daher kann ich die Natur und die Strände, das Schwimmen und das Surfen nicht uneingeschränkt genießen. Aber ich will hier nicht pauschalisieren, natürlich ist der Großteil der australischen Autofahrer vollkommen okay, doch mir scheint, es gibt hier mehr Idioten als anderswo.

Das Verrückte an der Sache ist: Die Australier sind eine richtig gute Radfahrernation, nicht nur auf der Bahn in den olympischen Disziplinen, auch im Straßenradsport. Vor allem die Gegend um Adelaide ist bei Profis wie Hobbysportlern sehr beliebt, dort ist es landschaftlich sensationell schön. Es gibt auch eine bekannte Landesrundfahrt für die Profis, die Tour Down Under. Was also die Trainingsbedingungen betrifft, so sind sie in Spanien im Vergleich besser. In Girona leben wir im Trainingsparadies. Mehr geht nicht.

Salz, Zucker, Gel & Co.

Beim Ironman Hawaii gibt es feste Regeln in Sachen Ernährung. Neben den allgemeinen Verpflegungsstationen, im Abstand von etwa zwei bis drei Meilen, gibt es noch die individuellen, zuvor festgelegten, für *special needs*. Da kannst du deine selbst vorbereiteten Getränke bekommen. Dir sind beim Marathon sechs eigene Getränke gestattet, die du selbst mischst, einfrierst und frühmorgens vor dem Start bei den Helfern abgibst. Maximal ein Liter pro Getränkeflasche. Es sind spezielle Salzgetränke, da schwört jeder auf seine eigene Mischung. Für das Radfahren drücke ich mir zwölf hochkonzentrierte Energiegels in eine Flasche, die an meinem Rad bleibt, damit ich die Gels nicht extra aufreißen muss während des Rennens. Drei Gels pro Stunde rechne ich fürs Rad, beim Laufen wäre das zu viel, da würde ich Magenprobleme bekommen.

Die Helfer an den Verpflegungsstationen nehmen vor dem Marathon all die Flaschen der Athleten aus den Eistonnen, wo sie zuvor gelagert wurden, und stellen sie auf die Tische an den einzelnen Verpflegungsstationen. Allerdings erst dann, wenn der Marathon beginnt, wenn der Erste nach dem Radfahren aus der Wechselzone kommt. Wegen der Chancengleichheit und weil es organisatorisch nicht anders machbar ist. Ich habe spezielle Thermoflaschen, die relativ gut kühlen, trotzdem erwärmt sich der Inhalt mit der Zeit natürlich etwas. Wenigstens ist er nicht so pisswarm – sorry! – wie die Getränke aus den Pappbechern, die ja auch immer eine Zeit lang in der Sonne stehen, bis du nach ihnen greifst. Wenn du dann auch noch ein Süßgetränk erwischst, Cola oder Red Bull, warm wohlgemerkt, musst du fast würgen. Auf all das muss man sich einstellen.

Meistens klebe ich mir mit einem Stück Tape noch zusätzlich ein Gel an die Getränkeflasche dran, das ist erlaubt. Wenn es energetisch eng wird, wenn ich spüre, dass meine Reserven nachlassen, würge ich zuerst das Gel runter, das wie Honig klebt, und schütte dann das Wasser hinterher – in den Rachen und über den Körper. Die Gels enthalten reichlich Kalorien. Sie ersetzen mir die süßen Elektrolytgetränke, die ich nicht mag. Sie würden zu sehr am Körper kleben, wenn ich sie mir über den Kopf gieße.

Mit der Trinkflasche an meinem Rad und den angetapten Gels beim Lauf komme ich energetisch meist ganz gut aus. In acht Stunden Rennen ist das eine Menge, und die Gels sind ja fast wie reiner Zucker. Logisch, dass ich dann in den ersten Wochen nach dem Wettkampf nichts Süßes mehr sehen kann. Ich esse nichts Festes während des Rennens. Nicht weil ich damit Probleme hätte. Ich habe es ausprobiert, aber ich brauche es nicht und lasse meinen Magen lieber in Ruhe. Denn der Magen ist ohnehin ein limitierender Faktor, er begrenzt dich: Du kannst im Wettkampf gar nicht so viele Kalorien zu dir nehmen, wie du eigentlich bräuchtest. Wichtig ist jedoch auch für Hobbysportler: Wenn du auf dem Zahnfleisch gehst und Hunger bekommst, musst du dringend etwas Zuckerhaltiges essen.

Für deinen Energiehaushalt beim Wettkampf musst du auf drei Dinge achten: *erstens* auf genügend Flüssigkeit, *zweitens* auf ausreichend viele Kohlenhydrate für die schnelle Verbrennung und Energieerzeugung in deiner Muskulatur und *drittens* auf Elektrolyte, also Natrium (ist reichlich im Speisesalz enthalten), Kalium, Magnesium, Calcium usw., die beim starken Schwitzen ausgeschieden werden. Was den Flüssigkeitsverlust betrifft, so hängt er natürlich davon ab, wie stark jemand schwitzt und welche Temperaturen herrschen. Jeder Sportler muss seinen eigenen Flüssigkeitsbedarf ermitteln. Dafür wiegst du dich vor und nach dem Training. So siehst du relativ gut, wie viel Flüssigkeit du ausgeschwitzt hast. Das musst du dann an die Dauer und die Bedingungen des Rennens anpassen.

Diese Kohlenhydrate sind in Sportgetränken oder Gels enthalten. Feste Nahrung ist, wie ich schon erwähnte, nicht so leicht verdaulich während der extrem großen physischen Anstrengung.

Was schließlich die Elektrolyte betrifft, so ist auch da der Verbrauch bei jedem anders. Es gibt Sportler, die etwa größere Mengen an Salz ausschwitzen als andere. Eine Faustregel ist, etwa 600 bis 1000 Milligramm pro Stunde aufzunehmen im Wettkampf. Das musst du einfach im Training oder bei einem Testwettkampf ausprobieren. Am besten nimmst du eine Mischung der verschiedenen Elektrolyte zu dir, die du in deine Trinkflasche füllen kannst.

Natürlich solltest du schon an den Tagen vor dem Rennen darauf achten, dass du von all dem genügend zu dir nimmst, um in einer guten Startverfassung zu sein. Da ist das Beste, alles individuell im Training auszuprobieren und den eigenen Plan immer weiter zu verfeinern. Da kann ich keine genauen Vorgaben machen, weil jeder Sportler einen anderen Körper hat und jeweils ganz andere Bedürfnisse unter Extrembedingungen.

Eines aber kann ich sicher sagen: Askese bringt nichts, auch nicht *vor* den Rennen. Das ist zumindest meine Erfahrung, meine Lehre aus der Zeit des freiwilligen »Hungerns« vor Olympia 2008, als ich wochenlang nur Obst und Reis, mal mit Zucker, mal mit Olivenöl, zu mir genommen habe. Von solchen Extremen bin ich abgekommen. Das funktioniert mal sechs Wochen lang, aber ist ein sehr schmaler Grat. Dieses Runterhungern würde mir heute zu viel von meiner mentalen Frische nehmen. Vielmehr brauche ich in meiner Ernährung eine gute Balance, aber ich folge keinem strikten Ernährungsplan. Ich zähle längst keine Kalorien mehr, wie ich das früher bei Wettkämpfen auf Kurzdistanzen gemacht habe.

→ Nahrungsergänzungsmittel sind sowohl im Profi- als auch im Amateursport sehr verbreitet. Ich halte inzwischen immer weniger davon, sie zu zahlreich einzunehmen. Das Proteinpulver, mit dem ich mir Shakes mische, nehme ich hier mal aus. Wer nicht weiß, was ihm fehlt, sollte bitte ganz die Finger von Zusatzstoffen lassen, damit produziert man nur teuren Urin. Die Industrie verspricht viel, was sie letztlich nicht halten kann. Etwas anders verhält es sich, wenn man weiß, was einem fehlt, wenn es medizinisch untersucht wurde. Ich persönlich habe etwa chronischen Eisenmangel und substituiere deshalb Eisen. Zudem nehme ich bei extrem starker Belastung Magnesium zu mir, um Krämpfen vorzubeugen. Äußerst banal und äußerst effektiv.

Eine Waage? Hab ich nicht!

Eine Waage gibt es in unserem Haushalt nicht, brauche ich nicht. Ich kenne mein Gewicht, es liegt bei etwa 76 bis 77 Kilogramm. Wenig für einen, der 1,94 groß ist. Aber es ist mein Wohlfühlgewicht. Ich verdrücke bis zu 10.000 Kalorien täglich. Mein Körperfettanteil liegt bei rund 5 Prozent. Ich kann im Prinzip alles und so viel essen, wie ich will. Dafür bin ich sehr dankbar, denn ich bin ein Genussmensch und liebe das Essen und Kochen. Qualität ist mir dabei sehr wichtig.

Als junger Athlet hatte ich mich erstmals für den Effekt gesunder Ernährung auf den Körper interessiert. Wenn ich es mir leisten konnte, habe ich mir auch mal Sachen aus dem Bioladen gekauft. Ich habe viel ausprobiert über die Jahre, mich auch mal ohne Milchprodukte oder nach der *Low-Fat*-Methode ernährt. Das waren völlig neue Erfahrungen für mich. Später habe ich mir Tipps von Ernährungsexperten geholt. Doch erst dank meiner Frau Emma habe ich meine Ernährung umgestellt, nehme nun deutlich mehr Fette und Proteine zu mir, die ich als Ausdauersportler auch brauche. Anfangs war ich strikt gegen ihre Maxime: Keine Kohlenhydrate, stattdessen viel Fett. Wie? Keine Kohlenhydrate? Das geht doch nicht!, dachte ich. So ein Schwachsinn! Aber die extreme Leistungsfähigkeit von Emma, die eine sehr erfolgreiche Karriere als Triathletin hinter sich hat, hat mir gezeigt, dass es funktioniert, und zwar gut. Als wir zusammengezogen sind, haben wir anfangs oft noch unterschiedlich gegessen, also zwei verschiedene Mahlzeiten zubereitet. Ich muss allerdings zugeben, dass mir schon damals ihre Gerichte ohne Kohlenhydrate, aber mit Fett, besser geschmeckt haben. Kein Wunder, denn Fett ist ja ein Aromaträger.

Dennoch verzichte ich auch heute nicht ganz auf Kohlenhydrate. Ich brauche deutlich mehr davon als Emma, die ja heute nicht mehr im Training ist und inzwischen auch nicht mehr ganz auf Kohlenhydrate verzichtet. Andererseits habe ich die guten Seiten des Fetts für mich entdeckt, qualitativ hochwertiges Olivenöl zum Beispiel. Das ist eine unserer wichtigsten Energiequellen. Emma und ich verbrauchen rund zwei Liter pro Woche. Wir essen mit Genuss das, was meist als Mittelmeerdiät bezeichnet wird. Nur würden wir es nicht als Diät bezeichnen, weil es uns ganz prima schmeckt. Wir sind aber nicht stur auf eine Linie festgelegt, sondern durchaus experimentierfreudig, solange wir uns gesund ernähren.

Lieber schaue ich beim Essen auf beste Qualität, denn eine ausgewogene Ernährung bietet alles, was man braucht. Das Problem ist, dass heutzutage Tomate nicht gleich Tomate ist. Die Tomate vom holländischen Gewächshaus oder aus dem Folientunnel in Spanien enthält nicht die gleichen Nährstoffe und Vitamine wie die vom Feld aus der Region.

Meine Grundregeln bei der Ernährung sind: Weniger Zutaten sind meist besser. Ein Brot vom Bäcker, der den (Sauer-)Teig noch selbst herstellt, ist ernährungsphysiologisch wertvoller als das abgepackte Fabrikbrot aus dem Supermarkt. Frische, regionale und saisonale Lebensmittel sind immer gesünder, während die ganzjährig angebotenen Erdbeeren oder der Blattsalat aus dem Gewächshaus weniger gesund sind und auch nicht so gut schmecken. Auf sich selbst achten, schauen, wie dem Körper das jeweilige Essen bekommt, ist außerdem wichtig.

Ich probiere aktuell vegetarische Kost, und jeder, der behauptet, dass man als Sportler unbedingt Fleisch braucht, um den Eiweißbedarf zu decken, weiß nicht, dass es auch andere Eiweißquellen gibt. Ich fühle mich jedenfalls sehr gut mit der vegetarischen Kost und brauche auch weniger Schlaf. Es ist nämlich die Verdauung, die einen Großteil der täglichen Energie verbraucht und uns auch schneller müde machen kann. Aber generell bin ich da nicht dogmatisch. Das heißt, wenn ich jetzt auf diese Weise lebe, kann das in einem Jahr auch wieder anders sein. Ganz sicher wird mein Körper es mir »sagen« – nur ist das Zuhören wie so oft im Leben manchmal nicht ganz leicht. Das Wann ist beim Essen für mich auch noch sehr wichtig. Direkt nach einer harten Trainingseinheit nehme ich meist einen Proteinshake zu mir. Aber auch hier gilt: Weniger ist mehr. Ein paar gute Zutaten und fertig. Ich mixe: eine gefrorene Banane (der Shake schmeckt damit süßer), Eiweißpulver pur (Molke oder Reis), Mandelmilch und ein Esslöffel Erdnussbutter. Da das Ganze schon »püriert« ist, ist es leichter verdaulich und führt dem Körper schnell die Nährstoffe zu, die er braucht. Abends esse ich grundsätzlich kein Dessert, auch kein Obst, da mich Zucker wach hält.

Meine erste Trainingseinheit erfolgt oft auf nüchternen Magen, um dem Körper einen zusätzlichen Reiz zu geben.

Das kann auch schon mal beim Nachhausekommen mit einem Schoko-Karamell-Nuss-Riegel-Moment enden, ähnlich wie in der Werbung, weil die Unterzuckerung einem völlig die gute Laune verhagelt.

Meine ideale Ernährung im Training

Wir absolvieren pro Tag drei bis vier Einheiten, also müssen die Mahlzeiten zwischendrin so abgestimmt sein, dass sie gut verdaulich sind. Das ist eine Frage des Komforts, des Wohlbefindens.

Nach dem Aufstehen trinke ich einen Espresso. Dazu: meist nichts! Höchstens mal ein Stück dunkle Schokolade. Warum? In dunkler Schokolade ist der Zuckergehalt wesentlich geringer als in heller, der Kakaoanteil dafür höher. Und der fördert die Durchblutung. Im Idealfall sollte der Auftaktlauf nüchtern absolviert werden, das ist effektiver. So wird der Stoffwechsel angeregt, die Fettverbrennung – speziell auch durch Kaffee. Auf diese Weise bringe ich meinem Körper bei, im Training die Reserven effektiv zu verbrennen. Weil ich ja im Rennen gar nicht so viel aufnehmen kann, wie ich verbrauche.

Nach der ersten Trainingseinheit – das ist meist ein Auftaktlauf oder eine Schwimmsession – gibt es Frühstück. Es enthält bei mir jede Menge Eiweiß. Zum Beispiel trinke ich einen Proteinshake. Nach dem Training sind die Muskeln bereit, Eiweiß aufzunehmen wie ein Schwamm. Um Abwechslung auf den Tisch zu bringen, gibt es zusätzlich auch mal Rührei oder Salat mit Thunfisch. Eiweiß ist deshalb so wichtig, weil es für eine schnelle, hormonelle Regeneration sorgt, dazu das Immunsystem stärkt.

Nach der zweiten Trainingseinheit kommt am frühen Nachmittag etwas Leichtes mit Kohlenhydraten und Proteinen auf den Tisch: Etwa glutenfreie Spaghetti und Gemüse.

Abends, nach der letzten Einheit des Tages und der Massage, essen wir meist einen großen Salat mit unterschiedlichen Zutaten, das kann Käse sein, Nüsse, Thunfisch. Dazu gibt es wieder Spiegeleier, Quinoa, Süßkartoffeln oder glutenfreie Nudeln. Mittlerweile ernähre ich mich ganz glutenfrei. Nicht, weil es hip ist. Nein, es bekommt mir besser. Reis, Hirse und Buchweizen sind für mich deutlich leichter verträglich. Und ich meide Milchprodukte, weil sie mir bei hohen Belastungen nicht gut bekommen.

Im Urlaub achte ich etwas weniger streng auf die Ernährung. Aber selbst im Arbeitsalltag bin ich nicht mehr ganz so streng mit mir wie früher. Wenn mir etwas fehlt oder ich auf etwas Spezielles Lust habe, warte ich ein oder zwei Tage und schaue, ob die Lust auf das Nahrungsmittel immer noch da ist. Wenn ja, gönne ich es mir. Der Verzicht kostet auf lange Sicht mehr Kraft. Kasteiung sowieso. Glück beginnt im Kopf.

Heute wiege ich ein, zwei Kilogramm mehr als damals, in Zeiten meiner Wettkämpfe auf Kurzstrecken. Eine Tafel Schokolade bringt dich nicht um und kann jede Menge Glücksgefühle auslösen. Und wenn ich Lust auf ein Glas Rotwein und eine Pizza habe, gönne ich sie mir auch: eine aus Dinkelmehl mit Kapern, Lachs und Zwiebeln oder eine Pizza mit Büffelmozzarella.

Eine andere meiner kulinarischen Sünden: Bananenbrot. Das kenne ich vor allem aus Noosa. Ich kann es vor unserer alljährlichen Abreise nach Noosa in den Wintermonaten kaum erwarten, dort den guten Kaffee zu trinken und ein warmes, getoastetes Stück Bananenbrot mit Butter zu essen.

Weißbrot »macht langsam«, es hat zu viele Kohlenhydrate ohne wertvolle Inhaltsstoffe. Wenn überhaupt, esse ich dunkles Brot. Wenn ich mir einen Tag vor einem Wettkampf früher mal einen Burger genehmigt habe, blieb das folgenlos. Langfristig gesehen wirkt sich aber eine gesunde Ernährung sehr positiv auf die Leistungskraft aus. Die Zellen können sich dann besser regenerieren. Als Athlet mutest du deinem Körper nämlich viel zu, du zerstörst täglich beim Training Muskelzellen und Muskelfasern. Durch sinnvolle Ernährung kannst du die Regeneration stark unterstützen.

Was ich zu mir nehme, ist mein Treibstoff. Daher will ich in Sachen Ernährung wissen, wo die Produkte herkommen und welche Qualität sie haben. »Du bist, was du isst«, heißt es im Volksmund. Stimmt! Bei sinnvoller Ernährung dankt es dir dein Körper, du fühlst dich gut. Du kannst dir dein körperliches Wohlbefinden an-essen und er-kochen.

Duke und der Hungerast

Das Bananenbrot, das ich so liebe und aus Noosa kenne, bäckt Emma für mich auch manchmal in Girona. Aber nicht nur ich esse es so gern ...

Es war ein bewölkter Tag in Girona, etwa 15 Grad draußen, als Nick und ich beschlossen, dem Wetterradar zu vertrauen, dem Regen an der Küste auszuweichen und in die Berge zu fahren. Nach gut zwei von sechs geplanten Stunden auf dem Rad stellte sich heraus, dass der Meteorologe wohl in die falsche Glaskugel geschaut hatte, denn das Thermometer fiel stetig, pendelte sich schließlich bei 4 Grad ein, und der Himmel öffnete seine Tore. Zudem war es ein Sonntag, und der Katalane macht grundsätzlich am Sonntag seinen Laden nicht auf. Wir hatten viel zu wenig Proviant dabei und auch keine Chance, uns irgendwo in den Bergen mit einer heißen Schokolade zu wärmen. Es war einfach nur ätzend. In der Sportlersprache lautet der Ausdruck für dieses extreme Unterzuckertsein »Hungerast«. Wir darben, froren, es gab keine Abkürzung, und weil wir keine Kraft mehr hatten, brauchten wir auch noch anderthalb Stunden mehr als geplant. Kurz bevor wir zu Hause ankamen, hatte ich dann auch noch eine Reifenpanne. Aber das Schlimmste war Nicks Kommentar in diesem Moment: »Das Gute ist, dass es nicht mehr schlimmer werden kann!«

In diesem Moment war mir klar, dass es auf jeden Fall noch härter kommen würde, denn so ist es ja schließlich immer, wenn jemand diesen Spruch loslässt. Ich gab mich dennoch demütig der Situation hin, flickte meinen Reifen und strampelte mit dem letzten bisschen Kraft, das ich hatte, die 3 Kilometer nach Hause. Als ich die Tür öffnete, duftete das gesamte Haus nach frisch gebackenem Bananenbrot, was mich für einen kurzen Moment doch an Gott glauben ließ. Mein Rad lehnte noch nicht ganz an der Wand, als ich um die Ecke in die Küche lief, wo Duke, mein Hund, auf mich wartete. Instinktiv wusste ich sofort, das ist kein fröhliches Wiedersehen, als er mich leicht erschrocken anschaute. Neben ihm lag die Kuchenform auf dem Boden. Der letzte Rest meines geliebten Bananenbrots quetschte sich in diesem Moment durch seine Speiseröhre, und mir war klar, dass der Tag endgültig gelaufen war. Mein fader Haferbrei, begleitet vom Bananenbrotduft, der noch in der Luft hing, war dann nur noch ein ungutes Detail.

Kapitel 5

Die zweite Wechselzone ist in Sicht, endlich aus dem Sattel. Kienle hat mich überholt, vor mir noch Böcherer, aber alle im Abstand von nur zehn Sekunden. Hinter mir Hoffman, Stein und O'Donnell – alle eng beieinander. Ruhig bleiben! Rechtzeitig bremsen, die Markierung beachten! Und auf diesen merkwürdigen Moment vorbereiten, wenn man plötzlich, nach viereinhalb Stunden auf dem Fahrrad, wieder festen Boden unter den Füßen hat. Zum Glück nehmen einem die Helfer das Fahrrad entgegen, verstauen es. Ich laufe barfuß zum Wechselzelt. Und deshalb wie auf rohen Eiern. Ein Balanceakt. Ab ins Zelt und für ein paar Sekunden das Schönste an diesem Tag: Schatten! Endlich Schatten! Auch wenn es nur 20 oder 30 Sekunden sind. Und sitzen – ohne die Beine zu bewegen. Wie angenehm. Fühlt sich völlig merkwürdig an in diesem Moment. Im Sitzen ziehe ich mir Laufsocken und Laufschuhe an. Unterdessen kümmern sich die Helfer um mich. Das ist im Grunde wie in der Pause bei einem Boxkampf. Gut, dass es hier keine Kameras gibt. Du wirst kurz repariert und präpariert. Ein Helfer kommt mit Vaseline, einer mit Sonnencreme, einer mit Eiswasser. Ich sage: Schüttet mir einfach alles drüber. In diesen Sekunden ist dir alles egal. Erst das Wasser, dann Sonnencreme ins Gesicht. Faktor 50, wasserfest. Schließlich ist ja Peaktime, was die Sonne betrifft, wenn du von zwölf bis kurz vor drei auf der Laufstrecke bist. Dann noch ein kurzer Check, ob alles passt, ob ich das Startnummernband nach vorne gedreht habe, und dann wieder raus aus dem Zelt, zurück zum Ernst des Rennens. Draußen verpassen dir die Hitze und die Luftfeuchtigkeit gleich wieder einen. Die letzte Tortur des Tages beginnt. Für mich mit einer kleinen Schrecksekunde: Meine Uhr ist runtergefallen, ich muss kurz die Straßenseite wechseln, um sie aufzuheben. Ich schaue mich um, hinter mir kommt Sebastian Kienle. Ich bin am schnellsten gewechselt.

Es ist der Wahnsinn. Sebi und ich laufen jetzt Schulter an Schulter den Alii Drive entlang. Wir machen ein paar Scherze, ziehen uns gegenseitig auf. Er fragt mich, ob ich bei den Verpflegungsstationen wieder ein paar Schritte gehen werde, dann würde er nämlich vorneweg gehen, um nicht auf mich draufzulaufen. Er spricht mit mir, als wäre ich ein lahmer alter Opa. Aber wir reden nun nicht weiter. Es ist noch verdammt weit, und so berauschend geht es uns nun auch wieder nicht. Für fast eine Stunde laufen wir nebeneinander her, das Problem dabei: Du lässt dich verleiten, bist einen Tick zu schnell unterwegs, läufst nicht mehr strikt dein Tempo und wirst dafür später bezahlen. Zwischen Kilometer 16 und 22 kann ich dann das Tempo erhöhen und mich absetzen. Viele Fans und vor allem die Medien haben auf so eine direkte Konfrontation zwischen Sebi und mir gehofft.

Erfolg, Ruhm und Reichtum? Nicht um jeden Preis

Doping kommt für mich nicht infrage – niemals. Einmal, das einzige Mal in meinem Leben, hat mir jemand nahegelegt, darüber nachzudenken. Das ist mehr als zehn Jahre her. Es war unmittelbar nach meinem täglichen Training. Ich hatte mich noch nicht geduscht und umgezogen, da kam jemand auf mich zu und sagte: »Jan, du musst dir mal Gedanken machen, wie es so weitergeht.« Doch ich verstand nicht, was dieser Jemand meinte, weil ich nicht im Mindesten an Doping dachte. Und als ich ihn verständnislos anschaute und er deutlicher ausführte, was er meinte, wurde es mir klar: »Die Konkurrenz schläft nicht, die Jungs haben den Tiger im Tank. Wir müssen schauen, dass wir das nächste Level erreichen, weil es allein mit Training nicht mehr geht.«

Alles klar. Eine ganz fiese Aussage. Nach dem Motto: Wenn du irgendwann mal Weltspitze werden willst, dann musst du es machen. Es geht nicht ohne Doping.

Ich war total perplex. In meinem Hirn ratterte es. Es wäre gelogen, wenn ich behaupten würde, dieses Ansinnen sofort kategorisch abgelehnt zu haben. Mein Kopfkino schaltete sich ein, schließlich waren mir indirekt bessere Leistungen versprochen worden. Film ab: Großer sportlicher Erfolg, Ruhm und Reichtum, du siehst dich plötzlich in Las Vegas mit einer Limousine vorfahren und mit Kumpeln eine fette Party feiern. Schnitt – sehr schnell war ich wieder im Hier und Jetzt. Adrenalin schoss durch meinen Körper. Ich bin von der Frage überrumpelt worden und habe daher erst mal nur geschwiegen.

Ich warf mir schnell was Warmes über die verschwitzten Trainingsklamotten und bin weg, ab in den Wald. Ich nahm mein Handy mit und wählte die Nummer meines Vaters. Eines war für mich sehr klar: Er konnte mir in diesem Moment am besten helfen, weil er immer analytisch denkt und ehrlich zu mir ist. Mein Vater hat sich alles im Leben mit viel Fleiß erarbeitet, sich die Nächte in seinem Job um die Ohren geschlagen. Noch heute ist er ein kompromissloser Arbeiter und gnadenloser Kämpfer. Er hat mir vermittelt: Um Erfolg zu haben, musst du hart und viel arbeiten.

Ich schilderte ihm, was vorgefallen war, welch unglaubliches Angebot ich gerade erhalten hatte, und war von seiner Antwort total überrascht, richtig baff. Denn mein Vater sagte nicht: »Lass es sein, Junge!« Er drängte mich zu keiner Entscheidung, er gab mir keine Antwort vor. Das rechne ich ihm hoch an. Er wusste genau, dass es sinnlos ist, mich in eine Richtung zu drängen. Mein Vater ist der Herausforderung sehr clever und elegant begegnet. Er hat mir vor Augen geführt, was es bedeuten würde, wenn ich anfinge zu dopen, wenn ich diese Grenze einmal überschreiten würde, was es für mich persönlich und für mein Umfeld für mögliche Folgen hätte. Er hat mir klargemacht, dass es nicht wichtig ist, schnelle, kurzfristige Erfolge zu erzielen und in naher Zukunft ein tolles Auto kaufen zu können. Entscheidend ist, meinte er, dass du später, wenn du nach zehn, zwanzig Jahren in den Spiegel schaust, mit dir und deiner Leistung im Reinen bist. Du willst als Sportler deinen Beruf im Rückblick ehrlich genossen haben und dich nicht nach Ende der Karriere fragen müssen: »Wie gut wäre ich ohne Doping gewesen? War ich vielleicht nur so gut, weil ich etwas genommen habe?«

Ich bin sowieso schon selbst mein schärfster Kritiker und hinterfrage *alles*. Wäre ich damals auf das Angebot zu dopen eingegangen, hätte ich mein Leben lang mit dem Zweifel umgehen und leben müssen. Sollte ich später tatsächlich mal als Senior irgendwo im Sonnenstuhl liegen und nichts tun, was ich mir heute zwar nicht vorstellen kann, was aber nicht auszuschließen ist, will ich mit Stolz an meine Sportlerlaufbahn zurückdenken können. Ich will mich ungetrübt über meine Erfolge freuen können.

Das Telefonat mit meinem Vater war super, es ging mir danach besser, ich war erleichtert. Seine Was-wäre-wenn-Analyse hatte mir geholfen. Ich bin sehr froh, dass mir meine Eltern klare moralische Vorstellungen vermittelt haben. Und dieses entscheidende Gespräch mit meinem Vater hat mir dies noch einmal klargemacht und sich daher als wichtige Episode meines Lebens in mein Hirn gebrannt. Für mich war ein für alle Mal klar: Doping? Niemals!

Hätte mich dieser Dopingbefürworter noch mal angesprochen oder gar irgendwo mit dem Zeug konfrontiert, hätte ich ihn zur Hölle geschickt. Seit diesem Vorfall habe ich den Kontakt bewusst vermieden, wollte nichts mehr mit diesem Menschen zu tun haben. Was mich im Nachhinein aber ein klein wenig wurmt: Damals hatte ich leider noch nicht die Courage, im ersten Moment direkt und klar mit Nein zu antworten und ihn gegebenenfalls bloßzustellen.

Nicht alle Sportler können solch einem Angebot widerstehen. Wenn du mit fünfzehn, sechzehn Jahren angesprochen wirst, ist das etwas ganz anderes. Ein Jugendlicher, der große Träume hat, ist gefährdet. Und wenn dir jemand vor Augen führt, wie toll das alles ist und wie toll alles laufen könnte, bist du versucht, es zu glauben. Und wenn du womöglich finanziell gerade so über die Runden kommst, vielleicht sogar am Hungertuch nagst, bist du tatsächlich gefährdet. Mein Glück war, dass ich erst relativ spät, mit neunzehn, mit dem Leistungssport anfing und anders als manche Jugendliche, die alle Juniorenkader durchlaufen, viele andere Seiten des Lebens hatte kennenlernen dürfen – vor allem in Südafrika war das so. Das Umfeld ist hier absolut entscheidend.

Wer dopt und wer nicht? Als Sportler kannst du ausschließlich für dich selbst die Hand ins Feuer legen. Wenn der Lebensunterhalt einer ganzen Familie von den Ergebnissen, Siegprämien und Sponsorengeldern eines Athleten abhängt und ein Sportler sich aus dem Grund zu diesem Schritt entscheidet, kann ich das zu einem klitzekleinen Teil sogar nachvollziehen. Der Druck wird groß und größer, manche greifen offenbar aus purer Existenzangst zu Dopingmitteln. Aber auch dann ist das Doping natürlich keineswegs zu akzeptieren.

Manche wachsen in ein System hinein, in dem es sogar völlig natürlich ist, zu dopen. Dann heißt es von anderen: »Die machen es doch auch!« Bullshit! Das kann doch das eigene Handeln nicht rechtfertigen. Aus meiner Sicht ist der Umkehrschluss pure Motivation: Es geht nicht ohne? Doch! Natürlich. Das sollte jeder Sportler demonstrieren wollen.

Unter Dopingverdacht – Neider gibt's immer

Dass ich kritisch hinterfragt werde, was eventuelles Doping betrifft, ist für mich schon ziemlich normal. Das geht anderen Sportlern wohl auch so. Denn es gab leider schon sehr viele erfolgreiche Athleten, die dann doch nicht so gut waren, wie es den Anschein gehabt hatte. Allerdings packte es mich im Herbst 2016 an der Ehre, als ein Konkurrent mich zwischen den Zeilen des Dopings bezichtigte. Es passierte ausgerechnet zwei Tage vor dem Ironman Hawaii, wenn Konzentration und Ruhe das Wichtigste für mich sind. Und daher empfand ich diesen Angriff als Mentalkrieg auf unterstem Niveau. Nach der Athletenbesprechung im Start-Ziel-Bereich von Kona waren Felix und ich auf dem Weg zurück zum Parkplatz. Da erzählte er mir von einem Zeitungsinterview mit einem Sportlerkollegen. Dieser hatte meinen Namen erwähnt, und zwar in keinem guten Zusammenhang. Sein Wortlaut, der mich betraf: »Seine Zeiten wirken zumindest wie von einem anderen Stern. Jan ist der schnellste Schwimmer, der schnellste Radfahrer, der schnellste Läufer – das wäre so, als wenn im Fußball auf jeder Position ein Manuel Neuer spielen würde.« Und weiter: »Er hat es binnen kürzester Zeit geschafft, komplett abzuräumen. Kein Kurzstreckler hat solch einen Durchmarsch hingelegt. Er ist eine Kategorie wie Usain Bolt über 100 Meter – da steht der Sieger auch vor dem Start fest.« Und er fügte hinzu, dass ihm meine Leistung »spanisch« vorkomme, auch »weil ich in Spanien wohne«.

Ich konnte es nicht glauben, ließ mir die Passagen auf dem Handy meines Managers zeigen. Adrenalin schoss in mein Blut, von jetzt auf gleich wurde ich richtig wütend. Ich kehrte um, rannte zurück zum Hotel, schnappte mir den Kollegen und stellte ihn zur Rede: »Was soll das? Was willst du damit bezwecken?« Dass andere Athleten und Journalisten die Szene mitbekamen, war mir egal. Er schaute mich verdutzt an, wollte sich rechtfertigen. Es kam zu einem Wortgefecht. Dann habe ich ihn einfach stehen lassen. Später erklärte er, er habe mich mit seinen Aussagen keineswegs persönlich angreifen wollen. Er hat sich entschuldigt.

Ich weiß, dass es naiv ist, zu glauben, die meisten Athleten seien sauber. Es gibt ja viel zu viele Berichte über nachgewiesene Dopingfälle. Und die Methoden werden auch immer raffinierter. Einige betrügen auf Kosten der anderen. Und gerade deshalb können wir ja auch kein Pauschalurteil fällen. Wahrscheinlich wird dieses Problem niemals aus der Welt zu schaffen sein. Dafür geht es um zu viel Geld. Jedes Mal, wenn ein Sportler positiv getestet und damit überführt wird, bin ich tief enttäuscht, es ist wie ein Schlag in die Nieren – vor allem, wenn ich die Leistung dieses Athleten zuvor bewundert habe.

In der Triathlonlangdistanz gab es bisher zum Glück weniger Dopingfälle als in den Einzeldisziplinen. Ich erkläre mir das so: Triathleten sind in allen drei Sportarten weit entfernt von der Leistung eines Spezialisten, der an die Grenze des menschlich Möglichen kommt. Der Wettkampf im Triathlon spielt sich nahezu komplett im → aeroben Bereich ab, das heißt, dass die Muskulatur immer mit genügend Sauerstoff versorgt werden kann, um gut zu funktionieren. Wie nahe du an die Schwelle zum anaeroben Bereich herankommst, hängt nicht nur von deiner individuellen Trainingskonstitution ab, sondern ist auch Kopfsache.

Lange Strecken zu bewältigen ist sportwissenschaftlich betrachtet absolut machbar. Was nicht heißen soll, dass bestimmte Dopingmittel die Leistung nicht noch weiter steigern können. In Sportarten, bei denen sich die Leistung im anaeroben Bereich abspielt, vor allem Schnellkraftdisziplinen, ist die Verwendung unerlaubter Mittel daher viel häufiger zu finden.

Da extrem gute Leistungen fast immer infrage gestellt werden, bin auch ich betroffen, was ich am Beispiel des wohl neidischen Sportlerkollegen oben geschildert habe. Gerade deshalb ist es mir so wichtig, mit dem Thema offensiv umzugehen. Ich engagiere mich für das im Dezember 2015 in Kraft getretene Anti-Doping-Gesetz. Darin wird Selbstdoping unter Strafe gestellt und die Strafverfolgung der Helfer und Hintermänner ausgeweitet. Außerdem werden die Sportverbände in ihrem Kampf gegen Doping durch eine Stärkung der Sportgerichtsbarkeit unterstützt. Manche Sportverbände, sogar einzelne Athleten, sprachen sich gegen das Gesetz aus. Es geht dabei um Regressforderungen, die sie fürchten, wenn ein staatliches Gericht anders urteilt als ein Sportgericht.

Sport zu treiben ist für mich ein Privileg. Ich habe kein Verständnis dafür, wenn sich jemand irgendein Zeug spritzt oder schluckt, von dem er nicht weiß, wie sein Körper darauf reagiert. Als Sportler ist mein Körper doch mein Kapital, ich lebe von ihm, warum sollte ich ihn mit Steroiden oder Anabolika kaputtmachen?

Wer dopt, bringt zudem die jeweilige Sportart in Verruf. Und dass manche Sünder lediglich ein halbes Jahr, zwölf

Monate oder zwei Jahre aus dem Verkehr gezogen werden, ist meiner Meinung nach nicht in Ordnung. Es darf keine zweite Chance für einmal überführte Betrüger geben. Eine zweite Chance in einem anderen Job natürlich schon, aber auf keinen Fall noch mal im Sport – egal in welcher Funktion! Solche Leute haben weder im Amateur- noch im Profisport etwas verloren. Sie taugen nicht als Vorbilder für Nachwuchssportler. Wie kannst du Menschen inspirieren, Sport zu treiben, wenn du betrügst?

Überraschender Besuch morgens um sechs

Bei einer Dopingkontrolle muss ich alles, was ich zu mir nehme, jedes Medikament, → Nahrungsergänzungsmittel, das ich zu mir genommen habe, angeben – ganz egal, wie harmlos es mir auch erscheint. Hier lauern Gefahren für den Sportler, unabsichtlich etwas einzunehmen, was dopen könnte. Beispielsweise muss ich bei der Behandlung von harmlosen Infekten unglaublich aufpassen. Das beginnt schon bei der Einnahme von Mitteln gegen Erkältung, weil sie Ephedrin und/oder Pseudo-Ephedrin enthalten können, die auf der Verbotsliste stehen. Auch bei → Nahrungsergänzungsmitteln gibt es keine hundertprozentige Sicherheit, dass sie frei von relevanten Substanzen sind. Zur besseren, weil schnelleren Regeneration nehme ich Mineralstoffe oder Proteinpulver zu mir. Damit mache ich mir die oben erwähnten Shakes. In diesen können auch Spuren von verbotenen Stoffen enthalten sein, wenn sie nicht sauber produziert wurden. In den USA werden bestimmte Nahrungsergänzungsmittel teilweise auf demselben Fließband produziert wie Anabolika. Das bedeutet, dass Spuren dieser Anabolika in die Nahrungsergänzungsmittel gelangen können.

Ein weiteres Beispiel, wie es durch Unachtsamkeit zur Einnahme von verbotenen Substanzen kommen kann: Bei Wettkämpfen in den USA bekommt man manchmal Wasser, dem wichtige Mineralstoffe fehlen. Daher besorge ich mir dann vor Ort in einer Apotheke Magnesium, um Muskelkrämpfen vorzubeugen. Da muss ich jedoch höllisch achtgeben, kein falsches Produkt mit unerlaubten Zusätzen oder Spuren davon zu erwischen. Also lasse ich mir das Magnesium nach Möglichkeit aus Europa schicken oder gehe in einen Laden, der europäische Produkte führt. Wenn solch geringe Dosen von unerlaubten Stoffen bei einem Dopingtest aufgespürt und nachgewiesen werden, können die Kontrolleure allerdings prüfen, ob es ein einmaliges, womöglich zufälliges Ergebnis war. Beim Nachweis von Wachstumshormonen oder Blutdoping mit EPO ist das anders und in der Regel eindeutig.

Welche Medikamente oder welche Wirkstoffe in Nahrungsergänzungsmitteln verboten sind, hat die NADA (Nationale Anti-Doping Agentur Deutschland) in einer Medikamentendatenbank aufgeführt, die es auch als App gibt. Dort kann ich auch die → Kölner Liste einsehen, in der Nahrungsergänzungsmittel mit minimiertem Dopingrisiko verzeichnet sind, zurzeit knapp 500 Produkte. Mein Manager und ich müssen also immer sehr genau hinschauen, welches Produkt in Ordnung ist und welches nicht – was im Ausland, zum Beispiel in den USA oder in asiatischen Ländern, nicht gerade einfach ist. Das alles frisst Zeit. Als Sportler aber hast du natürlich die Informationspflicht. Unwissenheit schützt vor Strafe nicht, Gerissenheit jedoch manchmal schon. Ich denke an den Fall des Tour-de-France-Gewinners Bradley Wiggins, der angegeben hatte, an Asthma zu leiden, und 2011/12 eine Ausnahmegenehmigung für ein starkes Kortikoid, also eine verbotene Substanz, bekommen hatte. Im März 2017 berichtete unter anderem die ARD, dass der ehemalige Rad-Olympiasieger erneut ins Visier der Dopingkontrolleure geraten sei. Es ging um mysteriöse Medikamentenlieferungen, die es vor Jahren an Wiggins gegeben haben soll. Mir erscheint diese Geschichte etwas merkwürdig.

Da finde ich es erfreulich, dass in der neuen Radsportgeneration Fahrer wie der Deutsche John Degenkolb sehr mutig und offensiv mit dem Thema Doping umgehen. Wenn einer aus dieser Gruppe des Dopings überführt würde, könnte mich das wirklich erschüttern.

Ich selbst bin im Jahr 2008 bis zu den Sommerspielen in Peking, die im August stattfanden, 24-mal getestet worden. Aktuell sind es übers Jahr verteilt rund 15 bis 20 Kontrollen. Gemessen an der vergleichsweise geringen Anzahl an Aktiven, weist der Triathlon die meisten Trainings- und Wettkampfkontrollen im deutschen Sport auf.

Laut Anti-Doping-Regularium bin ich verpflichtet, für 365 Tage im Jahr anzugeben, wo ich mich aufhalte. Und zusätzlich muss ich für jeden Tag eine Stunde angeben, zu der ich für Kontrolleure garantiert verfügbar bin, und zwar im Zeitraum von sechs bis dreiundzwanzig Uhr. In dieser Stunde muss ich unbedingt an dem Ort sein, den ich im Portal mit Adresse angegeben habe. Natürlich ist das ein krasser Einschnitt in mein Privatleben, andererseits brauchen wir die vielen Kontrollen, damit wir Sportler und unsere Sportart glaubwürdig sind und es bleiben. Vor allem, wenn ich mich in Europa aufhalte, wähle ich meist die Zeit zwischen sechs und sieben Uhr vor dem ersten Training, weil ich da am besten zu Hause oder im Hotel erreichbar bin. Alternativ können das auch Emma oder Felix für mich erledigen. Man loggt sich in das System ein und bestimmt Ort und Uhrzeit. Mittlerweile geht das auch per App übers Handy. Falls spontan Freunde vorbeikommen und ich mich doch entscheide, auswärts essen zu gehen, kann ich den Ortswechsel nachtragen.

Dass ich selbst an meinem Geburtstag von Kontrollen nicht verschont bleibe, gehört dazu. Vor dem WM-Rennen 2010 in Budapest wurde ich morgens um sechs von Dopingkontrolleuren geweckt. Sie klopften an die Tür meines Hotelzimmers. Wenn mich Kontrolleure in den Morgenstunden vor einem Wettkampf aus der Konzentration reißen, möchte ich am liebsten ausrasten, muss mich aber zusammenreißen. Ich führe mir dann vor Augen, dass Sportler und Kontrolleure im Grunde auf derselben Seite stehen und dass es ein wichtiger Bestandteil meiner sportlichen Identität ist, mich eben immer und überall kontrollieren zu lassen.

Bei einer Kontrolle wird immer ein Urintest gemacht. In rund 50 Prozent der Fälle kommt ein Bluttest hinzu, das hängt von den Bestimmungen der WADA, der Welt-Anti-Doping-Agentur, oder der NADA, der Nationalen Anti-Doping Agentur, ab. Es ist Vorschrift, dass der Kontrolleur immer das gleiche Geschlecht hat wie der Sportler. Der Ablauf ist Routine. Der Kontrolleur zeigt mir seinen Ausweis, ich biete ihm einen Kaffee an, fülle die Unterlagen aus, und wir unterhalten uns, bis ich so weit bin und die Urinprobe abgeben kann oder bis die Blutentnahme beendet ist. Eine Rückmeldung erhält man übrigens nur dann, wenn der Test positiv ausgefallen ist, das heißt, wenn sie verbotene Substanzen festgestellt haben.

Logisch, dass Felix und ich sehr bedacht darauf sind, die tägliche Meldung, wann ich zur Kontrolle verfügbar bin, niemals zu vergessen, wir erinnern uns tagtäglich gegenseitig daran. Das ist natürlich in Fleisch und Blut übergegangen, manchmal aber hat man so viel Stress oder ist in Gedanken, dass man es versäumt. Das kennt sicher jeder. Man hat seinen Liebsten vor einer Reise versprochen, sich nach der Ankunft kurz zu melden – und vergisst es dann doch. Ohne böse Absicht.

2016 habe ich zum ersten Mal in meiner Karriere eine Dopingkontrolle verpasst, das erste Mal, seit ich im System bin, also seit 2002. Weil ich in jener Stunde an jenem Ort, den ich angegeben habe, nicht anwesend war. Eine Unachtsamkeit, echt blöd gelaufen. Und das kam so: Im Februar 2016 wurde ich bei einer Gala in Berlin mit dem Laureus-Award ausgezeichnet. An diesem Tag habe ich kurzfristig eine Einladung zur Talkshow »Markus Lanz« im ZDF angenommen, die in Hamburg aufgezeichnet wird. Meine Frau Emma flog wie geplant von Berlin zurück nach Spanien. Felix und ich sind am Tag nach der Laureus-Gala noch nach Roth in Franken gefahren. Vor Ort hatten wir einen Pressetermin und wollten die Strecke für den im Juli anstehenden »Challenge Roth« begutachten. Danach, so der Plan, wollte ich spätabends nach Hause, nach Girona, fliegen. Durch die Einladung zur Lanz-Sendung war unser ursprünglicher Plan durcheinandergeraten, und wir sind von Nürnberg noch nach Hamburg geflogen, und ich habe erst für den nächsten Morgen meinen Rückflug nach Spanien gebucht. Das war der Knackpunkt.

Als die Kontrolleure frühmorgens, im von mir angegebenen Zeitfenster von 6 bis 7 Uhr, vor unserer Haustür standen, war ich noch in Norddeutschland am Flughafen. Emma hat mich dann informiert. *Shit happens*. Sie hat versucht, den Kontrolleuren zu erklären, dass es ein Versehen war – ohne Erfolg. Wenig später erhielt ich ein juristisches Schreiben. Ein verpasster Dopingtest heißt: ein Strich in der Kerbe. Das funktioniert ähnlich wie die Verkehrssünderdatei in Flensburg. Wenn du nach einem verpassten Test über einen Zeitraum von 12 Monaten alle weiteren Kontrollen wahrnimmst, wird der Strich gelöscht. Wenn du jedoch drei Tests versäumst – egal aus welchen Gründen –, bekommst du eine Sperre über zwei Jahre aufgebrummt. Der Brite Tim Don, ehemals Triathlonweltmeister, wurde 2006 merkwürdigerweise nur für drei Monate gesperrt, nachdem er innerhalb von 18 Monaten bei drei Trainingskontrollen nicht angetroffen wurde.

Eine meiner speziellsten, weil witzigsten Kontrollen passierte nach meinem ersten Hawaii-Sieg 2015. Am Tag nach dem Rennen haben wir in Kona abends richtig Party gemacht, den Erfolg gebührend gefeiert, es ging etwas länger. Gegen vier Uhr morgens bin ich von der Bar *Huggo's* in unser gemietetes Hause zurück, mit einem dicken Schädel. Ich habe mich sofort ins Bett geworfen und selig gepennt. Plötzlich hörte ich, dass jemand an der Tür klopfte. Um sechs Uhr morgens. Solche Szenen kennt man nur aus Hollywoodkomödien: Ich öffnete die Augen, sah den Ventilator über mir, es war schwül-heiß, mein Kopf dröhnte.

Gleichzeitig hämmerte jemand an die Tür. Ich stand auf, riss die Tür auf. Die Herrschaften brachten kein Wort heraus, schauten mich irritiert an. Ich dachte: Was schauen die denn so? Bis ich an mir herunterblickte. Ah, okay – ich war splitterfasernackt. Beim Aufstehen hatte ich vergessen, mir etwas anzuziehen. »Herr Frodeno, Dopingkontrolle!« Ich antwortete: »Ja, gut, dann ziehe ich mir mal was an.« War dann ja auch alles halb so wild. Nach getaner Arbeit habe ich mich wieder hingelegt.

Der Wille zum Sieg und die Konkurrenten

Ich hasse es, bezwungen zu werden. Es gibt im Sport nichts Schöneres, als zu gewinnen! Aber das muss nach Regeln geschehen, nicht um jeden Preis, sonst macht Sport keinen Spaß mehr.

Ob im Triathlon Konkurrenten auch Freunde sein können, werde ich oft gefragt. Es ist wie im normalen Leben. Können schon, ja. Mit den meisten gibt es ein freundschaftliches Miteinander, das ist es aber auch schon. Ich muss die Jungs ja nicht privat treffen oder mit ihnen in den Urlaub fahren. Ich konzentriere mich lieber auf meinen kleinen, engen, aber sehr wertvollen Freundeskreis, für den ich ohnehin zu wenig Zeit habe. Und wenn erst mal der Wettkampf läuft, kämpfst du gegeneinander, egal ob Freund oder Feind. Im Rennen lege ich einen Schalter um in meinem Kopf. Da bin ich rigoros, da heißt es nur noch abräumen! Das ist meine Stärke, mein Kampfgeist.

Zu Beginn meiner Karriere im Profibereich habe ich den Fehler gemacht, manchen meiner Konkurrenten bewusst aus dem Weg zu gehen. Und wenn es eine Konfrontation gab, habe ich mich einschüchtern lassen. Inzwischen liebe ich die Konfrontation. Dazu muss ich mit meinem Gegner nicht einmal reden. Er muss nur anwesend sein. In meinem Kopf spielt sich dann der Rest ab.

Die Psychospielchen mancher Athleten beginnen schon vor dem Wettkampf, wenn man sich im Training schon an dem Austragungsort begegnet oder bei den Pressekonferenzen der Veranstalter direkt aufeinandertrifft. Auf Hawaii zum Beispiel finden am Donnerstag, also zwei Tage vor dem Rennen, das Athleten-Briefing und die Pressekonferenz im Hotel beim Start-Ziel-Bereich statt. Da erscheinen alle Profis, ein Pflichttermin. Spätestens hier wird jedem bewusst: Bald geht's um alles. Es wird ernst.

Und einige verlieren in diesen Momenten schon das Rennen. Weil sie sich zu viele Gedanken über ihre Konkurrenten machen: Oh, der sieht aber gut und fit aus, der andere sieht eher nicht so gut aus! Aber warum? Was ist los mit dem einen, was ist mit dem anderen? Solches Räsonieren nimmt dir die Konzentration auf dich selbst und deine Fähigkeiten. Ich kann das alles ganz gut ausblenden und genieße dieses letzte Zusammentreffen in Kona sogar, weil ich es mit Humor nehme. Das ist meine Waffe. Ich mache gern Späßchen, scherze mit den Jungs. Diese Lockerheit kann ich aber auch nur dann zeigen, wenn ich richtig gut vorbereitet bin und weiß, dass ich verdammt fit bin. Manche Konkurrenten lassen sich durch meine Art verunsichern, durch mein Gelächter und meine Sprüche ein wenig einschüchtern – kein so schlechter Effekt. Ich versuche, vorher die Jungs auf positive Art und Weise zu schlagen. Ich schaue meinen Gegnern in die Augen, aber mit zugekniffenen Augen. Nicht so wie beim Boxen, wenn sich die Kontrahenten auf der Pressekonferenz aggressiv anglotzen, bis einer die Nerven verliert – und wegschaut oder manchmal zuschlägt.

Der ehemalige australische Toptriathlet Chris McCormack war der absolute Meister dieser Psychospielchen. Für meinen Geschmack ging er gelegentlich etwas zu weit. Chris hat den Ironman Hawaii 2007 und 2010 gewonnen und die Konkurrenten durch *mind games* massiv beeinflusst. Er hat sie oft im Vorfeld im Kopf fertiggemacht. »Macca« war bekannt und gefürchtet dafür.

Ein Konkurrent, wie man ihn sich nur wünschen kann, ist Javier Gómez. In meinen Augen heute noch der größte Kurzdistanzler, auch wenn ihm die olympischen Erfolge fehlen – einfach, weil er so ein fairer Sportsmann ist. Javier kenne ich seit 2006. Das war die Phase, in der Daniel Unger und ich so viel zusammen trainiert haben. Javier war unser Vorbild, der »spanische Bulle«. Jeder wollte ihn schlagen, und wir beide haben uns tagein und tagaus den Kopf zerbrochen, wie wir das schaffen, wie wir an ihn rankommen können. Wir kannten unser Potenzial, wussten aber, dass wir uns im Training noch mehr entwickeln müssen. Und dann kam Hamburg 2007, und Daniel schlug Javier auf der Zielgeraden. Das war natürlich ein Riesenerfolg. Ich wurde nur Sechster, aber wir wussten, er ist zu schlagen.

Auf derselben Strecke, 2010 in Hamburg, habe ich mir mit Javier ein Duell geliefert, wie ich es liebe. Wir haben uns beim Laufen von der Gruppe absetzen können und uns eine Attacke nach der anderen geliefert. Er hat am

Ende gewonnen, aber ich war dennoch mit meiner Leistung zufrieden, weil ich wirklich alles, alles gegeben habe.

Wir haben auf dem Schlachtfeld zusammen gekämpft, und anschließend sind wir zusammen essen gegangen. So etwas ist viel wert. Fairer Sportsgeist, Kampfgeist, sich aneinander messen, aber mit Respekt, ohne Fouls oder linke Spielchen.

Javier hat Maßstäbe gesetzt, an denen ich mich messen und reiben konnte – und somit den Antrieb hatte, mich zu verbessern. Als ich dann meine ersten Erfolge in der Profiszene feierte, hat er mich sofort als neuen Konkurrenten akzeptiert. Das ist die Art von Rivalität, wie man sie sich im Idealfall vorstellt. Ich konnte mich mit ihm stets auf höchster sportlicher Ebene messen. Es war eine schöne Zeit. Wir haben beide versucht, unsere Leistungen auf ein neues Niveau zu bringen. Das hat uns weitergebracht und war besser, als sich gegenseitig anzugiften, nur um einen Vorteil herauszuschlagen und irgendwo unbedingt den Tagessieg zu erringen.

Javier ist nach meinem Wechsel zum Ironman auf der olympischen Distanz geblieben, hat jetzt aber seinen Wechsel angekündigt. 2018 kommt er wahrscheinlich zum ersten Mal nach Hawaii. Ich sehe, dass er großes Potenzial hat, und freue mich, gegen meinen alten Rivalen wieder antreten zu können.

Was man gar nicht machen sollte: Konkurrenten kopieren. Lieber den eigenen Weg gehen. Aber das musste ich auch erst lernen. Früher habe ich mal versucht, die Brownlee-Brüder Alistair und Jonathan zu imitieren, und bin auf die Fresse gefallen. Das würde mir heute nicht mehr passieren. Zum Beispiel hatte ich ausprobiert, auf dem Vorderfuß zu laufen, was die Kenianer machen, eine schnelle Laufmethode, aber orthopädisch kann sie sehr belastend sein. Sie strapaziert stark die Sehnen, und ich habe mir damit eine ernsthafte Verletzung eingehandelt. Ich hätte beinahe meine Karriere zerstört. Das war die Zeit nach meinem Olympiasieg, in der ich mit dem Kopf durch die Wand wollte und alles erzwingen musste.

Ab 2009 galten die Brüder aus England als die neue Generation im Triathlon auf die Kurzdistanz, vor allem physisch waren sie anscheinend allen überlegen. Alistair hat damals den Durchbruch geschafft, sein zwei Jahre jüngerer Bruder Jonathan packte es etwas später. Sie unterstützen sich. Natürlich sind es aber zwei Einzelsportler – doch solange Alistair gewinnt, ist alles gut. Vor allem als Alistair in die Profiszene kam, habe ich mich sehr an ihm orientiert, habe mir ganz genau seine Zeiten angeschaut und gedacht: Da muss ich hin, das muss ich auch können!

Mein Anfängerverhalten fiel genau in die Zeit, als die Brownlees die Kunst des Psychokriegs für sich entdeckt haben. Sie konnten ihre Konkurrenten ganz gut mental schachmatt setzen.

Für mich hat Sport mit Spaß zu tun, nicht damit, Siege und Titel mit *jedem erdenklichen* Mittel erreichen zu wollen. Das Siegen bringt den größten Spaß, aber auf dem Weg dahin möchte ich auch das Leben noch ein wenig genießen.

Leider habe ich die Brownlees nie in einem Wettkampf über die Kurzdistanz sportlich besiegen können. Das bedauere ich. Es kam nie zu einem engen Finish in einem Rennen. Jedes Mal, wenn ich tatsächlich besser abgeschnitten habe, war irgendwas. Sie sind zum Beispiel bei einem

Hitzerennen eingebrochen, will sagen, sie hatten einen starken Leistungsabfall, oder es gab irgendein technisches Problem. Daher habe ich nicht das Gefühl, dass ich sie mal so wirklich sportlich gepackt habe. Und wenn ich doch mal in einem Rennen die Gelegenheit dazu hatte, dann lag es auch daran, dass ich mich auf ihre Spielchen eingelassen und mich nicht auf das konzentriert habe, was ich zu hundert Prozent beeinflussen kann, nämlich mich selbst.

Wir wissen ja alle, dass wir den oder die anderen mental beeinflussen können, durch Taktik, durch Strategien, aber auch durch Gesten und sogar durch Bemerkungen und Auf-den-anderen-Einreden vor einem Rennen. Das mache ich selbst ja auch, wie ich erwähnt habe, aber eben möglichst mit Humor, nicht fies und aggressiv.

Dann gibt es natürlich auch noch ein Ausstechen durch Rangeleien und Behinderungen während des Wettkampfs, unsportliches Verhalten. Du kannst deine Konkurrenten auf der Radstrecke ein wenig von der Bahn drängen. Da war ich schon öfter der Leidtragende. Ein anderes Foul: Jemanden auf der Langdistanz, bei der das → Windschattenfahren verboten ist, bei Überholvorgängen in Schwierigkeiten zu bringen, weil du schneidest und dich direkt vor ihm wieder rechts einordnest. Der Überholte muss sofort bremsen, um wieder den Mindestabstand zu haben, tut er es nicht, gibt es eine Zeitstrafe. Und eine weitere Möglichkeit, jemanden *während* des Rennens zu behindern, ist der Trash Talk. Du wirst im Rennen mit Flüchen und Beleidigungen, die auch unter die Gürtellinie gehen, zugetextet. Alistair hat mir mal im Rennen gesagt, ich hätte einen kleinen Sch**** und überhaupt hier gar nichts verloren. Da habe ich nur dumm dreingeschaut, denn ich war so perplex, dass ich nicht schlagfertig sein konnte. Mit dieser neuen Erfahrung kam ich damals nicht klar, heute gehe ich damit ganz anders um.

Als ich auf die Langdistanz gewechselt bin, war Sebastian Kienle der Überradfahrer der Szene, einfach der Beste, der allen davonfuhr. Für mich ist Sebi eine echte »Wettkampfsau«, er kann am Tag X das Optimum aus sich herausholen. Nachdem Sebi den Ironman Hawaii 2014 gewonnen hatte, habe ich geschaut: Wie kann ich in allen drei Disziplinen besser werden, um auf sein Leistungsniveau zu kommen – mit dem Ziel, ihn dann zu schlagen. Er bezeichnet mich in einem Atemzug immer als »Angst- und Wunschgegner« zugleich. Du brauchst Leute, die dich herausfordern, die dich puschen. Das motiviert. Wenn ich im Training mal einen Durchhänger habe oder ein bestimmtes Intervall nicht mehr runterreißen möchte, denke ich an eine Szene der Mitteldistanz-WM in Las Vegas 2013: Da ist Sebastian Kienle an einer Gruppe mit gefühlt 100 Stundenkilometern vorbeigedonnert. Es war, als würden wir stillstehen. Wenn ich Sebi dann wieder vor meinem inneren Auge sehe, trete ich noch mal in die Pedale und denke mir: Diese Einheit ist für dich, Sebi!

Im Allgemeinen verstehen wir uns sehr gut, auch wenn ich mit Sebi wahrscheinlich erst nach Ende unserer Karriere privat engeren Kontakt haben werde. Negative Energie zwischen uns beiden bringt keinen von uns weiter. Wenn es irgendeinen Anlass gibt, schreiben wir uns mal eine SMS. Wir haben ja beide ständig viel um die Ohren. Und da ist ja noch unsere Wette. Der Verlierer muss sich vom Gewinner des Rennens vor Ort zum Essen einladen lassen. Und es ist mir immer eine Freude, die Rechnung für Sebi und sein Team im Restaurant zu übernehmen.

Ich achte meine Konkurrenten und bin schon immer durch sie an meinen Aufgaben gewachsen. Und die anderen schlafen nicht. Ständig kommen junge, hungrige Athleten nach oben. Anfang des Jahres, also zu Beginn einer Saison, absolvieren ein paar Jungs irgendwo plötzlich ein richtig gutes Rennen, bringen richtig gute Leistungen, und du denkst dir im ersten Moment: Oh, der oder der könnte in diesem Jahr ein Konkurrent werden! Aber dieses Spekulieren bringt dir nichts. Es sind nur vage Prognosen, mehr nicht. Also mache ich mir nicht die Mühe und seziere die Konkurrenz, wie viele Profis das intensiv tun. Mein Trainingspartner Nick hatte früher Excel-Tabellen mit Stärken und Schwächen der Gegner geführt. In solche Studien kann man sich richtig verbeißen. Ich mache es nicht, es bringt mir nichts und interessiert mich nur minimal. Allerdings analysiert mein Trainer Dan für mich meine Konkurrenten. Was nicht heißen soll, dass ich faul bin. Natürlich verfolge ich die Szene, tausche mich aus, schaue auch Rennen im Fernsehen an, bei denen ich nicht am Start bin. Aber aus dem regelrechten Studium meiner Konkurrenz könnte ich nie eine positive Motivation ziehen.

Wenn es auf einen großen Wettkampf zugeht, weiß ich, dass es *erstens* auf meine eigene Stärke, auf meine eigene Leistung ankommt und ich *zweitens* die anderen Jungs nicht wesentlich beeinflussen kann. Nur meine Performance kann ich selbst steuern.

Wenn ich mir ein Rennen vor dem geistigen Auge vorstelle, sehe ich keine Namen, sondern nur schwarze Rennanzüge. Konkurrenten, die in dem Moment da sein könnten. Ich denke nicht, oh, der Kienle könnte mir beim

Radfahren wegziehen. Ich sehe nur einen Körper in einem schwarzen Rennanzug wegfahren. Aber das kann auch Andy Potts oder Mr. XY sein. Das habe ich schon über die olympische Distanz so gemacht.

Im Großen und Ganzen ist unsere Sportart, was die Konkurrenz und den Umgang miteinander betrifft, eine sehr faire. Die meisten gehen sportlich respektvoll miteinander um.

Die richtige physische Erholung

Wer professionell trainiert, muss sich auch hochprofessionell regenerieren. Das musste ich im Laufe meiner Karriere erst lernen. Natürlich gehört das Dehnen der Muskulatur dazu. Ich überlasse das inzwischen Albert, meinem genialen Physiotherapeuten. Er ist für mich unverzichtbar geworden.

Die Entscheidung, einen eigenen Physiotherapeuten anzustellen, traf ich 2013 im Hotel in Las Vegas. Wenige Stunden zuvor hatte ich wegen höllischer Schmerzen in der Achillessehne mein erstes WM-Rennen über die Halbdistanz aufgeben müssen – und das, obwohl ich in aussichtsreicher Position gewesen war. Da habe ich mich gefragt, ob ich das alles hier noch weitermachen will und wenn, wie ich es schaffen kann, an die Spitze zu kommen. Und dann war da die unausweichliche Erkenntnis: Ich brauche einen eigenen Physiotherapeuten, der immer und überall auf der Welt für mich da ist. Und das war und ist sozusagen das gewinnbringendste Investment meiner Karriere.

Albert dehnt meine Muskeln zwischen den Trainingseinheiten, was ich selbst nämlich gar nicht gern mache, und er massiert mich natürlich auch fachgerecht, weiß inzwischen genau, was ich wie und wann brauche, damit sich die Muskulatur effektiv erholen kann. Ich lasse mich mehrmals am Tag zwischen den Trainingseinheiten von ihm behandeln.

Und Schlaf ist für mich auch ganz wichtig. Ich versuche, nicht nur nachts acht Stunden Schlaf zu bekommen – was gar nicht so einfach ist, wenn man gerade wieder Vater geworden ist –, und nachmittags mache ich einen kleinen Mittagsschlaf, manchmal auch zwei. Ja, ich kann tatsächlich nachmittags richtig schlafen. Und es ist inzwischen wissenschaftlich nachgewiesen, dass dieser Kurzschlaf von nicht mehr 20 Minuten – das ist wichtig dabei – sehr gesund und erholsam ist. Natürlich lege ich aber auch mal gern die Beine hoch, bin auch mal gern faul. Aber das sind immer nur kurze Momente, denn ich bin ja jemand, der die Bewegung braucht, um sich wohlzufühlen.

Das Regenerieren ist sehr wichtig für den Körper und den Erhalt der Leistungsfähigkeit.

Wenn ich auf Reisen bin, was bei mir ja oft vorkommt, muss ich meinen Trainings- und Regenerationsplan natürlich der Situation und den Örtlichkeiten anpassen.

Reisen zur Erholung nutzen ...

Ich fliege viel und weit. Allein wegen meiner zwei Wohnsitze in Spanien und Australien, aber auch, weil ich ja immer wieder zu verschiedenen Wettkämpfen unterwegs bin. Ich fliege sehr gern und nutze die Zeit, mich bestmöglich zu erholen. Wenn ich erst mal im Flieger sitze, ist bei mir Ruhe angesagt. Mein Handy ist ausgeschaltet, ich schaue Filme, höre Musik oder lese ein Buch. Mittlerweile nehme ich einen E-Reader mit, um nicht so viele Bücher schleppen zu müssen.

Im Flugzeug kann ich auch wunderbar schlafen. Ich setze meine Schlafbrille auf, stecke meine Ohrstöpsel ein – und Tschüss. Falls ich mal nicht einschlafen kann, gönne ich mir ein Glas Rotwein – das ist besser als jede Schlaftablette.

Auch auf Reisen, vor allem bei langen Interkontinentalflügen, muss ich auf meine Ernährung achten. Ich fliege ja nicht in den Urlaub, sondern bin meist geschäftlich, weil sportlich unterwegs. Wann immer es möglich ist, vor allem, wenn ich von meinen Wohnsitzen in Spanien oder Australien aus auf Reisen gehe, nehme ich mir frisches Gemüse in den guten alten Tupperdosen mit. Die Flugbegleiter schauen meist ein wenig irritiert zu, wenn ich meine Behälter rauskrame. Es amüsiert mich eher, als dass es mich stören würde. Mir geht es besser, wenn ich mich gesund und ausgewogen ernähre – und gerade auf Reisen, wo ich lange sitzen muss, ist das besonders wichtig. Schließlich will ich in Topform mein Ziel erreichen.

Als Jungspund habe ich auf den Reisen zu Wettkämpfen alles verputzt, was mir so angeboten wurde. Der Reisetag war immer der *Cheat-Day*, an dem ich mir auch mal eine Schokolade oder sonst was wenig Gesundes in den Magen gehauen habe. Als kleine Belohnung für das Reisen, dachte ich. Doch ich habe mir damit keinen Gefallen getan und das ganz schnell eingesehen und mich umgestellt.

Ich reise grundsätzlich mit mindestens 50 Kilogramm Equipment, was mit einem Fahrrad schnell erreicht ist. Sie sollen den Flug unbeschadet überstehen, möglichst auch keine Kratzer abbekommen. Natürlich bin ich inzwischen sehr geübt darin, dennoch brauche ich für das Verpacken eine gute Dreiviertelstunde. Der Rest ist schnell erledigt. Ich habe meine Checkliste fürs Packen im Kopf. Selten vergesse ich etwas. Was ich immer im Handgepäck mitnehme, sind ein paar Trainingsklamotten, Laufschuhe, eine Badehose und eine Schwimmbrille. Falls der Koffer mal nicht ankommt, kann ich am Zielort dann schon mal schnell eine Runde schwimmen oder laufen – Hauptsache, ich kann mich bewegen. Bei Umsteigeflügen ist es mir lieber, irgendwo sechs statt nur eineinhalb Stunden Aufenthalt zu haben. Dann komme ich auch gern etwas später am endgültigen Zielort an. Vor allem auf Flughäfen in den Golfstaaten wie Dubai oder in den großen asiatischen Metropolen, in Bangkok oder Singapur, gibt es fantastische Sportmöglichkeiten in Fitnessstudios und Schwimmbädern. Zwar muss selbst ich richtig mit dem inneren Schweinehund ringen, um bei einer Reise mit Stopover den ersten Flug »aus dem Körper zu trainieren«, aber es lohnt sich immer. Wenn ich bei einem Zwischenstopp locker eine Trainingseinheit absolvieren und danach in Ruhe etwas essen kann, komme ich unterm Strich deutlich fitter und entspannter am Zielort an – sofern ich meinen Flieger erwische. Leider habe ich die Unart, immer auf den letzten Drücker zum Flughafen zu fahren, da wird es manchmal richtig eng. Ich plane grundsätzlich viel zu wenig Zeit ein. Die dann aufkommende Hektik gehört für mich einfach dazu. Felix, der meinen Terminplan im Auge hat, bekommt bei meinen »Zeit-Nettoplanungen« immer die Krise. Da ich aber nun Vater von zwei kleinen Kindern bin, mit denen wir verreisen, werde ich mir das langsam abgewöhnen müssen und einen größeren Zeitpuffer einplanen – zur Entspannung aller Beteiligten.

Ich habe allerdings bisher ganz selten einen Flieger tatsächlich verpasst, und wenn, dann war ein Stau auf dem Weg zum Airport die Ursache. Und einmal bin ich einfach eingepennt vor einem Flug. Wir hatten Aerodynamik-Testfahrten für ein neues Fahrrad auf einer Bahn in Büttgen, in der Nähe von Düsseldorf, gemacht. Ich dachte, wir seien gut im Plan, und musste am Nachmittag von Frankfurt aus zu einer Veranstaltung nach Südtirol fliegen. Felix hat mich zur Eile ermahnt, weil ein Riesenstau auf der Autobahn nach Frankfurt angesagt war. Glücklicherweise hatte sich der Stau dann aber aufgelöst, als wir zum Flughafen unterwegs waren. Wir kamen zügig durch und waren fast zwei Stunden vor dem Abflug da. Ich habe mein Gepäck aufgegeben und es mir in der Lounge gemütlich gemacht – und zack, bin ich eingeschlafen. Als ich aufgewacht bin, habe ich noch versucht zu retten, was zu retten ist, bin so schnell es ging zum Gate gerannt, habe geschwitzt wie ein Ochse. Aber es war zu spät, der Flieger war schon auf dem Rollfeld. Ich konnte dann erst am nächsten Tag fliegen.

Was mir mein Leben wert ist

Nach meinem ersten Erfolg auf Hawaii bin ich wegen all der Termine und Verpflichtungen in der Zeit nach dem Ironman, also von Oktober bis Weihnachten, auf 36 Kurz-

und Langstreckenflüge gekommen. Ich bin zwischen Europa, Asien, den USA und Australien hin und her gependelt. Also musste ich zusehen, den Jetlag so gut wie möglich in den Griff zu bekommen. Ich habe mir meist Langstreckenflüge über Nacht gewählt, sodass ich vormittags am Zielort war, um noch den ganzen Tag nutzen zu können. Mit möglichst viel Schlaf lässt sich der Tag nach dem Flug besser durchstehen.

Bis heute lautet die wichtigste Regel für mich: am Zielort nach der Landung nicht gleich hinlegen! Auf keinen Fall – auch wenn ich noch so müde bin und der Tag dadurch über 30 Stunden hat. Höchstens ein Power Nap von einer Viertelstunde ist sinnvoll, mehr nicht. An solch einem langen Tag hilft mir meine Liebe zum Espresso sehr. Das müssen dann schon einige Tassen sein. Die Alternative: grüner Tee. Ich versuche, mich so bis zu einem frühen Abendessen durchzukämpfen, und esse abends dann relativ kohlenhydratreich, weil das zusätzlich müde macht. Und dann falle ich erschöpft ins Bett, am nächsten Tag geht es mir besser.

Neben dem Jetlag gibt es beim Fliegen natürlich noch einen anderen Nachteil: Unwetter.

Meinen schlimmsten Flug überhaupt erlebte ich nach Hawaii 2015. Emma saß neben mir, und wir sind mit United Airlines von Kona nach San Francisco geflogen und mitten im Pazifik in ein Gewitter geraten. Die Maschine wurde fast eine halbe Stunde lang kräftig durchgeschüttelt. Obwohl wir angeschnallt waren, hat es uns aus den Sitzen Richtung Decke gehoben. Der Strom fiel aus, selbst die Bodenbeleuchtung funktionierte nicht mehr. Kurzzeitig herrschte totale Panik an Bord. Die Passagiere haben geschrien, und auch die Mitglieder der Crew hatten offenbar große Angst. Es war furchtbar, beklemmend. Ich habe versucht, ruhig zu bleiben, um mich um meine Frau kümmern zu können. Emma war schwanger, sie weinte. Wir haben uns in den Arm genommen und gesagt: Okay, wenn wir hier draufgehen, dann wenigstens zusammen. Keiner bleibt allein zurück. Tausende Bilder aus meinem Leben zogen sehr schnell vor meinem inneren Auge vorbei. Meine Gedanken fuhren Karussell. Und absolut krass war: In diesen schrecklichen Momenten breitete sich ganz plötzlich eine innere Zufriedenheit in mir aus. Weil mir durch den Kopf ging, was ich in meinem Leben bis dahin hatte erfahren und erreichen dürfen. Wenn es das nun gewesen ist, dachte ich, war es ziemlich geil. Viel mehr kann ich vom Leben nicht erwarten. Und in diesem Moment sackte der Flieger erneut in ein Luftloch. Der Nachthimmel um uns herum wurde durch Blitze hell erleuchtet. Ich dachte an meine Familie, meine Eltern, meine Freunde. Und schon war das gute Gefühl wieder weg, das ich kurz zuvor verspürt hatte. Wir klammerten uns an die Sitze, hofften inständig, dass dieses Gewitter schnell vorüberging.

Und so plötzlich, wie es gekommen war, verschwand es. Stille. Ruhe. Es war vorbei. Emma, Felix und ich sind in San Francisco völlig fertig aus dem Flieger gestiegen. Mit weichen Knien und übermüdet. Ein Taxi brachte uns ins Hotel, weil wir bis zu unserem Weiterflug am Abend noch Zeit hatten. Im Hotel haben wir uns mit Kaffee in Pappbechern auf die Dachterrasse gesetzt, auf die Stadt hinuntergeschaut und den Sonnenaufgang beobachtet, erst einmal schweigend und nachdenklich. Dann haben wir viel miteinander geredet, um dieses einschneidende Erlebnis zu verarbeiten. Es macht dir bewusst, wie gut es dir geht, aber wie schnell eben auch alles vorbei sein kann. Mir wurde klar, dass ich zu jedem Zeitpunkt mit meiner Familie und mit meinen Freunden im Reinen sein möchte, dass es niemals Streitigkeiten oder auch ganz lapidare Meinungsverschiedenheiten zwischen uns geben sollte, die unausgesprochen bleiben. Ich habe darüber nachgedacht, was mir wirklich wichtig ist im Leben. Und die Vorstellung, dass du plötzlich umkommst, obwohl du gerade noch mit einem Freund über irgendeine blöde Sache gestritten hast, die nicht ausgeräumt ist, schien mir absurd.

Und noch etwas ging mir in dem Moment durch den Kopf: Es ist mir wichtig, meine freie Zeit sinnvoll zu nutzen, statt auf mein Handy zu glotzen und irgendwelche News zu lesen. Freundschaften zu pflegen, für die Familie da zu sein ist weit wertvoller für mich, als mich mit irgendetwas abzulenken und zu unterhalten. Was sind schon Pokale und Titel, wenn du sie nicht mit Freunden und deiner Familie teilen kannst? Die Menschen um mich herum, die ich mag und liebe, machen das Leben für mich erst wertvoll, machen es besonders.

Nicht nur auf diesem extrem harten Gewitterflug 2015, sondern oft genug bei anderen Gelegenheiten habe ich mich mit den Themen »sinnvoll leben« und »sterben« gedanklich auseinandergesetzt. Denn als Triathlet erlebst du viele, teils lebensgefährliche Situationen. Ich habe bereits von meinem Radtraining erzählt, das oft gefährlich war und es immer noch ist. An manchen Abenden dachte ich: Das hätte heute deine letzte Ausfahrt sein können. Im August 2016 ist ein Freund von mir, mit dem ich meine Jugend in Südafrika verbracht habe, von einem Autofahrer angefahren worden und erlag seinen Verletzungen. Für uns geht das Leben weiter, aber inzwischen jedoch bewusster.

Emma und ich heiraten am 4. Oktober 2013 in Borgo a Mozzano in der Toskana. Von nun an heißt Emma auch »Frodeno«

Meine Eltern und mein Freund aus Jungendzeiten, Max Thiel.

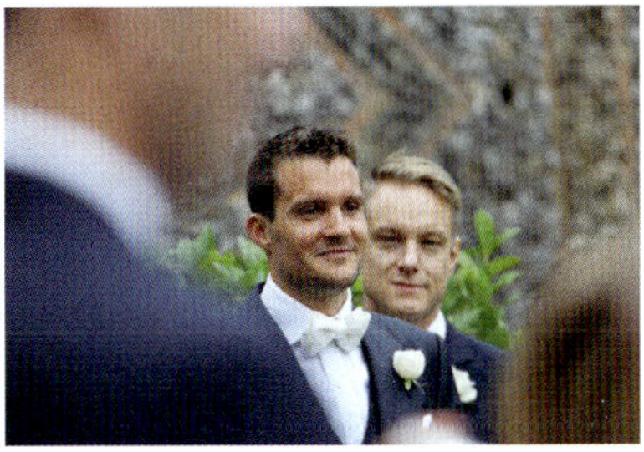

Das war der Moment, als ich Emma das erste Mal im Hochzeitskleid auf mich zugehen sah. Hinter mir steht mein Trauzeuge Felix Rüdiger, mein Freund und Manager.

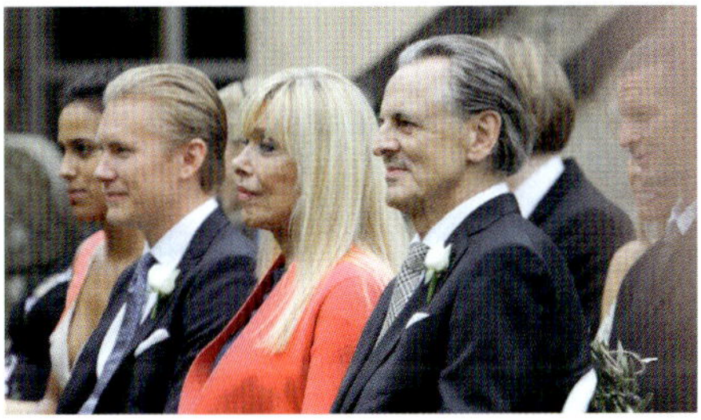

Die feierliche Trauungszeremonie im Garten des Olivenölguts. Rechts hinter Emma steht ihre Schwester Amy als Trauzeugin.

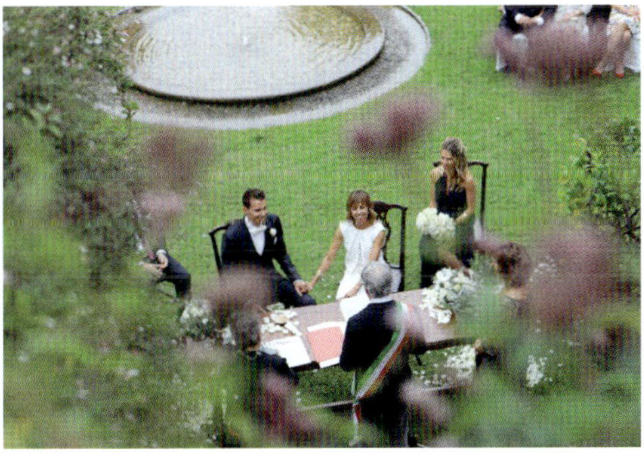

Ein Hoch auf den unvergesslichen Tag, ein rauschendes Fest beginnt und dauert bis in die Morgenstunden.

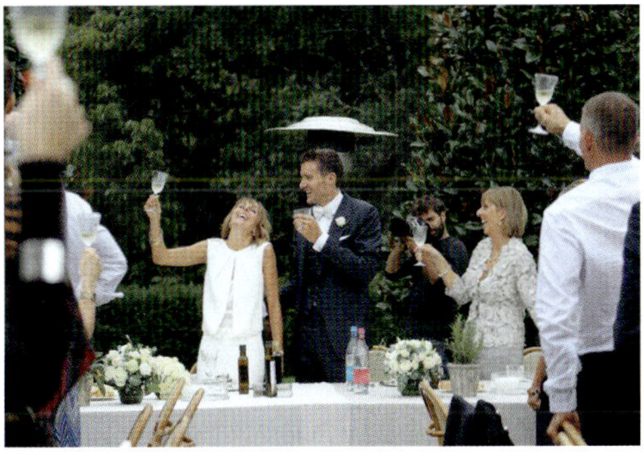

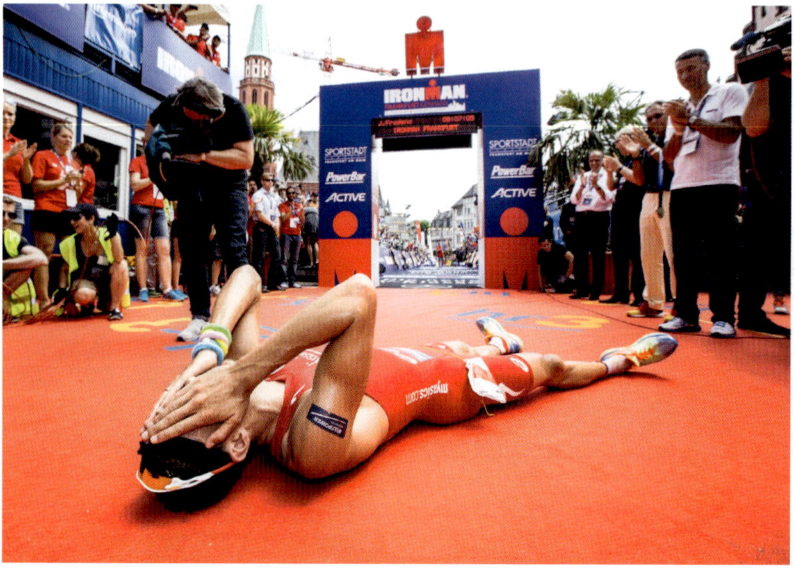

In Frankfurt am Main bestreite ich meinen ersten Ironman über die volle Distanz. Es ist der 6. Juli 2014. Völlig erschöpft erreiche ich nach drei technischen Pannen auf dem Rad und nach Krämpfen beim Laufen den dritten Platz – ein vielversprechendes Debüt.

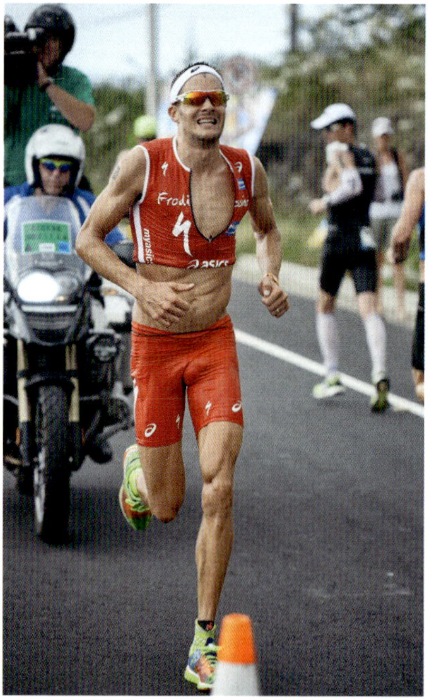

Das zweite Debüt folgt im Oktober 2014 auf Hawaii. Ich erreiche nach knochenhartem Kampf das Ziel und werde glücklicher Dritter. Ich habe viel gelernt für die kommenden Jahre. Die Anstrengung des härtesten Triathlons der Welt ist mir auf den letzten Metern zur Ziellinie anzusehen.

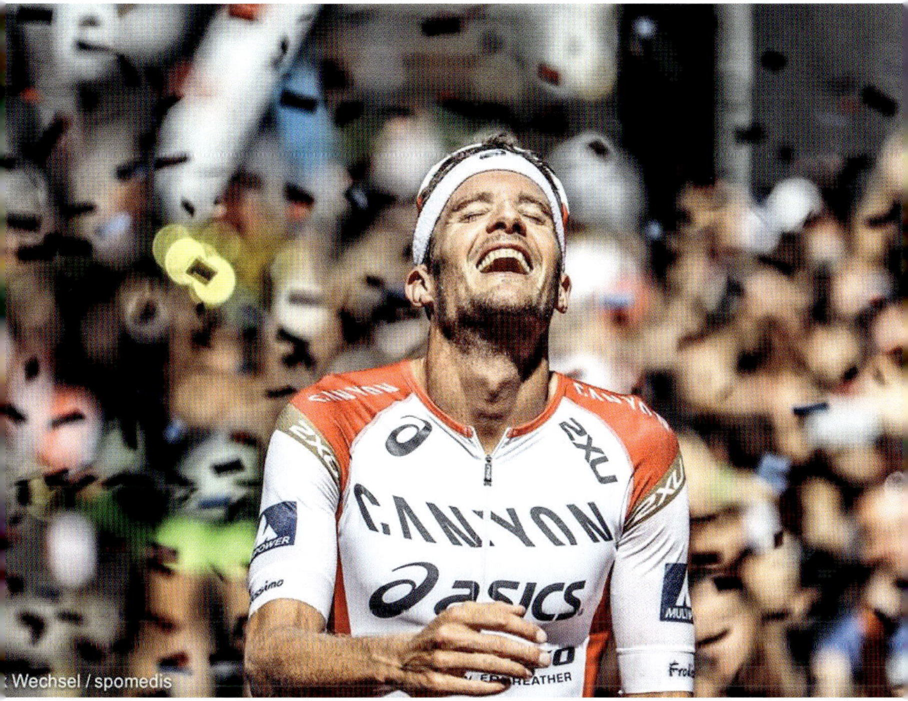

Nach dem Drama 2010 in Budapest ist mir am 30. August 2015 im österreichischen Zell am See die Erleichterung förmlich ins Gesicht geschrieben. Mein erster WM-Titel. Weltmeister über die halbe Ironman-Distanz.

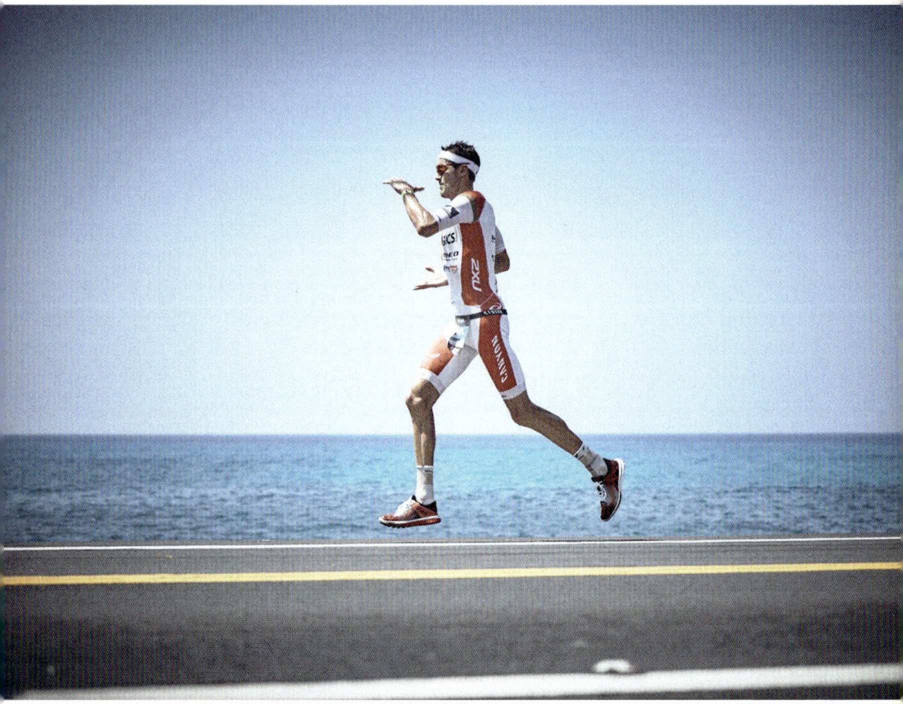

Eine Große Flasche Wasser bitte! Hier scheine ich über dem Wasser zu schweben, als ich am 10. Oktober 2015 den Marathon bei der Ironman-Weltmeisterschaft auf Hawaii in Angriff nehme. Dabei ist das Feeling ein völlig anderes. Dieser Lauf bei Knapp 40 Grad im Schatten ist beinharte Arbeit!

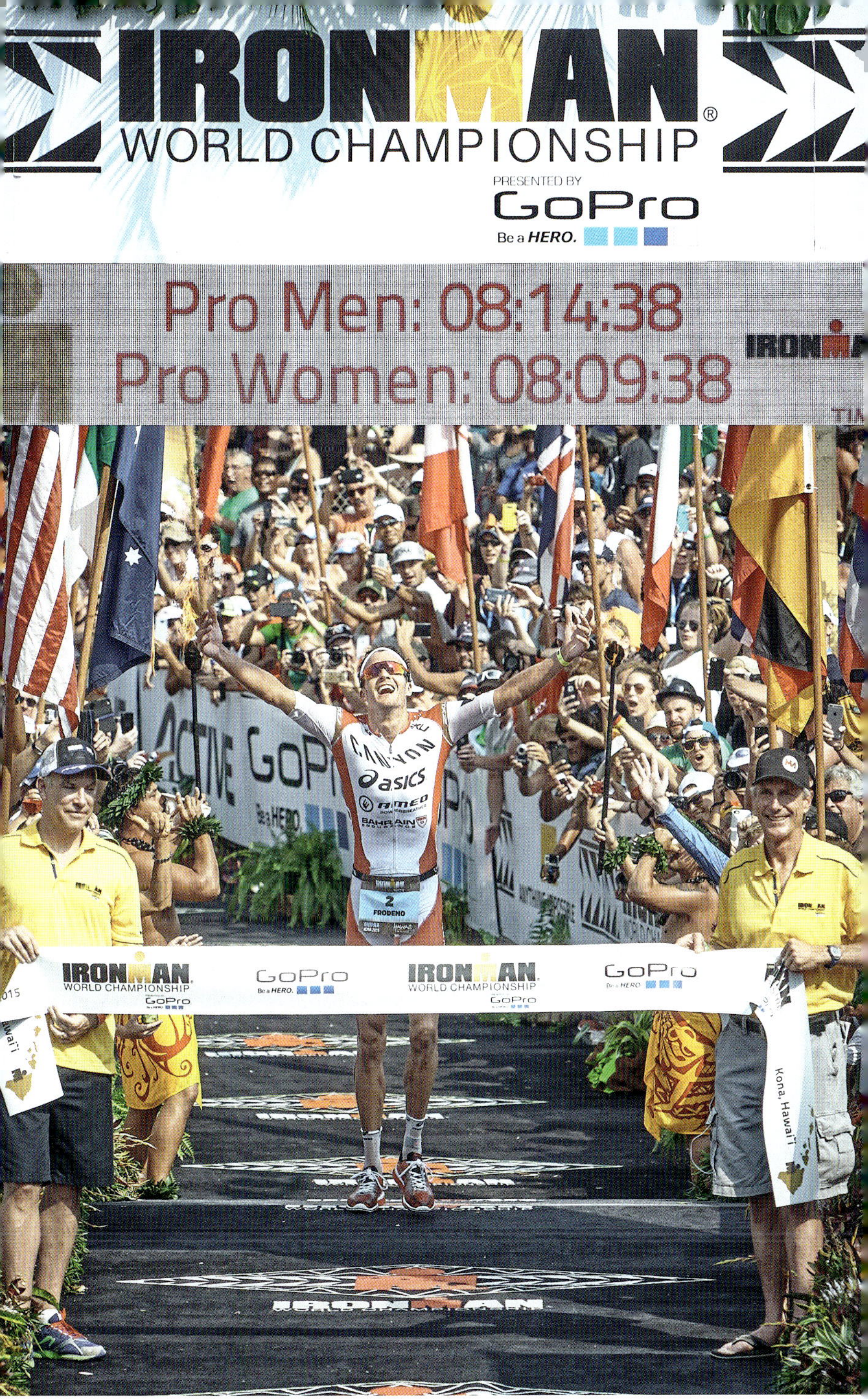

Es ist vollbracht, ich habe ihn gewonnen, den Ironman auf Hawaii am 10. Oktober 2015. Unfassbar, ich bin der erste Olympiasieger, der auch diesen Titel holen konnte. Die Freude überwältigt mich.

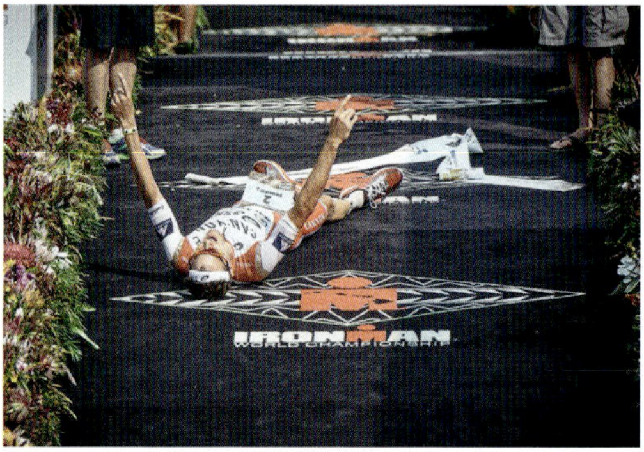

Als Sieger hinter der Ziellinie, erschöpft und glücklich.

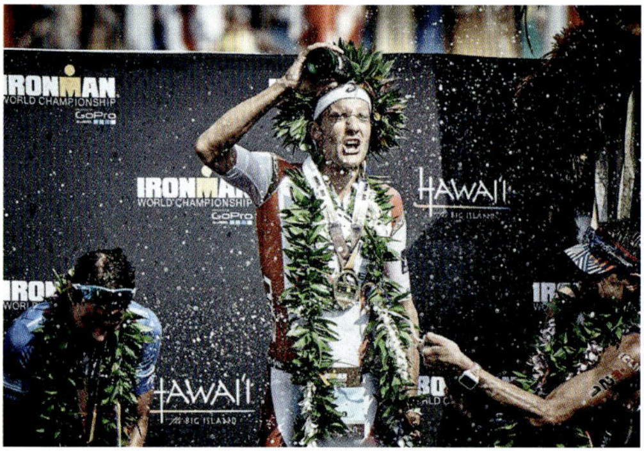

Die Champagner-Dusche bei der Siegerehrung auf Hawaii im Oktober 2015.

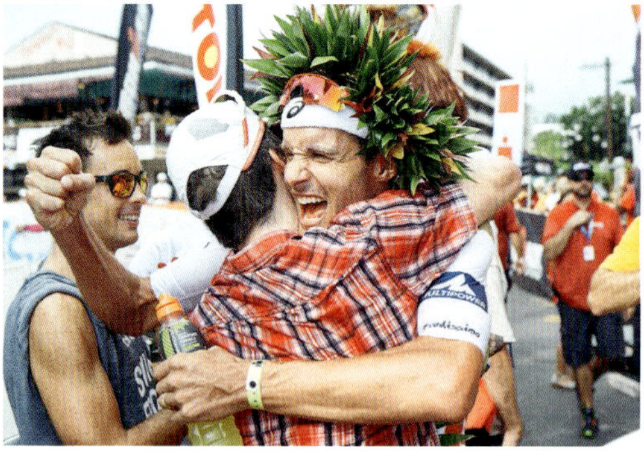

Mein Trainier Dan Lorang umarmt mich nach dem gemeinsam erarbeiteten Erfolg.

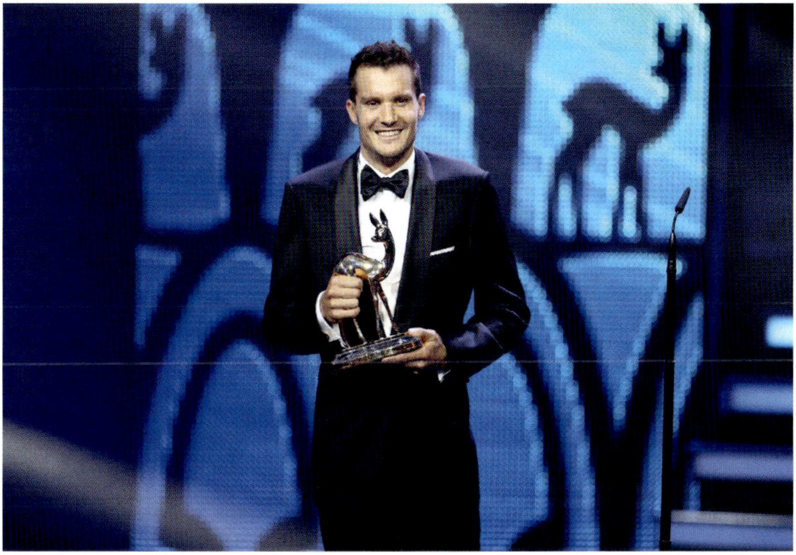

Im goldenen Jahr 2015 werde ich mit vielen Auszeichnungen geehrt. Am 12. November bin ich Bambi-Preisträger in der Kategorie Sport, hier in Berlin.

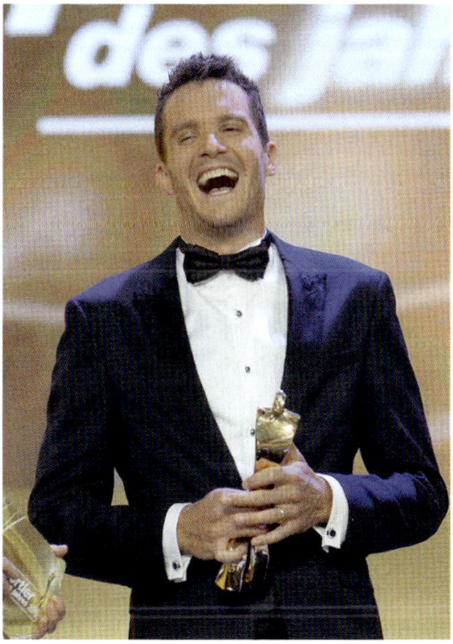

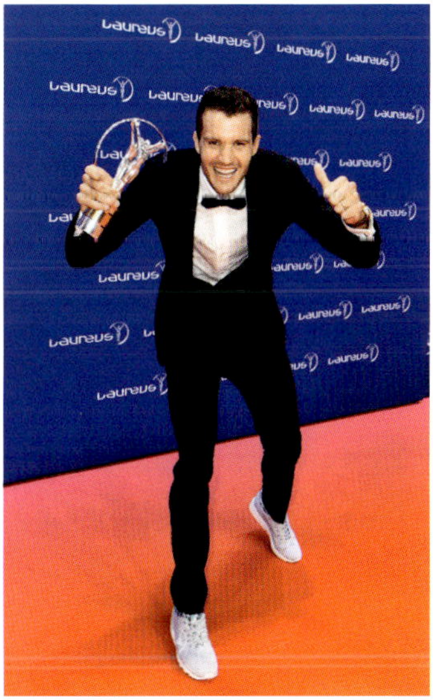

Am 20. Dezember werde ich von Deutschlands Sportjournalisten in Baden-Baden zum Sportler des Jahres gewählt. Und am 18. April erhalte ich eine internationale Ehrung, den Laureus World Sport Award, sozusagen den Oscar des Sports.

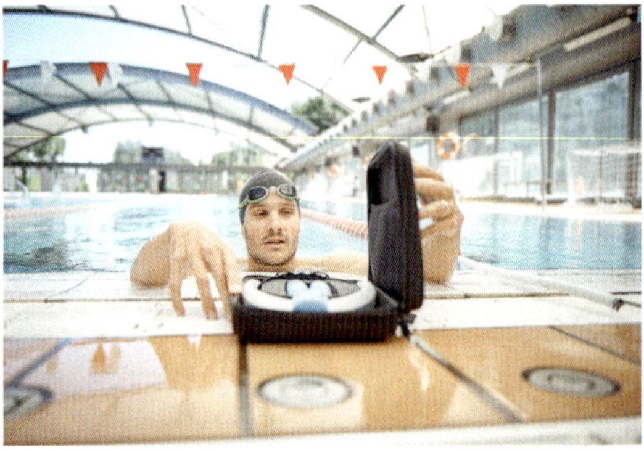

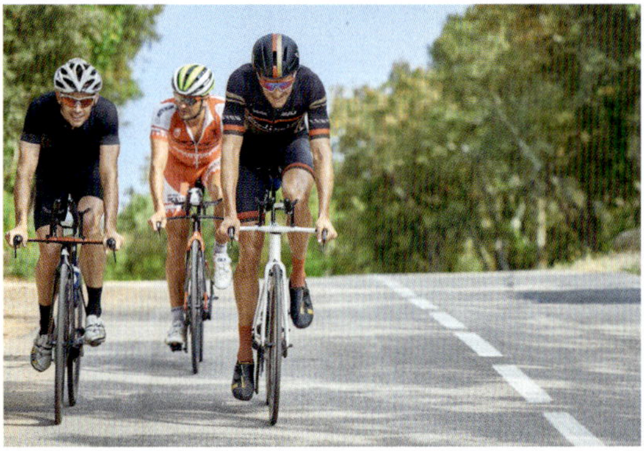

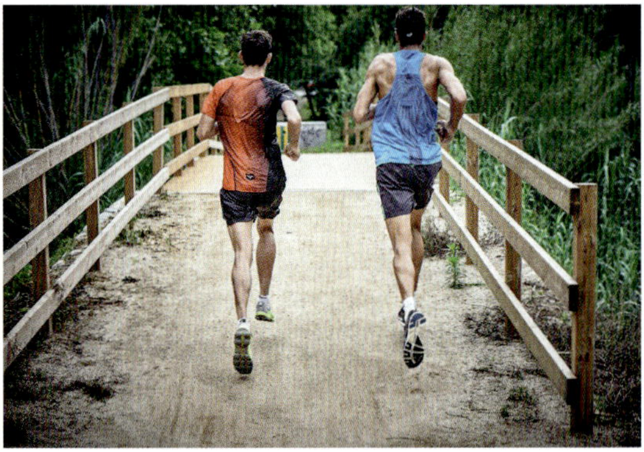

In meiner neuen Heimat in Girona bei Barcelona finde ich ausgezeichnete Trainingsmöglichkeiten vor: In der städtischen Schwimmhalle, beim Radfahren in den Pyrenäen mit Nick Kastelein, links, und Terenzo Bozzone, hinten, oder beim Laufen auf den Trails in Katalonien. Mein treuer Begleiter Nick weicht mir nicht von der Seite.

Wow! Beim Challenge-Roth im Juli 2016 gelingt mir ein neuer Weltrekord: 7:35:39 h.

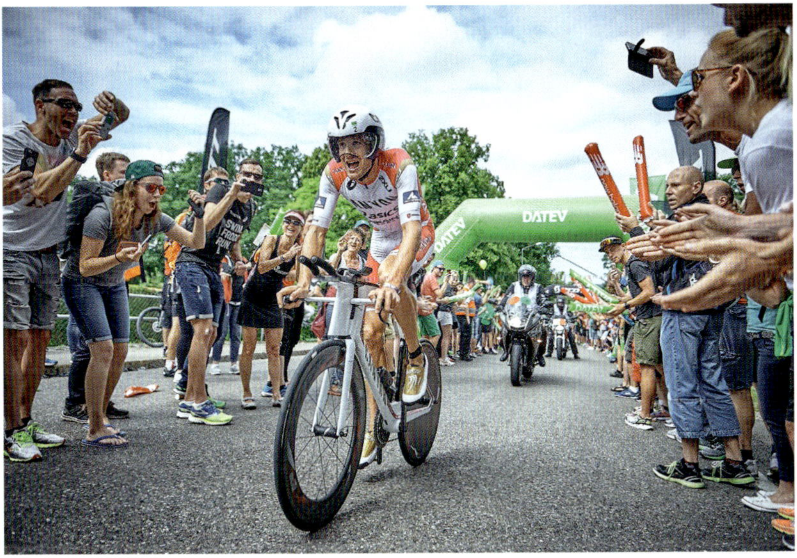

Die Zuschauer treiben mich jubelnd den Solarer Berg hoch.
Das ist echtes Tour-de-France-Feeling!

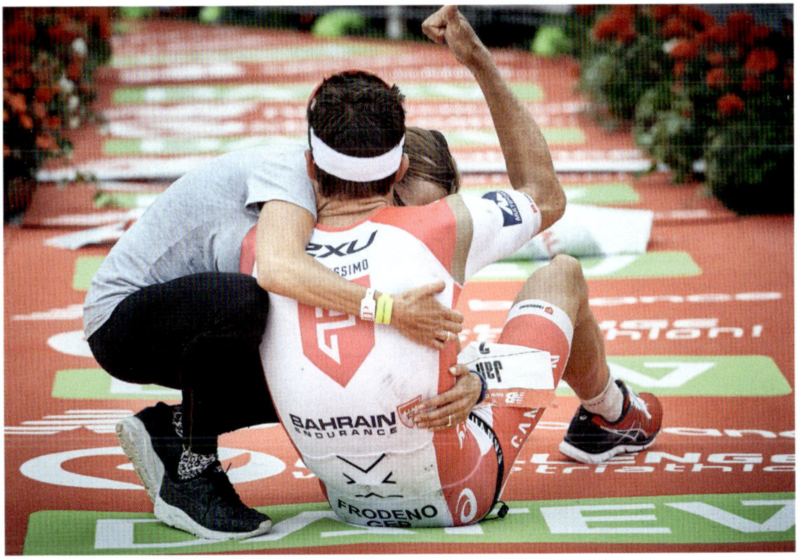

Erschöpft und überglücklich liege ich in Emmas Armen.

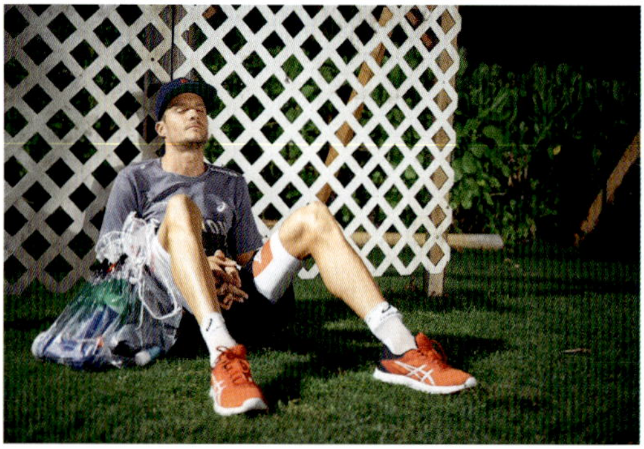

Die letzten Minuten vor dem Start zum Ironman auf Hawaii 2016: mentale Vorbereitung. Es ist 5.55 Uhr. Ruhe. Konzentration. Augen schließen. Ich mache mir bewusst, was vor mir liegt und was mein Ziel ist.

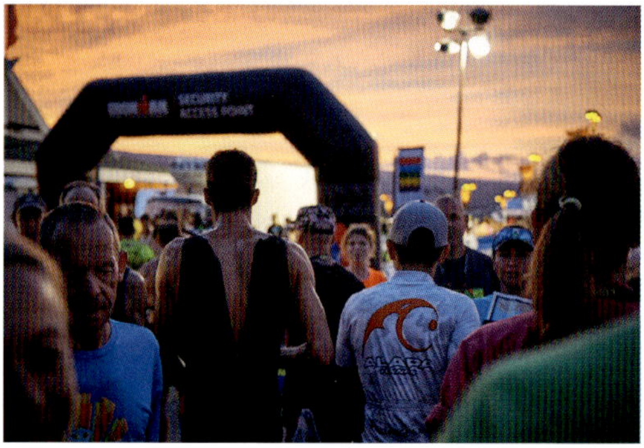

Die aufgehende Sonne färbt den Himmel orange-violett. Um 6.14 Uhr gehe ich über den Pier durch die Massen der Age Grouper.

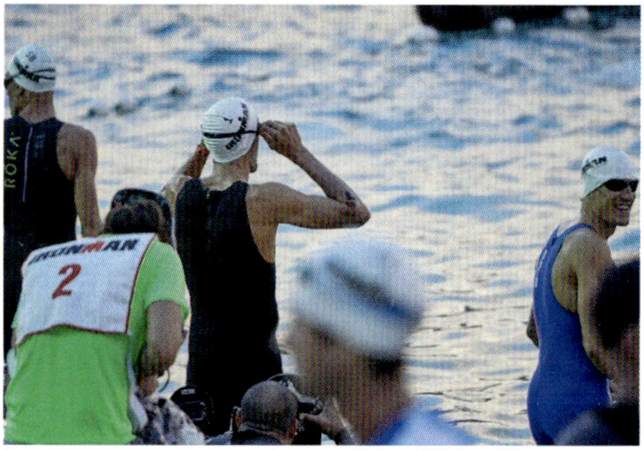

Um 6.21 Uhr wird es ernst. Mindestens acht Stunden härteste Bewährungsproben liegen vor uns. Einige der teilnehmenden Nicht-Profis werden bis Mitternacht unterwegs sein. Das ist das Schöne beim Ironman, dass Amateure und Profis auf der Strecke sind.

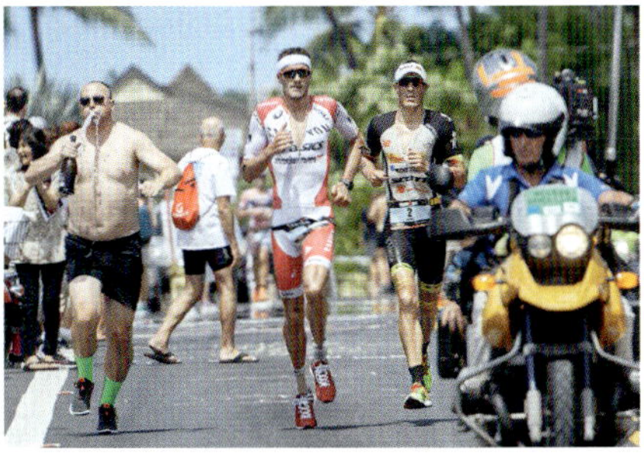

Das Duell: Auf den ersten 15 Kilometern des Marathons laufen Sebastian Kienle und ich Seite an Seite. Ein vorwitziger Zuschauer will unbedingt auch Aufmerksamkeit, aber der Schaumwein bekommt ihm nicht gut, wie man sieht.

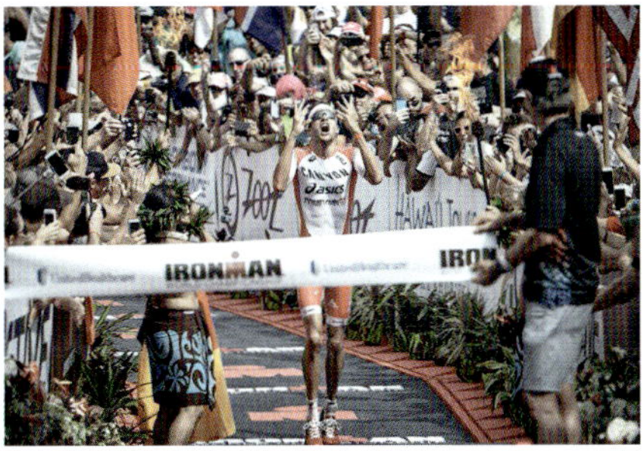

Das Unglaubliche, aber hart Erarbeitete geschieht: Ich verteidige meinen Titel als bester Ironman Hawaii 2016. Der enorm große Druck, den ich Wochen und Monate zuvor empfunden habe, fällt ab. Alle haben es erwartet, und ich habe es tatsächlich geschafft.

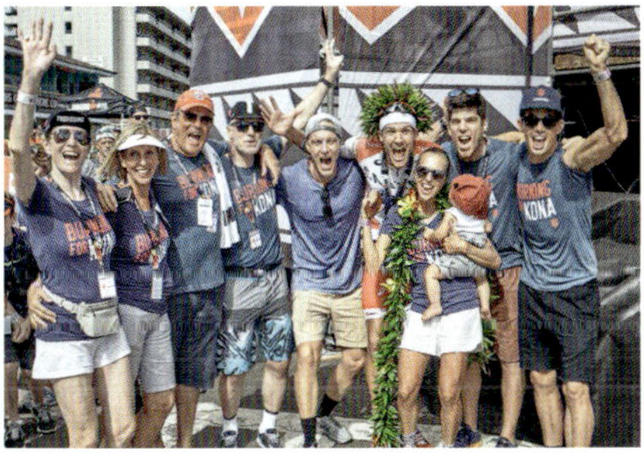

Hinter der Ziellinie feiere ich mit meinem Team: Ganz links Sonja, Freundin von Dani, daneben meine Schwiegereltern Maureen und Garry Snowsill, Dani Riedeker, Felix Rüdiger, Emma mit Lucca auf dem Arm, mein Physiotherapeut Albert Lorza Planes und Nick Kastelein.

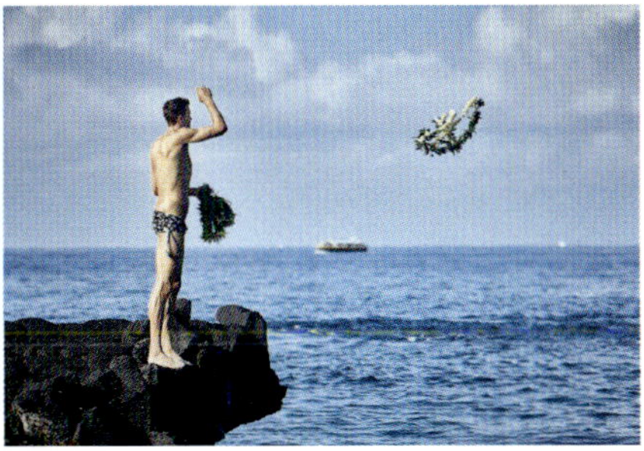

Die Blätterkrone und den Siegeskranz soll man nicht von der Insel mitnehme. Sie werden der Natur zurückgegeben.

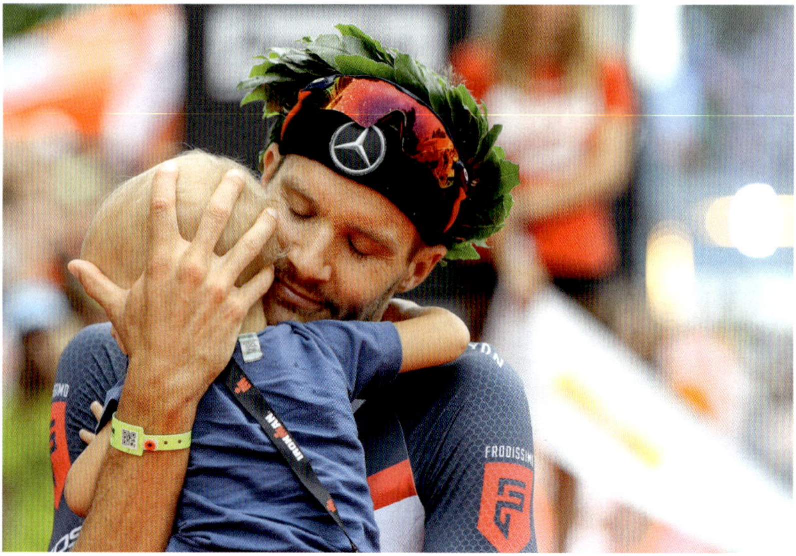

Im Juli 2018 genieße ich beim Ironman Klagenfurt den Sieg hinter der Ziellinie mit meinem Söhnchen Lucca.

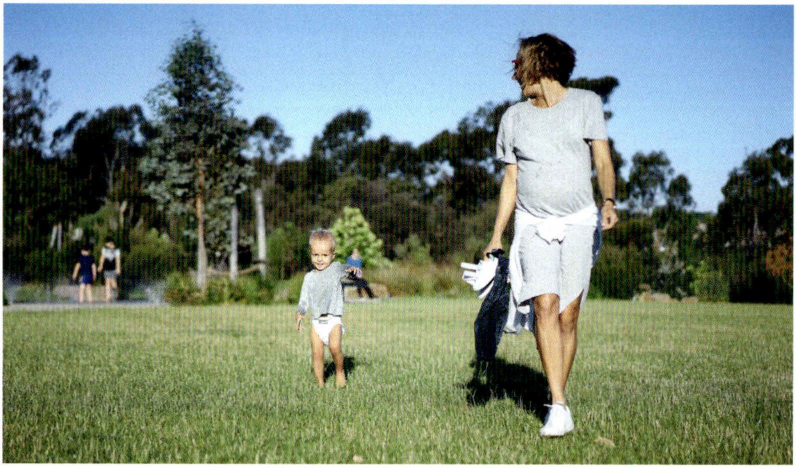

Im Herbst 2017 machen wir nach dem Ironman Hawaii Urlaub. Emma erwartet unser zweites Kind, Töchterchen Sienna.

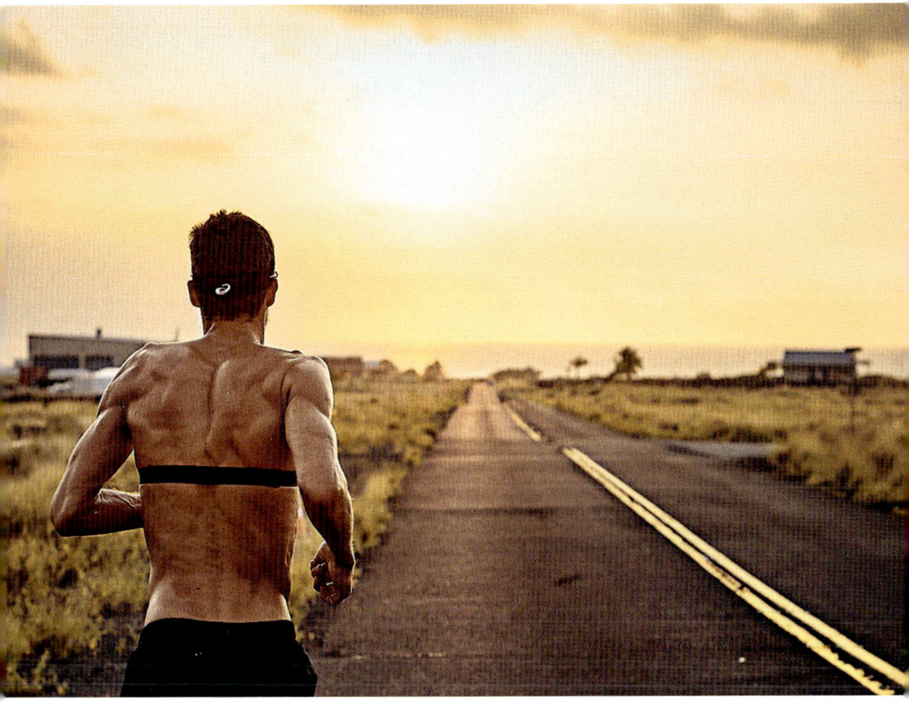

Wenige Tage vor dem Wettkampf auf Hawaii, im Oktober 2017, laufe ich im Energy Lab dem Sonnenuntergang entgegen. Meine Form stimmt, das Rennen kann kommen, mein Rücken wird noch eine entscheidende Rolle spielen …

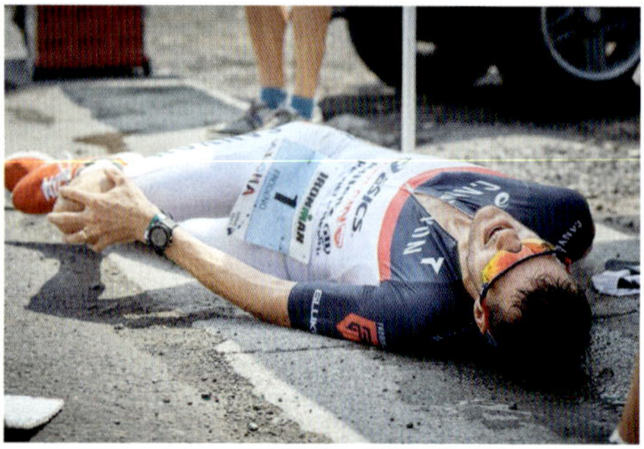

Auf den ersten Kilometern des Marathons liege ich gut 20 Minuten mit höllischen Schmerzen am Boden und versuche, durch Dehnen eine Blockade zu lösen. Die Helfer stehen um mich herum, aber ich möchte mir nicht helfen lassen. Es wäre das Aus. Ich will weiterkämpfen.

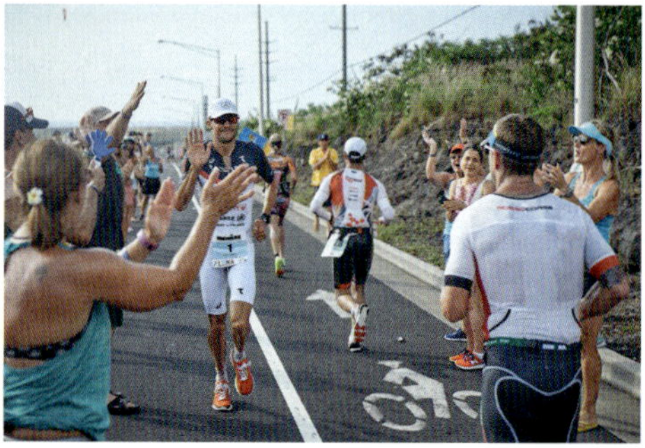

Aufgeben will ich nicht, humpele, gehe, laufe zum Teil weiter – trotz starker Schmerzen. Ich will nicht die Biege machen, ich bin es allen anderen Teilnehmern schuldig durchzuhalten, auch den Zuschauern, den vielen Amateuren, die sich hier auch abrackern und mir selbst.

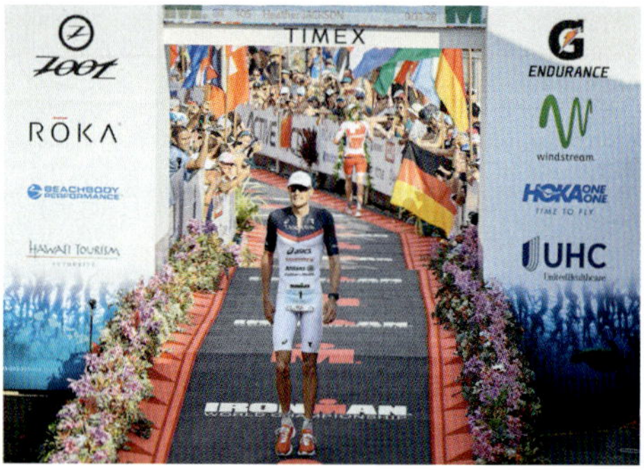

Die Reaktion der Menschen verblüfft mich. Sie ermutigen mich und zollen meinem unbedingten Willen, auf jeden Fall ins Ziel zu kommen, Respekt.

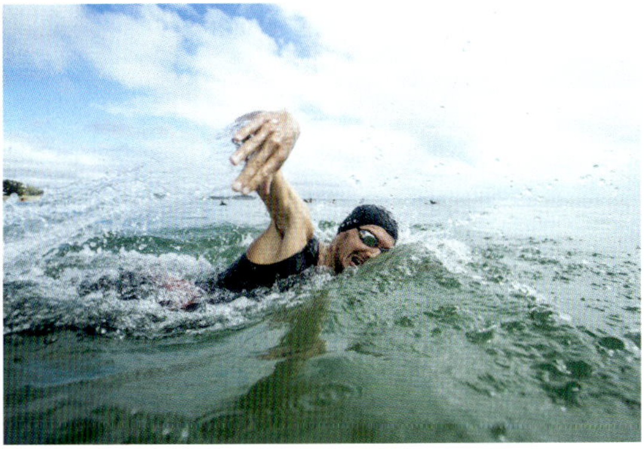

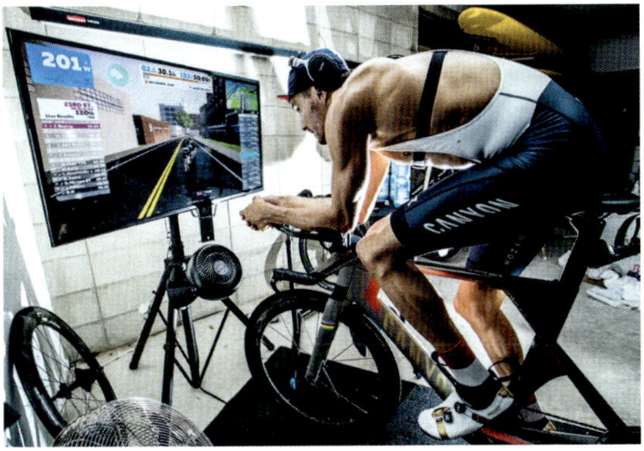

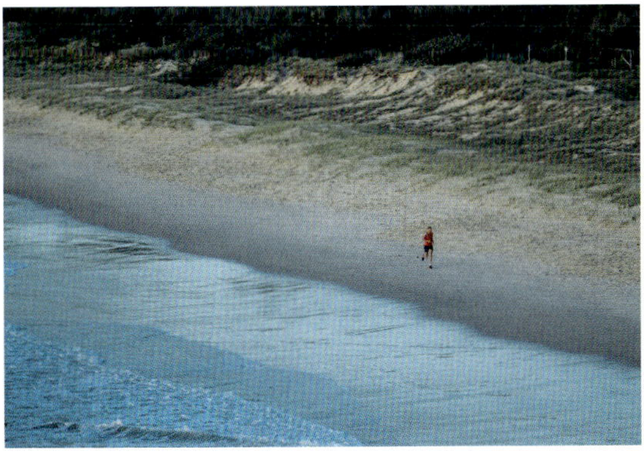

Training in Noosa, Australien, wo Emma und ich die europäischen Winter verbringen. Ich schwimme im Pazifik, fahre in Noosa viel Rad zu Hause auf der »Rolle« und laufe am Strand, auf den Straßen und Trails rund um diese wunderbare Stadt an der Sunshine Coast. Ich liebe die Sonne!

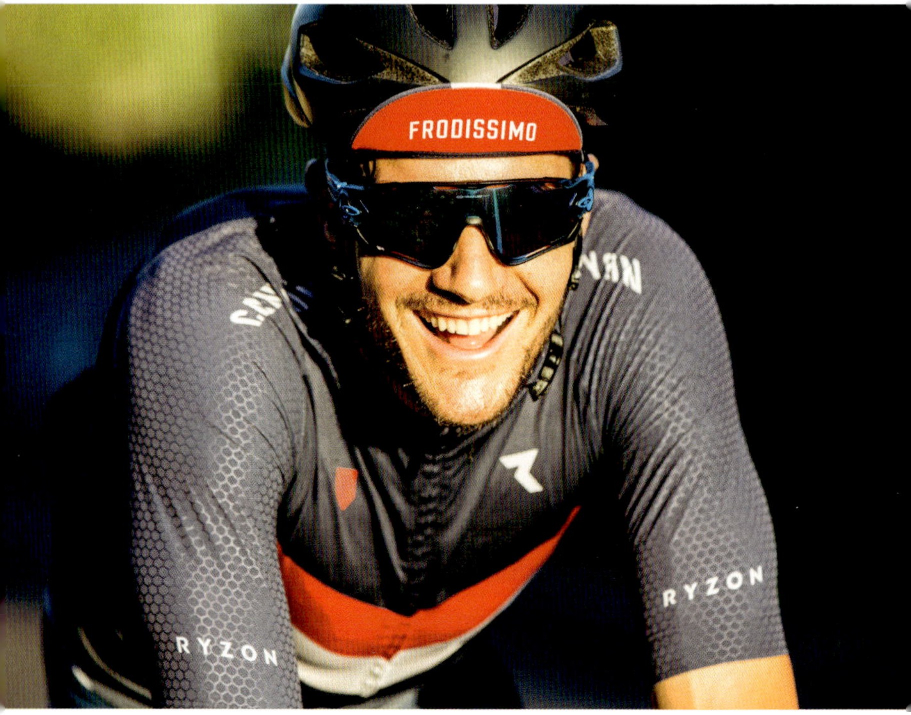

Motiviert und freudig strahlend radele ich der Saison 2018 entgegen. Das Training macht Spaß, und unser familiäres Glück ist mit der Geburt unseres Töchterchens Sienna vollkommen.

Kapitel 6

Mein Vorsprung ist ausreichend, Sebastian Kienle ist relativ weit weg. Es geht auf die letzten Kilometer des Marathons. Es sieht ganz so aus, dass ich Sebi am Montagabend wieder zum Essen einladen darf.

Der letzte Kilometer. Nach der letzten Kurve geht es auf den Alii Drive. Hier hat der Marathon begonnen, hier endet das Leiden. Die letzten Meter. Anders als vor einem Jahr nehme ich die Fans an der Straße, die Umgebung, das ganze Setting viel bewusster wahr. Links von mir der Hulihe'e Palace, in dem ich am Mittwoch bei einem großen Empfang eine Rede gehalten habe. Ich hatte mich gefreut, dort als Titelverteidiger stehen zu dürfen, aber auch schon den Druck gespürt, die Erwartungshaltung der Leute. Hawaiianische Musik, traditionelle Tänze, das war am Mittwoch – eine andere Welt. Nun laufe ich durch die physische Hölle. Jeder Schritt, jeder Meter tut weh. Aber ich weiß: Mich kriegt keiner mehr, der Vorsprung ist zu groß. Die Zuschauer strecken mir ihre Hände entgegen. Meine Schritte werden nun langsamer, die Erleichterung stoppt meinen Motor. Ich jogge. Ich schaue, höre, spüre. Jetzt jubele ich, reiße die Fäuste hoch. Der Zielteppich mit dem Ironman-Logo, ich werde noch langsamer, atme den Moment ein, genieße ihn – mitten in der jubelnden Menge und doch ganz für mich. Ich gehe die Rampe zum Zielband hinauf, drehe mich um, verbeuge mich vor den Fans. Ein paar Schritte rückwärts, ich drehe mich zum Zielband um und strauchle fast – das Gleichgewicht. Nach über acht Stunden Wettkampf sollte man nicht rückwärtsgehen. Ich packe das Zielband, halte mich wie an einem Geländer fest, und dann raus mit der Freude, mit der allerletzten Energie. Mein Urschrei. Und Ende. Schluss. Vorbei. Ich gehe auf die Knie, rolle mich auf den Rücken. Alles gegeben. Gewonnen. Game over. Körper platt. Ich pumpe wie ein Maikäfer, robbe mich in den Schatten. Dann kommt Emma. Vor einem Jahr, 2015, hatte sie noch einen Babybauch, nun haben wir unseren Sohn Lucca, und natürlich ist er auch dabei. Mein erster Hawaii-Titel als Papa. Wir haben es geschafft, das Familienunternehmen Frodeno.

Wie weit kann ich gehen? Wie viel Schmerz ertrage ich?

Der Marathon auf Big Island bedeutet nichts anderes als Glut, Schweiß – und manchmal Tränen. Der Gedanke, der dem Ironman zugrunde liegt, ist simpel: Du musst das Rennen über die gut acht Stunden mehr oder minder allein bestreiten. Es ist ein Kampf gegen die Elemente und die Bedingungen, aber vor allem ein Kampf gegen dich selbst, gegen die Schmerzen.

Es ist kaum zu glauben, aber wahr: Ich trainiere gern, leide aber nicht gern! Ich bin kein Triathlet, weil ich auf Schmerzen stehe. Ich bin kein Masochist und habe auch grundsätzlich keinen Bock auf Schmerzen. Die letzten Kilometer im Marathon machen wirklich keinen Spaß, sie sind ziemlich ätzend. Wer noch keinen Ironman durchgestanden hat, kann sich das wohl nur schwer vorstellen. Ja, es gibt während eines solchen Rennens auch wirklich schöne Momente. Wenn es läuft, wenn du in einen Flow kommst – und eben nicht mit körperlichen Schmerzen kämpfen musst.

Wenn es jedoch anfängt weh zu tun – und das passiert in jedem Wettkampf –, signalisiert dir dein Körper damit: »Jetzt solltest du langsam mal aufhören.« Dein Organismus ist intelligent genug, sich zu schützen. Schmerzsignale sind sinnvoll. Aber die Warnung kommt immer ziemlich früh, zu früh. Denn selbst dieser kritische Punkt, an dem du beginnst, Schmerzen zu empfinden, ist noch weit entfernt von deiner eigentlichen Belastbarkeitsgrenze, sogar ewig weit weg von deiner physiologischen Grenze, hinter der dann wirklich etwas kaputtgeht. Auch ein Hobbyläufer bricht ja nicht gleich zusammen, wenn die ersten Wehwehchen kommen.

Und nun kommt der Kopf ins Spiel, der entscheidende Faktor. Ich bin fest davon überzeugt, dass der Kopf den Körper steuert. Immer. Nicht umgekehrt. Also spielt er eine extrem große Rolle, weil er Grenzen verschieben kann. Der Körper muss dem Kopf vertrauen können, wenn der ihm signalisiert: Mach weiter! Geht schon noch! Im Wettkampf ist die individuelle Schmerzgrenze das maßgebliche Kriterium. Wie weit kann ich gehen? Wie weit kann ich diese Grenze in den Bereich des Ertragbaren verschieben? Was halte ich noch aus und was nicht? Wenn der Schmerz kommt, wenn das Leiden beginnt, die Muskeln brennen, dann unterhalte ich mich mit dem Schmerz, begrüße ihn: »Hallo, Kumpel, da bist du ja wieder. Ab jetzt sind wir gemeinsam unterwegs.« Das ist der Beginn des inneren Dialogs. Derjenige, der bereit ist, beim Aushalten der Schmerzen am weitesten zu gehen, der sich während des Rennens am häufigsten aus dem Tal der Tränen reden kann, wird im Endklassement vorne dabei sein. Sich die Schmerzen schönreden, das bringt den Erfolg. Komplett abstellen lassen sie sich nicht – schon gar nicht auf Dauer. Aber du kannst über besonders kritische und schmerzhafte Situationen hinwegkommen. Diese kurzen Momente musst du überstehen. Mit mentalen Hilfen, zum Beispiel kleineren, kurzfristigen Zielen, die du dir auf der Marathonstrecke setzt: »Ich halte es aus bis zum nächsten Baum« oder »... bis zur nächsten Verpflegungsstation« – idealerweise Dinge, die in Sichtweite sind. Du redest dir ein, dass der Schmerz an dem Punkt, den du gleich passieren wirst, geringer sein wird. Das hilft.

Absolute Konzentration und innerer Dialog

Entscheidend für meine Leistungsfähigkeit ist die absolute Konzentration auf das Hier und Jetzt während des Wettkampfs. Meine mentale Stärke ist alles entscheidend. Ohne den Kopf mache ich kein Rennen, das mich bis zur Grenze meiner physischen Leistungsfähigkeit fordert. Und um mich mental zu stärken, führe ich einen Dialog mit mir selbst. Natürlich machen das meine Wettkampfkollegen auch. Interessant finde ich die Frage, wie lange es Athleten während eines Wettkampfs gelingt, ohne inneren Dialog auszukommen. Meines Erachtens ist das gut am Beispiel der Weltrekorde erkennbar – Zeiten über 200 Meter bzw. 400 Meter. Warum ist der 400-Meter-Weltrekord (43,03 Sekunden, erreicht von Wayde van Niekerk 2016) in Relation um einiges »langsamer« als der 200-Meter-Weltrekord (19,19 Sekunden, aufgestellt von Usain Bolt 2009)? Warum sind es bei doppelter Strecke nicht 38 oder gar 39 Sekunden? Meine Antwort lautet: Weil der innere Dialog im Rennen über 400 Meter beginnt. Der Organismus ist im Sprint über die längere Strecke derart belastet, dass er sich vor Schäden schützen will beziehungsweise muss. Er sendet Warnsignale an den Kopf des Läufers: »Hier ist das Limit und nicht weiter. Stopp! Sonst reißt ein Muskel.« Das läuft mehr oder weniger unbewusst ab. Der Läufer wird kaum merklich, aber eben doch langsamer.

Rennen werden im Kopf gewonnen beziehungsweise verloren. Wenn Athleten gegeneinander antreten, die etwa die gleiche physiologische Leistungsfähigkeit haben, entscheidet am Ende der Kopf, die mentale Stärke, das Rennen. Rein körperlich sind alle Triathleten der Weltspitze extrem fit, bestens vorbereitet und trainiert. Und sie alle erleiden Schmerzen, wenn die Grenzen der physischen Belastbarkeit näher kommen. Ich selbst sage mir dann stets: »Wenn es mir wehtut, bringt es die anderen um.« Der Schmerz ist der Bruder des inneren Schweinehunds. Mit beiden bin ich per du.

Das Überwinden der Schmerzen macht den Unterschied beim Ironman. Wenn es dir gelingt, die ersten Warnungen an den Kopf als viel zu frühe Warnungen wegzureden, wenn es dir gelingt, deinen Körper über den Kopf zu steuern, dann wirst du siegen. Wenn ich in Relation setze, wie lange wir unterwegs sind über die Langdistanz beim Ironman, liegen die Zeiten der besten Sportler im Ziel recht knapp beieinander. Nach über acht Stunden Wettkampf geht es im Bereich der Spitzenleistung um Minuten, vielleicht sogar nur um Sekunden.

Beim Ironman geht es also um die Frage: Wer kann am längsten leiden? Von der körperlichen Leistung her ist es keine große Kunst, sondern hängt von deiner Vorbereitung ab, denn alles spielt sich im → aeroben Bereich ab. Du kannst die drei Disziplinen mit entsprechender Vorbereitung ohne Probleme über Stunden ausüben. Aber dein Körper wird müde, unter anderem deshalb, weil seine Muskeln mehr Energie verbrennen, als du im Rennen zu dir nehmen kannst. Die Müdigkeit und die während des Marathons kontinuierlich zunehmenden Schmerzen kannst du deutlich besser aushalten, wenn du um den Sieg und nicht um Platz 15 kämpfst.

Du darfst nicht aufgeben, darfst dich nicht deinen Schmerzen ergeben. In meinem ersten Hawaii-Rennen 2014 habe ich mich nach einem Platten und einer Zeitstrafe auf der Radstrecke ziemlich miserabel gefühlt. Gedanken daran aufzugeben schossen mir durchs Hirn. Kurz nach dem Wechsel zum Laufen stand Emma am Straßenrand und rief mir zu: »Du siehst scheiße aus. Ich weiß, dass du dich scheiße fühlst. Aber glaub mir, die anderen sehen noch schlechter aus.« Was? Wirklich? Na dann! Wenn sie das sagt, muss es stimmen. Als ehemalige Weltklassetriathletin kann meine Frau das beurteilen, da vertraue ich ihr hundertprozentig. Ihre Worte haben mich damals davon abgehalten zu resignieren und mich stattdessen noch einmal gepuscht. Tatsächlich fand ich wieder meinen Rhythmus, und obwohl es mir psychisch und physisch so schlecht ging, bin ich den ersten Marathon in Tagesbestzeit gelaufen, kam schließlich als Dritter ins Ziel. Ich konnte das hinterher zuerst nicht glauben, dass man mit solch einem subjektiven Empfinden so weit vorne landen kann. Somit war ich einfach nur froh, nicht aufgegeben zu haben, und begriff erstmals, wie besonders dieser Wettkampf war.

Natürlich ist niemand vor dem Aufgeben sicher, vor allem wenn es aus gesundheitlichen Gründen unerlässlich ist. Bei mir sind die Schmerzen jedoch noch intensiver, wenn ich aufgegeben, ein Rennen vorzeitig beendet habe. Die Schmerzen haben dann vor allem eine psychische Ursache, werden aber auch physisch von mir empfunden. Das ist kein Wunder, denn sich selbst zu besiegen, also nicht aufzugeben, kann Endorphine, also Glückshormone, freisetzen und für eine bessere Regeneration und weniger muskuläre Qualen sorgen. Bei einem DNF, einem DID NOT FINISH, einer Kapitulation, schmerzt mich dann mehr als alles andere, dass ich vor mir selbst versagt habe. Der größte Druck wirkt also nicht von außen auf mich ein, den mache ich mir selbst. Nach dem Aufgeben kommen irgendwann die bösen Gedanken. Wie ein Bumerang trifft dich deine Schwäche und richtet sich gegen dich. Im Rückblick habe ich dann das ungute Gefühl, da wäre vielleicht doch noch was gegangen. Früher brauchte ich in solchen Fällen Wochen und Monate, bis ich darüber hinwegkam. In jeder Trainingseinheit war das Aufgeben präsent, ich konnte es nicht ausblenden. So etwas nagt an dir und raubt dir die Energie. Weil ich mittlerweile weiß, wie sehr ich mich verachte, wenn ich aufgegeben habe, bringt mich das im Wettkampf sehr weit über meine Schmerzgrenze hinaus.

Ohne Mentaltraining läuft es nicht

Mein Ziel ist es, jeden Tag aufs Neue das Maximale aus meinem Körper herauszuholen. Dabei gehe ich im Training bis an mein Limit. Ich bin schon häufig gefragt worden: »Wann bist du einmal wirklich an deine Grenzen gestoßen?« Dann antworte ich spaßeshalber: »Wenn ich mit dem Auto im Stadtverkehr unterwegs war und im Stau gestanden habe.« Ich betrachte es als tägliche Herausforderung, als »besserer« Mensch schlafen zu gehen, als ich morgens aufgestanden bin, mich im Laufe des Tages in irgendeinem Detail weiterentwickelt zu haben. Das ist mein ewiger Antrieb. Wenn das klappt, erfüllt es mich mit großer Zufriedenheit.

Es gibt Tage, an denen mir im Training alles leichtfällt. So etwas kennt jeder, der hin und wieder joggen geht. An manchen Tagen läuft's prima, an anderen nicht – obwohl die Leistungsfähigkeit nicht eingeschränkt ist. Du musst dich total quälen, um genau dieselbe Leistung wie am Vortag zu erbringen, und weißt nicht, warum. Dabei geht es um den gefühlten Aufwand, den ich dafür habe. Wie hoch ist er? Das A und O, der Schlüssel zu jedem Ausdauersport: Du musst den gefühlten Aufwand auf ein Niveau bringen, das so niedrig wie möglich ist, um die höchstmögliche Leistung erzielen zu können. Auf diese Weise wird das Training effektiv, sind die Einheiten wirkungsvoll. Du kannst länger bei der Sache bleiben, ohne wirklich kämpfen zu müssen. Wenn dein Kopf müde wird und dies deinem Körper mitteilt, geht die Konzentration flöten, weil der innere Dialog beginnt. Und der Ausgang dieses Dialogs entscheidet im Wettkampf über Sieg oder Niederlage, über Durchkommen oder Aufgeben.

Enorm viel hängt davon ab, *wie* du trainierst. Da geht es um Grenzen, um die Hemmschwelle im Kopf, sich noch ein klein wenig weiterquälen zu können, auch wenn du eigentlich nicht mehr willst. Andererseits musst du an einem wirklich schlechten Tag im Training *den* Punkt erkennen können, an dem es wirklich sinnlos wäre, weiterzumachen. Und dann musst du auch abbrechen. Mit reinem Gewissen. Nach dem Motto: Die Trainingseinheit war zwar Mist, für heute aber ist es okay. Dann eben nicht! Fertig – abhaken. Kein einfacher Schritt. Sich deshalb später Vorwürfe zu machen ist das Schlimmste, was man tun kann. Du musst damit abschließen und es am nächsten Tag noch einmal probieren. Oder du musst das Training umstrukturieren. Du darfst an diesem Punkt nicht hängen bleiben. Du musst ehrlich zu dir selbst sein, alles andere ist sinnlos. Für diese Erkenntnis habe ich am längsten gebraucht. Früher hätte ich an einem schlechten Tag weitergemacht, mich noch mehr gequält.

Meine mentale Stärke habe ich mir über Jahre antrainiert. Damit kommst du nicht auf die Welt, das hast du auch nicht schon intus, wenn du eine Profikarriere startest. Es ist ein Prozess. Ich bin überzeugt davon, dass ich mittlerweile mein bester eigener Mentaltrainer bin. Der Weg dahin war jedoch weit und steinig.

Als ich vierzehn Jahre alt war, berichtete mir meine Mutter eines Tages von einer Hypnose, die sie als Zuschauerin miterlebt hatte. Ihre Geschichte hat mich total fasziniert, ich hing an ihren Lippen, als sie erzählte: »Der Hypnotiseur ließ den Kandidaten die Zahl sechs vergessen. Unter Hypnose sollte er von eins bis zehn zählen. Machte er. Eins, zwei, drei, vier, fünf, sieben ... Er wusste, dass da etwas nicht stimmt, konnte aber nichts dagegen unternehmen.« Ich war beeindruckt, so etwas hatte ich noch nie gehört. In meiner jugendlichen Naivität dachte ich mir: Vielleicht kann so jemand auch die Angst vergessen lassen. Wenn ich beim Surfen war und richtig hohe Wellen anrollten, hatte ich immer die Hosen voll. Also wollte ich mehr über Hypnose erfahren. Weil es der Versuch war, etwas zu optimieren, hielt ich es auch nicht für etwas Anrüchiges, sondern für sinnvoll. Meine Mutter litt unter irrsinniger Höhenangst, auf Brücken oder beim Autofahren im Gebirge ging bei ihr oft gar nichts mehr. Entweder musste jemand anderes weiterfahren, oder wir mussten umkehren. Sie hat dann eine Zeit lang mittels Hypnose die Höhenangst bekämpft. Inzwischen hat sich die Situation stark verbessert. Sie kann nun, ohne panisch zu werden, über Brücken fahren oder Küstenstraßen entlangfahren.

Als ich mit dem Triathlon begann und in Deutschland regelmäßig meine ersten Wettkämpfe bestritt, stellte ich fest, dass andere Athleten sich deutlich besser verausgaben konnten. Ich hatte da eine Blockade, es ging nicht. Ich wollte zwar, bin aber stets vor der körperlichen Grenzerfahrung zurückgeschreckt. Andere, wie mein Trainingspartner Daniel Unger, haben mir vorgemacht, dass es geht. 2003 bis 2008 war Daniel in den Einheiten selten besonders gut, konnte aber bei Leistungstests oder im Wettkampf richtig krass über sich selbst hinauswachsen. Meine Schlussfolgerung: Er wollte es einfach nur mehr als ich selbst.

Ich musste *mental* stärker werden, nicht körperlich. Vom Triathlon-Verband wurde uns Kaderathleten lediglich die klassische Sportpsychologie angeboten – leider ziemlich ätzend. Mit ganz simplen, biederen, ja langweiligen Übungen wie »Verbinden Sie numerische Punkte auf einem Blatt so schnell wie möglich!«. Natürlich trainiert man damit die Konzentration, doch die Übungen waren auf keinen von uns individuell zugeschnitten. Das war das Problem. Jeder tickt anders, jeder braucht andere Übungen. Weil mir das Angebot nicht genügte, habe ich selbst zum Thema Sportpsychologie recherchiert, mir in Büchern und im Internet einiges angelesen. Doch ich kam nicht weiter. Vor allem, weil es genau die Zeit war, als ich ein schweres Trauma mit mir herumschleppte. Ich konnte kein Rennen im Sprint für mich entscheiden. Ich lag kurz vor dem Ziel in Führung – und wieder nichts. Überholt und abgefangen. Immer wieder. Im wichtigsten Moment, auf den letzten Metern des abschließenden 10-Kilometer-Laufs, habe ich es versemmelt. Und so wurde ich auch in meinem Kopf jedes Mal überholt. Eine Negativspirale, aus der ich nicht herauskam – in der Realität wie in meinem Unterbewusstsein. Ich hatte regelrecht Angst vor dem Zielsprint. Kurz gesagt: Ich war ein Weichei.

Meine Mentaltrainerin – ein Glücksfall

Glücklicherweise erhielt ich im rechten Moment einen Anstoß von außen. Fried Hinkelmann, ein guter Kumpel und freundschaftlicher Berater aus Saarbrücken, empfahl mir eine Psychologin, die mit medizinischer Hypnose arbeitete. Und so kam ich 2007 zu Anja Schreiner. Zunächst erläuterte sie mir das Ziel der Sitzungen: Die eigenen Gedanken neu zu programmieren, und zwar durch häufige Wiederholungen von Zielvorstellungen, von »Bildern«. Diese Szenen, die du dir so oft wie möglich vor Augen führst, werden in deinem Kopf wahr. Es sind positive Glaubenssätze, die an die Stelle von Ängsten treten. Im Gehirn gibt es nachweisbar Änderungen bei diesem Prozess: Es werden sozusagen neue »Verbindungen« von Nervenfasern hergestellt. Kurz gesagt: Die Psyche wirkt verändernd auf die Physis, der Kopf entscheidet, was mit dem Körper geschieht. Schon die alten Griechen wussten ja, dass Psyche und Physis sich wechselseitig bedingen.

Nach einem langen Vorgespräch haben wir ein individuell auf mich zugeschnittenes Audio-Tape von einer halben Stunde Länge produziert, eine Mischung aus autogenem Training und Hypnose. Ich habe die Variante ohne Hintergrundmusik mit einer weiblichen und daher angenehmen Stimme gewählt, die mich entspannt. Entscheidend ist: Es musste eine anonyme Stimme sein, damit ich mich beim Hören wohlfühlen und auch wirklich zur Ruhe kommen konnte. In den Wochen und Monaten vor den Olympischen Spielen 2008 in Peking habe ich das Tape zweimal am Tag, morgens und abends, angehört. Abends wurde es mein Einschlafritual, ich bin beim Hören eingedöst. Der Kernsatz, der dann mein »Anker« wurde, lautete: »Ich will es! Ich kann es! Ich schaffe es!« Wenn es in bestimmten Trainingseinheiten hart wurde, habe ich ihn immer wieder vor mich hingesagt.

Zwei Wochen vor Peking, wir waren im Trainingslager in Südkorea, ist es dann passiert: Ich habe spätabends im Bett das Motivationstape gehört, und auf einmal – ich konnte es gar nicht fassen – habe ich das Rennen in meinem Unterbewusstsein gewonnen, musste in meiner Vorstellung erstmals auf der Zielgeraden niemanden mehr an mir vorbeiziehen lassen. Zack! Der Schalter war umgelegt. Die neuen Glaubenssätze hatten mich umprogrammiert: vom ewigen Loser im Sprint zum Sieger. Ein bewegender Moment. Der Durchbruch! Ich war erstmals Herr über meine eigenen Gedanken, im Grunde wurde in diesem

Moment der Grundstein für die Goldmedaille gelegt. Ich bin aus dem Bett gesprungen, voller Adrenalin in den Adern, bin wie wild durchs Zimmer gehüpft und habe sofort nebenan bei unserem Sportdirektor Rolf Ebeling angeklopft. Ich wollte dieses Ereignis mit jemandem teilen – und mich mitteilen. Von da an konnte ich meinen Organismus mit dem Kopf steuern, den Schalter umlegen und meine Konkurrenten ausspielen. So habe ich den Zielsprint in Peking bewältigt. Ich gewann Gold! Erst im Kopf, dann auf der Strecke.

Die erste Wegstrecke zum Erfolg

Ohne Menschen, die dich unterstützen und fördern, die überzeugt sind, dass du es schaffen wirst, erreichst du dein Ziel nicht. Auf meiner ersten Wegstrecke zum Erfolg in Peking gab es mehrere Menschen, denen ich viel zu verdanken habe: Neben meinem ehemaligen Berater Fried Hinkelmann gehörten dazu die Physiotherapeutin Isabell Schlimmer und der Athletiktrainer Oliver Muelbredt, der mit mir ab 2007 an meiner athletischen Basis arbeitete, mich überhaupt erst in die richtige Verfassung brachte, die Umfänge im Schwimmen, Radfahren und Laufen durchzustehen. Auch Gerd Meyer habe ich viel zu verdanken, weil er mir damals die notwendige finanzielle Unterstützung organisierte, um den Schritt in den Profisport zu machen. All diese Leute haben mir zu Beginn meiner Laufbahn zur Seite gestanden und an mich geglaubt. Es passte einfach. Da war plötzlich einer, der es schaffen wollte, und viele Leute, die unbedingt wollten, dass ich es schaffe. Rückblickend muss ich sagen: Gold wäre nicht drin gewesen, wenn ich damals nicht im Saarland gewesen wäre. Dieses kleine Bundesland mit seinem sensationell guten Trainingszentrum OSP (Olympiastützpunkt Rheinland-Pfalz/Saarland), in dem alles sehr überschaubar war und familiär zuging, bot mir die ideale Grundlage für meine sportliche Karriere. Die Verantwortlichen dort haben mein Potenzial erkannt und mich gefördert.

Fried glaubte felsenfest daran, dass ich in Peking gewinnen könne. Zwei Tage vor dem Wettkampf brüllte er in einer Videonachricht wortwörtlich: »Nichts ist scheißer als Platz zwei!« Dieses Handyvideo wurde in den Wochen danach zum Running Gag, und wir haben es uns immer wieder angesehen. Alle in meinem Umfeld glaubten, dass ich es packen würde – und sind auch nach China gekommen. Ironischerweise war ich der Letzte, der da wirklich dran glaubte. Natürlich war eine Medaille mein großes Ziel, ich träumte von Gold, hatte alles, wirklich alles dafür getan im Training. Bis zu diesem nächtlichen Erlebnis in Südkorea – zwei Wochen vor Olympia – hatte es einfach nicht gelingen wollen, »den Schalter im Kopf« umzulegen. Aber auch das war nun geschafft.

Im weiteren Verlauf meiner Karriere habe ich nicht mehr mit Mentaltrainern zusammengearbeitet, und ein neuer Versuch mit einem anderen Motivationstape scheiterte. Was nicht am Tape lag, sondern an mir. Inzwischen wäre eine Zusammenarbeit mit einem Mentaltrainer für mich auch nicht mehr sinnvoll. Über die Jahre habe ich mir sehr viel Wissen angeeignet, habe herausgefunden, welche Tricks es gibt, mich selbst zu überwinden, bestimmte Dinge zu erkennen und umzusetzen. Ich habe also alle Werkzeuge zur Verfügung, um selbst mein bester Mentalcoach zu sein. Niemand kann näher an mir selbst sein, als ich es bin.

Während des Trainings steuere ich mich situationsbezogen. Ein Beispiel: Wenn ich im Intervalltraining von viermal 30 Minuten im Wettkampftempo auf Zeit fahre und schon im ersten Abschnitt negative Gedanken und Zweifel aufkommen, beginne ich ganz bewusst mit dem inneren Dialog. Ich rede in Gedanken mit mir, baue mich auf. Damit ich nicht in eine negative Spirale gerate. Denn dann bringt die ganze Trainingseinheit am Ende nichts. Wenn es körperlich hart wird und die ersten Schmerzen kommen, »breche« ich die Intervalle in kleinere Etappen »herunter«, suche mir kurzfristige, sichtbare Ziele. Eine andere Möglichkeit: Ich rufe aus dem Gedächtnis ein früheres Training ab, das ebenfalls zäh und schwierig losging, dann aber leichter fiel und in dem ich mich steigern konnte. Das Gehirn ist in der Lage, weit mehr zu leisten, als wir glauben möchten. Dazu muss aber der Kopf-Akku hundertprozentig aufgeladen sein. Im Herbst 2015 habe ich ein Buch über die Leistungsfähigkeit des menschlichen Gedächtnisses »gefressen«. *Siegen ist Kopfsache. Die mentalen Erfolgsstrategien der Ausnahme-Athleten* von Matt Fitzgerald. In diesem Buch habe ich mich wiederentdeckt.

In all den Jahren meiner sportlichen Laufbahn wurde mir klar: Es gibt niemanden, der für dich den Schalter im Kopf umlegen kann. Du musst es ganz allein machen. Du musst die Grenzen im Kopf selbst verschieben – nach vorne. Einen für mich wesentlichen mentalen Durchbruch konnte ich in den schwierigen Jahren mit all den

Verletzungen, sportlichen Rückschlägen und fehlenden Ergebnissen erzielen. Ich schaffte es, vom Frust wegzukommen, mich nicht von allen möglichen Dingen hinunterziehen zu lassen. Ich wurde dankbar! Zehn Minuten schmerzfrei joggen hieß im Sommer 2012 eben nicht: *Nur* zehn Minuten, sondern *immerhin wieder* zehn Minuten. Dankbarkeit wurde zum Schlüsselgefühl für mich, es war die neue Hoffnung zum Antrieb. Und so habe ich in der schwierigsten Zeit meiner Karriere meinen Sport und meinen Lebensstil, einfach alles, was ich habe, erst so richtig schätzen gelernt.

Mein Triple-Jahr 2015

Mit vierunddreißig erlebst du Triumph und Niederlage sowie das ganze Bohei drum herum gedämpfter, dafür aber bewusster. Dieses Jahr 2015, mein Triple-Jahr, war unglaublich für mich. Drei phänomenale Siege in nur vier Monaten.

In Frankfurt sicherte ich mir den Europameistertitel. Der Wettkampf am 5. Juli war die perfekte Vorbereitung auf Hawaii, schließlich zeigte das Thermometer am Main 40 Grad. Und endlich gab es mal keine Pannen oder Missgeschicke. Es lief schon in den Tagen vor dem Rennen alles super. So reibungslos, dass wir uns schon gedacht hatten: Das kann doch nicht sein! Wir haben doch nichts vergessen? Aber dann hatte ich doch noch einen Platten beim Einfahren am Tag vor dem Rennen. In dem Moment wussten wir: Okay, alles klar, das war der Adrenalinschub, der noch gefehlt hat. Ich gewann das Rennen mit neuem Streckenrekord (07:49:48) und der drittschnellsten Radzeit (4:08:44), die es je bei einem Ironman bis zu dem Zeitpunkt gegeben hatte.

Ende August ging es nach Österreich, nach Zell am See zur 70.3-WM über die halbe Ironman-Distanz. Wie in Frankfurt gewann ich vor Sebastian Kienle, diesmal allerdings etwas knapper. Der Titelverteidiger Javier Gómez kam auf den dritten Platz. Und das obwohl mein Trainer Dan und ich den Wettkampf in Zell am See nur als Vorbereitung auf Kona eingestuft hatten. Also bin ich ohne → Tapering angereist, habe vorher also nicht weniger als sonst trainiert und hatte auch Sorge, wieder einmal einen WM-Titel herzuschenken. Diese 70.3-WM in Kaprun sollte einen hohen Belastungsreiz in einem langen Trainingsblock mit ein paar ruhigeren Einheiten bilden. Ich wollte den Titel wenn möglich mitnehmen, gedanklich war ich aber schon auf Hawaii, weil der Ironman-Wettkampf dort mein wichtigstes Ziel in dem Jahr war. Ich war sehr erleichtert, dass dieser Spagat klappte. Mir bedeutete der WM-Erfolg eine Menge. Seit dem Desaster von Budapest 2010, wo ich beim Laufen so brutal abgehängt wurde, den scheinbar sicheren WM-Titel verlor, hatte ich mich in den darauffolgenden Jahren von diesem Negativerlebnis runterziehen lassen. Es war für mich ein Brocken, den ich zu schlucken hatte, damals nicht Weltmeister geworden zu sein. Erst in Zell am See konnte ich dieses Erlebnis, das fast schon traumatisch war, mit seinen unangenehmen Folgen überwinden. Mir ist ein Stein vom Herzen gefallen, ich hatte meinen ersten WM-Titel in der Tasche. WM – kann ich also doch, dachte ich.

Und dieses Selbstbewusstsein war sehr wichtig, es gab mir ungeheuer viel Kraft im Hinblick auf das zweite Oktoberwochenende.

Nun fehlte mir nur eines noch: Hawaii. Die Ironman Weltmeisterschaft. Ich wollte unbedingt den Siegeskranz von Kona gewinnen. Der Plan, den ich schon 2014 für mein Debüt in Hawaii mit meinem Trainer geschmiedet hatte, sah vor, dass ich 2014 erst einmal die Topografie auf Hawaii einschätzen lerne, die Strecken genau kennenlerne, meine Leistungsfähigkeit erproben kann unter diesen Extrembedingungen, und dann, 2015, wollte ich den Titel abräumen. Es war erst der vierte Start meines Lebens über die Langdistanz – egal, das spielte keine Rolle, ich wollte es wissen.

Bei meinem ersten Start auf Hawaii, 2014, habe ich tatsächlich wie geplant extrem viel gelernt. Dieser Ironman ist wegen der klimatischen Bedingungen einfach anders und der Rennverlauf viel schwieriger zu kalkulieren als sonst irgendwo.

Eine der wichtigsten Erkenntnisse meiner Hawaii-Premiere war: Ich brauche spätestens in der Wettkampfwoche noch mehr Ruhe und – sollte mein Handy rechtzeitig aus der Hand legen. In den letzten Tagen vor dem Rennen Konzentration zu finden, ruhig, ausgeglichen und entspannt zu sein – das hatte ich mir für 2015 vorgenommen. Natürlich war das nicht ganz so einfach. Ich wurde schon ein wenig nervös und konnte auch Zweifel nicht ganz wegschieben, aber das gehört einfach dazu, denke ich. Und kurz vor dem Wettkampf ist es sogar wichtig, weil es deinen Körper und Geist in Alarmbereitschaft versetzt. So kannst du das Maximum aus dir herausholen.

Diesmal konnte mein Trainer Dan mitreisen, was mir zusätzlich Sicherheit gab. Rein sportlich hatten wir, was die Vorbereitung unmittelbar vor dem Wettkampf betrifft, nicht so viel verändert. Einer der Gründe dafür war, dass ich das ganze Jahr über unglaublich hart trainiert hatte, um mich in eine *noch* bessere Verfassung für den Ironman zu bringen. Ich war fit, ich war bestens vorbereitet – nicht nur sportlich, sondern auch im Hinblick auf Technik und Material.

Schon den Winter über hatten wir versucht, sämtliche Materialfragen für die Wettkämpfe im Sommer zu klären. Wir haben sehr viel getüftelt und gebastelt. Und das war gut, weil wir in den Wintermonaten noch die Zeit und Ruhe dafür hatten. So konnte wenige Tage oder gar Stunden vor dem Rennen keine Hektik aufkommen. Alles war gut vorbereitet: das Fahrrad, die Laufräder, die Laufschuhe, der Rennanzug und der Helm – die wichtigsten Dinge. Wir hatten für dieses Jahr einen Rennanzug ausgesucht, mit dem ich Rad fahren *und* laufen konnte. Die Werte bei Aerodynamiktests waren richtig gut. Noch so ein wertvoller Baustein. Wir sind via San Francisco angereist, hatten dank meines Schweizer Freundes Dani eine noch bessere Unterkunft als 2014, und zwar in einer privaten Wohnanlage. Ich hatte das oben schon erwähnt. Dani habe ich mal bei einer Nonstop-Radrundfahrt um die Schweiz, ein Rennen für einen guten Zweck, kennengelernt. Das Durch-die-Nacht-Fahren hat uns zusammengeschweißt, und seither sind wir gut befreundet. Dank Dani konnten wir auf Hawaii also in einem Haus leben, in dem wir dem Trubel aus dem Weg gehen konnten, kürzere Wege zum Pool und zu den Trainingsstrecken hatten und näher am Start-

Ziel-Bereich rund um das King Kamehameha's Beach Hotel waren – für den Renntag sehr günstig.

Der verdiente Siegeskranz

Sämtliche Abläufe, auch was die Medienaktivitäten betrifft, waren mir beim zweiten Mal auf Hawaii, 2015, vertrauter. Die Wiederholung half und kam gelegen. Doch leider gab es auch eine unangenehme Wiederholung, auf die ich gern verzichtet hätte. In der Rennwoche erwischte es mich wie im Jahr zuvor: Ab Montag plagte mich ein leichter Infekt. Also mussten wir das Programm in den letzten Vorbereitungstagen umstellen, die Wattzahlen an die Pulswerte anpassen. Ich war kurz davor, die Nerven zu verlieren, und hatte Sorge, dass ich nicht mehr rechtzeitig hundertprozentig fit sein würde. Eines Abends, als ich schon im Bett lag und grübelte und zweifelte, schrieb ich meinem Trainer Dan noch eine SMS: »Wird das überhaupt noch was?« Er antwortete: »Natürlich! Aber es hilft nichts, jetzt rumzujammern. Wir haben zwei Möglichkeiten: Entweder wir versuchen, dich Tag für Tag wieder fit zu bekommen. Oder wir packen jetzt zusammen und fahren nach Hause.«

Die Ansage wirkte. Ich wurde ruhiger. Und bin schließlich körperlich topfit an den Start gegangen. Am frühen Morgen des Rennens war ich ziemlich angespannt. Wir hatten alle Sachen gepackt, meine Frau Emma, Albert, mein Physiotherapeut, und Felix, mein Manager, saßen schon im Auto, nur Nick, mein Trainingspartner, fehlte noch. »Hey, Nick, was ist los? Komm schon!«, raunzte ich ihn an. Er sperrte noch die Haustür ab und war mir fünf, vielleicht zehn Sekunden zu langsam. Wenn ich mich an diese Szene erinnere, muss ich schmunzeln. Sie zeigt, wie angespannt ich war.

Ich traf auf Sebastian Kienle, den Titelverteidiger von 2014. Da ich Dritter gewesen und Europameister war, stuften mich die Medien als ihm ebenbürtig ein. Kienle gegen Frodeno. THE BATTLE OF THE GERMANS titelten die Zeitungen.

Mein Rennplan, meine Strategie, sah ähnlich aus wie im Vorjahr: Ich wollte das Schwimmen so schnell wie möglich hinter mich bringen, um nach dem Wechsel aufs Fahrrad aggressiv anzufahren. Denn gerade den ersten Rennabschnitt durch die Innenstadt von Kona fahren die meisten Teilnehmer ohnehin schon sehr, sehr aggressiv an. Wenn die Jungs aber mitbekommen, dass sie nach dem Schwimmen schon zwei Minuten Rückstand haben, fahren sie noch mal härter an, müssen schon zu einem so frühen Zeitpunkt des Rennens richtig überdrehen – während ich noch innerhalb meines grünen Bereiches fahren kann. Das kostet sie Kraft, die ihnen meist am Ende fehlt. Allerdings hatte ich nicht den Mumm, das Rennen wie in Frankfurt im Alleingang von vorneweg zu bestreiten. Schlicht und einfach der Hitze und des Windes wegen.

Und los ging's. Das Tempo im Schwimmen hatte ich überschätzt, so schnell war es diesmal gar nicht. Nach 50:50 Minuten kam ich als Zweiter nach dem Neuseeländer Dylan McNeice aus dem Wasser und lief in die Wechselzone.

Ich bin dann relativ beherrscht den Queen K Highway Richtung Flughafen geradelt, musste nicht über mein Limit gehen, konnte mich von den Verfolgern absetzen, wurde aber nach 40 Kilometern von Kienle eingesammelt. Was mich doch ein bisschen überrascht hat, weil ich nicht dachte, dass er der Erste aus der Gruppe sein würde, der vorbeikommt. Allerdings wusste ich in diesem Moment auch, dass Sebastian schon zwei oder zweieinhalb Minuten schneller gefahren sein musste als ich, nur um mich zu erreichen. Er hatte also schon mehr Kraft auf der Rennstrecke gelassen. Das gab mir Sicherheit. Von da an hieß es für mich nur, clever zu bleiben, den richtigen Abstand zu wahren und nicht in den Bereich möglicher Zeitstrafen zu kommen. Einmal wurde es ganz eng, als mich Andi Böcherer überholte, kurz vor mir einscherte und das Tempo rausnahm. Ich musste schnell aus dieser aerodynamisch wirksamen Position heraus. Denn in dem Moment befand ich mich in seinem Windschatten (→ Windschattenfahren), was das Regelwerk nicht erlaubt. 2014 hatte ich wegen so einer Situation eine Zeitstrafe kassiert.

Zurück zum Rennen 2015: Es gab viele Überholmanöver, es bildete sich eine Kolonne. Aber diese Gruppe zerfiel, wie meist, nach rund 70 Kilometern. Die Erschöpfung forderte ihre ersten Opfer. Ich wusste, dass ich im Prinzip nur eine halbwegs saubere Leistung erbringen musste, weil sich ohnehin die Spreu vom Weizen trennen würde. Also hieß es für mich: Nur nicht hektisch werden. Plötzlich, kurz vor dem Wendepunkt fuhr der US-Amerikaner Timothy O'Donnell weiter vorne eine Attacke, sicherte sich eine gute Minute Vorsprung. Gemeinsam mit Sebi versuchte ich, das Loch zuzufahren. Es klappte. Also waren wir zu dritt unterwegs auf dem Rückweg nach Kona. Unterm Strich ist beim Radfahren nicht wirklich viel geschehen. Es gab kaum Attacken, was mich wunderte. Ich konnte mein Glück kaum fassen, dass viele der Jungs nicht mitkamen. Natürlich habe auch ich gelitten, hatte Schmerzen, aber alles andere wäre auf Hawaii ja auch irgendwie merkwürdig. Ich habe meine Leistung gehalten, bin sogar unter vier Watt pro Kilogramm gekommen. Okay, das sieht gut aus, dachte ich nun. Am Ende des Radabschnitts konnte ich mich sogar noch absetzen. Und so bin ich tatsächlich als Erster vom Rad gestiegen – mit 30 Sekunden Vorsprung. Ich ging auf die Laufstrecke, war bereit, es auf ein Laufduell ankommen zu lassen.

Die ersten fünf Kilometer des Marathons bin ich ziemlich flott angelaufen. Ich konnte also mein Zeitpolster vom Radfahren auf den ersten 5 Kilometern noch ein wenig ausbauen. Daher habe ich es zwischen dem ersten Wendepunkt und dem → Energy Lab, diesen etwa 20 Kilometern, relativ kontrolliert angehen lassen. Plötzlich jedoch waren O'Donnell und Andreas Raelert wieder näher an mich herangelaufen. Mir wurde mulmig, die Hitze machte mir zu schaffen. Es war wirklich eklig warm, kein Wölkchen am Himmel – kein Meter Schatten. Also habe ich versucht, mich an den Verpflegungsstationen immer bestmöglich zu kühlen. Ich habe mir Eiswürfel geholt, unters Stirnband geschoben und Eisschwämme in den Rennoverall gepackt. Eine große Flasche Wasser habe ich über Kopf und Körper ausgeschüttet, um nicht zu überhitzen und den Puls wieder etwas runterzukriegen. Das war das A und O. Dabei bin ich – wie schon so oft – auch ein paar Meter gegangen, auch wenn ich dabei ein paar Sekunden verloren habe.

Dann bin ich etwas langsamer geworden und habe versucht, mir so viel Power wie möglich fürs → Energy Lab, diese rund 7 einsamen Kilometer im Lavafeld, aufzusparen. Was mich irritierte: Bis Kilometer 12, 13 wurde mir immer mal wieder der Zeitabstand zu meinen Verfolgern zugerufen, danach nicht mehr. Keine Ahnung warum. Als ich ins Energy Lab reingelaufen bin, hat mir ein Streckenposten zugerufen, dass die Jungs hinter mir nun bis auf eine Minute an mich herangekommen sind. Alles klar, das lief nach meinem Geschmack. Denn hier im Energy Lab, dem heißesten Teil der Strecke, wollte ich sowieso attackieren. Der Abstand wuchs zum Glück schnell auf dreieinhalb Minuten. Aber ich musste mich auf meine Leistung konzentrieren und weniger darauf, was die anderen machten. Ich wusste aber zu diesem Zeitpunkt bereits: Wenn ich jetzt nicht groß einbreche, dürfte nichts mehr passieren. Nun begannen mein innerer Dialog und der Kampf mit den eigenen Gedanken. Mir ging durch den Kopf: Jetzt darfst du es auf keinen Fall mehr verkacken. Wie peinlich, wenn ich das Rennen jetzt noch abschenken würde. Plötzlich verspürte ich einen großen Druck. Ich hatte einen Vorsprung, also hatte ich etwas zu verlieren. Ich tauchte gedanklich in einen Tunnel ab, nahm mir vor, mich nur noch auf mich und meine Schmerzen zu konzentrieren. Ich sagte mir: »Komm, Junge, jetzt bleib bei der Sache und konzentrier dich! Tempo halten, nicht lockerlassen! Auf deinen Laufstil achten, auf den nächsten Schritt!«

Es funktionierte. Weniger als drei Minuten lagen nie zwischen mir und Raelert – eigentlich eine schöne Sache auf den letzten zwei Kilometern, wenn es auf dem Alii

Drive vorbei an all den Fans in Kona geht. Bis zum allerletzten Moment, bis auf die letzten Meter, habe ich mir verboten, auch nur einen Gedanken an den Sieg zu verschwenden.

In der Geschichte des Ironman Hawaii hat es nämlich harte Schicksale gegeben, als manch einer noch auf der Zielgeraden abgefangen wurde. Verrückt, aber wahr: Ich habe sogar an Erik Zabel gedacht, der 2004 beim Radklassiker Mailand – San Remo kurz vor der Ziellinie die Arme hochgerissen hatte und dann auf den letzten Zentimetern doch noch überholt worden war. Auf den TV-Bildern von 2015 ist zu sehen, dass sich meine Gesichtszüge nicht entspannen, sogar auf das Abklatschen mit Zuschauern habe ich verzichtet. Ich habe weder an die Krone von Kona noch an irgendetwas anderes gedacht. Auch weil ich so lange und so hart auf diesen Sieg hingearbeitet hatte, mit meinem gesamten Team. Erst auf den letzten 50 Metern habe ich es genießen können, bin die letzten Schritte gegangen und habe auch einmal in die Zuschauermenge geschaut.

Ich musste wirklich bis zum Zielteppich kämpfen. 8:14:40 Stunden zeigte die Uhr. Das Zielband! Es war geschafft! Mein Traum wurde wahr. Ich schmiss mich auf den Boden, völlig leer und erschöpft. Und nach wenigen Sekunden in der Sonne bekam ich plötzlich starke Schmerzen auf der Stirn. Ich musste raus aus der Sonne, sofort! Mit letzter Kraft rollte ich mich von der Bühne in den Schatten. Da fiel mir zum ersten Mal auf, wie sehr mein Kopf brannte. Emma sagte mir später, ich hätte einen Sonnenbrand. Und tatsächlich, ich hatte mich stark an der Stirn verbrannt, oberhalb des Stirnbands an der Haarkante. So einen fiesen Sonnenbrand hatte ich noch nie zuvor gehabt. Kurios! Ich war seit mehr als acht Stunden unterwegs gewesen und hatte bis zum Zieleinlauf nichts gemerkt, sonst hätte ich mir ja einfach das Stirnband höher gezogen. So vollgepumpt mit Adrenalin war mein Körper während des Rennens gewesen.

Nun kamen die Emotionen endlich raus, übermannten mich. Wo war Emma? Sie eilte zu mir, auf die Zielrampe, wir umarmten uns. Beim Aufstehen küsste ich ihren Babybauch. Im Februar sollte unser erstes Kind kommen. Mein Glück war perfekt. Ich fühlte mich wie auf Wolke sieben, wollte diesen unfassbar schönen Moment mit meinen Leuten teilen. Denn ohne meine Familie, meine Frau, meine Freunde und mein Team hätte ich das nicht erreichen können. Doch wo war mein Trainer? Ich konnte Dan nicht finden, suchte ihn im Zielbereich. Erst 20, 30 Minuten nach meinem Zieleinlauf haben wir uns im Zielbereich wiedergesehen und umarmt. Auch Dan hatte alles erst einmal verarbeiten müssen. Weil er so leer im Kopf war, wenig gegessen hatte vor Anspannung und auch körperlich nach dem Tag in der Hitze komplett am Ende, hatte er sich ein Eis gekauft und sich ein paar Hundert Meter entfernt von all dem Trubel und den Gratulanten an den Straßenrand gesetzt.

Wir hatten es geschafft – ein gewaltig großes Gefühl. Und eine Riesenehre, mich in diese Siegerliste der legendären Iron-Männer eintragen zu dürfen. Solch ein Triumph wirkt auf mich immer erst einmal völlig surreal. Nach der langen Vorbereitung konnte ich diesen Erfolg kaum realisieren. Die Emotionen nach dem Olympiagold 2008 waren noch eine Spur intensiver gewesen, weil es mein erster ganz großer Erfolg gewesen war. Und ich war jünger, erst 27 Jahre alt. Eine neue Welt tat sich damals auf, ich genoss die Früchte des Ruhms. Erst nach meinen Tiefs, 2010 und 2012, und nach all den Verletzungen, die ich hatte, konnte ich verstehen, warum ich meinen Sport eigentlich so liebe. Erst seit den Wettkämpfen als Ironman habe ich verstanden, was mich wirklich antreibt. Die pure Motivation, jeden Tag etwas besser werden zu wollen. Natürlich bin ich auch heute lange Zeitabschnitte mit Tunnelblick unterwegs, aber ohne gnadenlose Askese und mit dieser Verbissenheit im Training, wie es früher einmal war.

Nun war ich der erste Triathlet, der nach dem Olympiasieg über die Kurzdistanz auch in Kona triumphierte. Der Vorjahressieger Sebastian Kienle war übrigens als Achter ins Ziel gekommen. Nach nun schon dreizehn Jahren im Profigeschäft machte sich ein tiefes Gefühl der Zufriedenheit in mir breit: Ich war endlich angekommen!

Mein neues Lebensgefühl als Vater

Die Geburt unseres Sohnes Lucca im Februar 2016 war das absolute Highlight des Jahres, das über allem steht, auch über meinem erneuten Sieg 2016 auf Hawaii im Oktober. Lucca ist übrigens auch für diesen Weltmeisterschaftstitel verantwortlich. Am Morgen des Rennens 2016, als ich schon ziemlich angespannt war, fast schon mit dem Kopf auf der Rennstrecke, habe ich kurz vor der Abfahrt zum Start-Ziel-Bereich meinen Kleinen angeschaut. Da wurde mir schlagartig klar: Dem ist das gerade alles herzlich egal. Ein wunderschöner Moment. Das hat mir sehr geholfen. Der Kleine – und nun auch seine 2018 geborene Schwester Sienna – geben mir unheimlich viel Ruhe, wenn ich gestresst bin, wenn der Rucksack wieder voll ist mit Erwartungen an mich, oder auch täglich, wenn ich nach dem Training nach Hause komme. Dann nehme ich meine Kinder in den Arm, und die Welt steht still. Als ich nach Luccas Geburt zu Beginn der Saison 2016 einen Muskelfaserriss erlitt, war mir das irgendwie egal, obwohl ich sieben, acht Wochen nicht richtig laufen konnte. Aber so hatte ich viel Zeit für meine Familie. Meine Sicht auf das Leben, worum es wirklich geht dabei, hat sich, als ich erstmals Vater wurde, völlig verändert. Kinder zu haben ist etwas ganz besonders Schönes. Früher konnte ich mir das gar nicht vorstellen, war kein »Kindermensch«, konnte mit Kleinen nicht wirklich was anfangen. Im Februar 2016 hat sich in meinem Kopf eine 180-Grad-Drehung vollzogen – mal abgesehen von den Nächten. Ich gebe zu: In den Wochen und Monaten der Sommerwettkämpfe und speziell vor dem Ironman Hawaii bin ich nachts nicht aufgestanden. Das hat Emma gemacht. Meine Frau unterstützt mich, wo es nur geht, hält mir den Rücken frei. Sie ist mein Fels in der Brandung. Emma war früher selbst Profitriathletin. Ihr Mädchenname ist Snowsill. Sie hat bereits mit sechzehn ihren ersten Triathlon mitgemacht und ist 2003, 2005 und 2006 Weltmeisterin geworden. In Peking hat sie 2008 außerdem Gold für Australien geholt. Sie versteht also, dass ich im Training Leistung bringen muss, und weiß, was es bedeuten würde, wenn ich nur sechs statt acht Stunden Schlaf bekäme.

Es ist für mich überaus wertvoll, dass der wichtigste Mensch in meinem Leben meinen Job kennt, mit den Abläufen und Besonderheiten vertraut ist. Emma weiß, dass wir als kleines Familienunternehmen funktionieren müssen. Also stand sie auf, wenn Lucca schrie, und macht es nun wieder, wenn Sienna schreit. Ich schlafe mit Ohrstöpseln und Augenmaske, obwohl das nicht gerade gentlemanlike ist. Dafür mache ich Emma morgens den allerbesten Kaffee. Außerdem habe ich ja den unbezahlbaren Vorteil eines Freiberuflers. Ich kann meine Kinder tagsüber sehen, zwischen den Trainingseinheiten, weil ich nicht erst am frühen Abend aus dem Büro zurückkomme wie so viele Berufstätige.

Als ich Emma traf …

So richtig bewusst kennengelernt haben Emma und ich uns im März 2010 beim *Laureus World Sports Award* in Abu Dhabi. Natürlich hatten wir uns vorher schon bei Wettkämpfen gesehen und 2006 beim Radtraining in Südafrika mal getroffen, aber nie ausführlich und bewusst miteinander gesprochen. In Abu Dhabi aber hat es gefunkt zwischen uns.

Im Juli 2010 habe ich Emma dann beim Triathlon in Hamburg zum Candle-Light-Dinner ausgeführt. Tja, das war es dann, mir ist klar geworden, dass dies die Frau meines Lebens ist. Wir haben uns sehr gut verstanden, konnten wunderbar miteinander reden und zusammen lachen. Dass wir am Anfang unserer Beziehung in Saarbrücken und dann wieder 11.000 Kilometer entfernt in ihrer Heimat Australien gelebt haben, war für uns als Sportnomaden kein Problem. Wir sind es ja gewohnt, aus dem Koffer zu leben und von hier nach da zu reisen. Den Hochzeitsantrag habe ich ihr im Mai 2013 gemacht, ganz romantisch an der Golden Gate Bridge in San Francisco. Australien oder Deutschland – wo sollte die Hochzeit stattfinden? Wir haben einen Ort auf »neutralem Boden« gesucht – wie man in der Sportlersprache sagt, wenn keiner der Teilnehmer Heimrecht hat. Damit sich also keiner von uns »benachteiligt« fühlte, haben wir uns für die Toskana entschieden. Auch in der Hoffnung, dort im Herbst noch ausreichend Sonne genießen zu dürfen. Trauung und Feier fanden dann am 4. Oktober 2013 in der Villa Catureglio in Borgo a Mozzano, einem traumhaften Olivenölgut in der Nähe von Lucca, statt. Dass Emma meinen Namen angenommen hat, war wunderschön für mich. Eine Woche später ging es nach New York auf Hochzeitsreise. Genau in der Woche des Ironman. Aber der hat uns damals generell noch nicht und zu diesem Zeitpunkt sowieso nicht groß interessiert, wir haben höchstens mal alle zwei Stunden auf Twitter geschaut, wie es im Rennen steht. Und so feiern wir jedes Jahr auf Hawaii unseren Hochzeitstag, weil der Ironman dort immer am zweiten Samstag im Oktober stattfindet.

Ich genieße das Familienleben, vor allem seit wir Kinder haben. Ob der Spross einer Triathlonehe auch Triathlet werden solle, wurde ich oft nach Luccas Geburt gefragt. Muss nicht sein, aber das können wir uns als Eltern ja nicht aussuchen. Er und seine Schwester sollen später machen, was sie möchten, ihrer Leidenschaft nachgehen.

Das ist das Wichtigste. Vielleicht haben sie ja ganz andere Talente und werden Künstler, Musiker, wer weiß.

Kapitel 7

Es ist vorbei. Acht Stunden, sechs Minuten und 30 Sekunden Wettkampf, körperlicher Ausnahmezustand, psychischer Höllenritt. Nun spüre ich, wie die Erleichterung durch den Körper fließt, wie ich langsam loslassen kann. Das Bad in der Menge, die Umarmungen mit dem Team, die Glückwünsche meiner Frau. Ich versuche, die Momente zu genießen. Was nicht leicht ist. Wie immer wirkt das alles kurz nach dem Zieleinlauf surreal. Ist das Rennen wirklich vorbei? Scheint so. Ich bin leer. Da oben in der Birne ist im Moment nicht mehr viel los. Noch kann ich nicht mental vom Wettkampfmodus auf das wahre Leben zurückschalten. Ich sitze, die Beine brennen, alles tut weh. Der Kopf dröhnt weiter. Es ist wie nach einer mehrstündigen Autofahrt. Du steigst aus, versuchst, dich vor dem Fernseher oder beim Essen zu entspannen, und der Kopf fährt immer noch. Wie vom Autopiloten gesteuert.

2016 – Titelverteidigung auf Hawaii

Nach dem erfolgreichen Triple-Jahr 2015 hätte das Jahr 2016 nicht besser laufen können. Bei dem → *Challenge Roth* Mitte Juli konnte ich in 7:35:39 Stunden einen neuen Weltrekord aufstellen, den ich vollmundig zuvor angekündigt hatte. Weil ich solche Versprechen als Extraportion Motivation brauche, bin ich sehr froh, dass ich es einlösen konnte. Die Bestmarke war schon lange als Ziel in meinem Kopf verankert, sie bedeutet mir deshalb sehr viel. Roth war so ein Punkt auf meiner → *Bucket List*, meiner Löffelliste. Haken dran! Cool! Und dann also auch noch die Titelverteidigung auf Hawaii im Oktober 2016 mit einer Zeit von 8:06:30. Dieser zweite Triumph fühlte sich süßer an, es war eine Bestätigung. Aber die große Euphorie wie nach dem ersten Sieg im Jahr zuvor kam bei mir nicht auf. Selbst für die traditionelle Party im *Huggo's* am Sonntagabend nach der Siegerehrung bin ich zu platt gewesen und lieber nach Hause gefahren.

Mit diesem zweiten Sieg auf Hawaii bin ich am Ziel meiner Arbeit angekommen. Ich hatte es das ganze Jahr über im Kopf, jeden Tag, in jeder Trainingseinheit. Jeder Kraulzug, jede Pedalumdrehung unterwegs, jeder Schritt beim Laufen, bedeutete für mich, meinem Ziel ein klein wenig näher zu kommen. Ein Erfolg auf Hawaii ist ein 365-Tage-Werk. Die Erwartungen der Zuschauer und Medien, dieser Druck von außen, waren immens, viel größer als im Jahr davor, schließlich musste ich den Titel verteidigen, erneut beweisen, dass ich es schaffe. Noch stärker ist allerdings der Druck, den ich mir selbst stets mache. Ich möchte meinen eigenen Ansprüchen gerecht werden.

Aus deutscher Sicht war es ein besonderer Tag, denn wir standen zu dritt auf dem Siegerpodest: drei Sportler aus Deutschland auf einmal. Mit dreieinhalb Minuten erreichte Sebastian Kienle nach mir das Ziel, und Patrick Lange kam auf Platz drei. Der Siegerkranz pikste in meine Kopfhaut, und der Champagner klebte am ganzen Körper, als ich diesen Triumph noch gar nicht so richtig verarbeitet hatte.

Die ersten Interviews kurz nach dem Zieleinlauf waren eine echte Herausforderung für mich. Was ich den Journalisten nach so einem irrsinnig harten Wettkampf erzähle, ist meist belangloses Zeug. Ich habe jedes Mal das Gefühl, vor mich hin zu stottern. Die Interviewer sprechen mir zwar direkt ins Ohr, aber die Worte kommen in meinem Kopf nicht an. In solchen Momenten der Desorientierung nach dieser unmenschlichen Anstrengung wird mir klar: Okay, du hast auch mental absolut alles gegeben. Und genau das macht für mich den Reiz solcher Wettkämpfe aus. Vielleicht kann ich mir auch antrainieren, mich mental noch eine halbe Stunde länger zu konzentrieren, um in diesen Minuten vor den Kameras besser dazustehen. Aber das ist nicht das Allerwichtigste, nur wieder eine neue Aufgabe.

Wie schwierig es ist, bei oder nach höchster körperlicher Anstrengung das Hirn zu fordern, habe ich im Training einige Male getestet. Die selbst gesetzte Aufgabe: während sehr harter Intervalle auf dem Rollentrainer Matheaufgaben lösen. Ich spüre dann, wie mein Kopf abgelenkt ist, wie er mit etwas anderem beschäftigt und nicht mehr auf den Körper und das harmonische Zusammenspiel der Muskeln konzentriert ist.

Den von mir viel zitierten inneren Dialog, den ich während der größten Anstrengung führe, kann ich dann nicht mehr bewältigen. Da fehlen schlicht Ressourcen. Der Schmerz macht sich schneller bemerkbar, der Körper gibt nach und geht in den Schutzmodus, die Leistungsfähigkeit sinkt. In der Folge wird die Trainingseinheit rein körperlich sehr viel härter und anstrengender. Der Kopf kann den Körper nicht mehr steuern. Ein spannendes Experiment! Ich hätte eher gedacht, dass es andersherum ist: Während das körperliche Leistungsvermögen auf gleichem Niveau bleibt, hat der Kopf Schwierigkeiten mit den Matheaufgaben. Doch ich kam mit den Rechenaufgaben gut zurecht, dafür fielen etwa beim Radfahren die getretenen Wattwerte geringer aus. Sinn und Zweck des Experiments ist, dass du bei der nächsten Einheit – dann ohne parallel verlaufende geistige Anstrengung – körperlich noch mehr aus dir herausholen kannst, weil der Geist entspannt ist.

Während des Interviewmarathons nach meinem Ironman-Sieg 2016 meldeten sich plötzlich die Krämpfe. An immer mehr Stellen meines Körpers. Nach dem Zieleinlauf schaltete der Körper um, das Adrenalin unterdrückte die Schmerzen nicht mehr. Schon auf der Marathonstrecke hatte ich Krämpfe bekommen, konnte sie aber zum Glück wieder »auslaufen«. Das funktioniert, indem ich den Schritt verkürze und die Muskeln damit gering entlaste, die Spannung reduziere. Wenn das nicht hilft, musst du den Mut haben, ehrlich zu dir zu sein und für ein paar

Sekunden zu gehen oder dich zu dehnen. Auf keinen Fall sollte sich ein Triathlet dafür schämen. Auch nicht als → Age-Grouper, gerade auf Hawaii. Denn unter diesen extrem hohen Anforderungen kommst du nie an das von zu Hause gewohnte Gefühl heran, weil dir die Hitze und die Schwüle unglaublich stark zusetzen.

Was ich nach dem Rennen brauchte, waren Kalorien. Burger und Bier. Darauf freute ich mich am meisten nach all den süßen Gels. Und auf Pizza, ganz viel Pizza. Ich saß mit Emma, meinem Team und mit Freunden am Poolrestaurant des Wettkampfhotels – immer noch im Rennanzug. Einfach dasitzen, reden, lachen, das war das Schönste nach dieser physischen Extrembelastung. Abends haben wir in unserem gemieteten Haus gegessen und die Ruhe genossen, bevor es eine Stunde vor Mitternacht noch einmal zurück zum Start-Ziel-Bereich ging. Zur *Finishline Party*. Es waren unterdessen immer noch Teilnehmer auf der Strecke. Wer das Rennen bis 24 Uhr, also innerhalb des Limits von 17,5 Stunden, beendet, hat es geschafft. Traditionell werden die letzten Teilnehmer kurz vor Mitternacht von den Fans euphorisch gefeiert. Die Champions der Profirennen kommen vorbei, um den Amateuren die Ehre zu erweisen – eine wunderbare Tradition. Ich genieße diese Momente. Das ist das Schöne an unserem Sport: Profis und Amateure nehmen am selben Rennen teil, sehen und begegnen sich auf der Strecke, gehen durch dieselbe Hölle. Und jeder ist ein Sieger.

Nach Hawaii mache ich Urlaub, indem ich zwei bis drei Wochen lang nur sehr begrenzt Sport treibe. Meist nach Lust und Laune, manchmal jedoch geben Termine und Verpflichtungen für Sponsoren und Medien den Zeitplan vor. Körper und Geist brauchen eine Ruhephase. Doch Urlaub bedeutet für mich nicht, in einem Hotel oder Club auf der faulen Haut zu liegen. Früher habe ich mehr echte, komplett trainingsfreie Pausen gemacht. Inzwischen vermisse ich meinen Sport nach ein paar Tagen Ruhe so sehr, dass ich mich nach Bewegung sehne. Ich möchte dieses Gefühl auch nicht verlieren, wenn ich eines Tages mit dem Profisport aufgehört habe. Ich denke, dass ich auch zehn Jahre nach Ende meiner Karriere nicht im Sessel sitzen und Kuchen in mich hineinschaufeln werde. Bewegung ist mir ein natürliches Bedürfnis, und das war schon immer so. Obwohl ich heute als Langdistanzler viel mehr trainiere, nehme ich mir weniger Auszeiten im Vergleich zu meinen Jahren auf der Kurzdistanz. Und was für mein Umfeld wunderbar ist: Wenn ich mich bewege, bin ich ausgeglichen und zufrieden.

Das liegt letztlich natürlich auch daran, dass ich weiß: Die Konkurrenz schläft nicht, ich muss dranbleiben. Ich kann mir keine zu langen Auszeiten erlauben, Stillstand wäre ein Rückschritt. Zugleich macht es mir schon kurz nach einem Wettkampf wieder Spaß, mich mit der Planung der nächsten Monate zu befassen, die nächsten Rennen vorzubereiten.

Planung der Rennen

Die Planung, bei welchen Rennen ich an den Start gehe, machen Felix und ich gemeinsam. Natürlich bespreche ich das dann auch mit meinem Trainer Dan. Im Grunde aber ist es so: Das zweite Oktoberwochenende mit dem Ironman Hawaii gilt für mich als Fixpunkt, davor muss ich mich bei einem Rennen über die volle Distanz qualifizieren. Und alle anderen Wettkämpfe planen wir so, dass es trainingstechnisch sinnvoll ist. Bei der Auswahl spielen einige Faktoren eine Rolle: Wo war ich noch nie? Was macht die Konkurrenz? Oder: Wollen wir mal was anderes versuchen? Natürlich spielen auch hin und wieder die Antrittsgelder eine Rolle. Aber zum Glück nicht mehr zwangsweise die entscheidende. Vor ein paar Jahren waren die wirtschaftlichen Gründe noch ganz anderer Natur. Da haben wir uns gefragt: Reicht das Geld für einen Start bei einem Rennen in den USA? Lohnt sich das nur dann, wenn ich in die vorderen Preisgeldränge komme? Aber ich war in diesen Dingen schon immer risikobereit. Meist ist es aufgegangen, auch weil dann der Druck, es zu erreichen, größer war.

Obwohl ich nicht mehr in Deutschland wohne, betrachte ich mich voll und ganz als Deutscher, bin stolz auf meine Wurzeln und starte daher immer wieder gern in meiner Heimat. Über die Kurzdistanz war Hamburg früher für mich ganz speziell. Ein cooles Triathlonfest, richtig gut aufgezogen. Und wenn ich dann manche Kiezgrößen im Triathloneinteiler gesehen habe – das hatte Charme. Abgesehen von Hawaii ist Roth das traditionsreichste Rennen in Deutschland. Dort kommen mehrere 100.000 Zuschauer an die Strecke, die ganze Region in Franken lebt dafür. Die Fans kennen sich aus, identifizieren sich mit dem Triathlon und feuern uns Athleten inbrünstig an. In Roth hast du in den Tagen vor dem Rennen und während des Wettkampfes nie deine Ruhe, aber das macht ja den besonderen Reiz von Roth aus. Manche Fans, die ich seit Jahren kenne, die zu guten Bekannten geworden sind, sehe ich hin und wieder am Straßenrand. Auch in Frankfurt. Dieses Rennen ist von der Streckenführung her etwas Besonderes – mitten in der Großstadt. Mit zwei Radrunden, vier Runden im Marathon entlang des Mains, das ist einmalig. Ein sehr modernes Konzept, weil die Athleten gewissermaßen »zu den Zuschauern kommen« und diese alles aus unmittelbarer Nähe verfolgen können. Beide Rennen sind unterschiedlich, aber phänomenal.

Hawaii 2017 – Aufgeben kam nie infrage

Die Frage, die mir am häufigsten gestellt wurde nach Hawaii 2017, kann ich mir selbst gar nicht so leicht beantworten: »Warum hast du weitergemacht, Jan?«

Da gibt es einen gewissen Automatismus bei mir: Im Training erlebe ich auch immer wieder solche Momente, in denen ich spüre, dass es jetzt sehr, sehr schwer wird. Und ich versuche, mir immer wieder vor Augen zu führen, dass das Weitermachen wichtig ist. Ganz egal, wie es mir geht, ganz egal, was ich durchzumachen habe. Dieses mentale Training hilft mir natürlich dann auch im Wettkampf, du kämpfst dich durch die schweren Phasen und hoffst dabei auf die guten, die besseren. Ich bringe eben alles zu Ende, auch im Training, vielleicht nicht immer mit den besten Ergebnissen, aber ich halte durch bis zum Ende. Natürlich heißt das, sehr viel zu investieren, nicht nur an Zeit, sondern auch Energie und Herzblut.

Und weil ich so viel von mir gebe, in jeder Hinsicht, physisch und mental, desto härter ist es dann auch, etwas aufzugeben. Das begründet wohl zum einen Teil mein Weiterlaufen auf Hawaii, vielleicht ist das egoistisch. Dann gibt es aber noch einen weiteren, viel größeren Teil, weshalb ich durchgehalten habe.

Der Ironman Hawaii ist meines Wissens das einzige Sportereignis, die einzige Weltmeisterschaft, die am selben Ort jährlich seit über 30 Jahren ausgetragen wird. Und diese Tatsache hat den Mythos Hawaii begründet, die Legende vom Ironman Hawaii, aber auch die Geschichten, die dieser Sport dort hat entstehen lassen. Es sind nicht nur die Sportler, die zwei- bis dreimal gewonnen haben, sondern auch die anderen, deren Erlebnisse immer wieder erzählt werden. Die Leidensgeschichten der Teilnehmer gehören unbedingt zum Ironman dazu.

Und Hawaii ist nicht nur irgendein Austragungsort, sondern die Insel selbst hat auch etwas Magisches, Spirituelles. Die Naturreligion hat zwar die Eroberung durch die Europäer im 18. Jahrhundert nicht wirklich überlebt, aber die vier Götter der Hawaiianer, Lono, Kū, Kāne und Kanaloa, welche die Welt erschufen, sind allgegenwärtig. Ich hab's zwar nicht so mit den Göttern, aber die spirituelle Kraft, die von dieser Historie ausgeht, ist faszinierend und für alle spürbar. Und ich glaube, auf Hawaii mitzumachen und auch durchzuhalten bedeutet zum einen, diesem besonderen Ort und seiner Geschichte Respekt zu zollen, zum Zweiten aber auch all den Sportlern, die hier den Wettkampf bestreiten.

Wenn ich ein Großer sein will, kann ich nicht einfach das Handtuch werfen, wenn es nicht läuft. Triathlon ist wie keine zweite Sportart mit der Welt der Amateure und Fans verbunden. Es sind so viele Sportler dabei, die keine Profis sind und unglaublich viel auf sich nehmen, um teilnehmen zu können. Dieses Miteinander von Profis und Nichtprofis macht den Ironman meiner Meinung nach sehr modern. In der Formel 1 zum Beispiel musst du gutes Geld zahlen, um nur auf den Tribünen jubeln zu dürfen, aber hier, beim Triathlon, darfst du selbst mitmachen. Alle Sportler, ganz gleich ob Profis oder Amateure, sind zur selben Zeit auf derselben Strecke unterwegs. Die Amateure allerdings erleben mehr oder weniger zum Großteil ein Drama. Aber ihre Anstrengungen verdienen Respekt und Achtung. Und beides bekommen sie auch.

Und als Profi ist Hawaii natürlich das Nonplusultra im Jahr. Hawaii zählt. Ich habe ja viele Jahre im Sport hinter mir und weiß, dass es nichts Schlimmeres gibt, als aufzugeben. Es geht ums Durchkämpfen. Der sogenannte Finisher ist ja der zentrale Gedanke beim Ironman. Hauptsache, ins Ziel kommen und dann schauen, wie es weitergeht. Und der Stolz, den du als amtierender Weltmeister natürlich hast, den musst du in so einem Moment beiseiteschieben. An einem Tag, an dem es nicht so läuft, musst du auch dem neuen Weltmeister, der den amtierenden schlägt, die Ehre erweisen und nicht den Weg des geringsten Widerstands gehen. Das ist mein Verständnis von Fairness.

»Ja hast du denn gar nicht daran gedacht, Jan, dass du dich beim Weitermachen ernsthaft verletzen kannst?«, wurde ich später gefragt. Da kann ich nur sagen: Ich hatte Glück im Unglück. Der Schmerz war so extrem, dass ich gar keine Zeit hatte, darüber nachzudenken. Mir kam nicht in den Kopf: »Boah, da geht jetzt was kaputt.« Als Profi, nach so vielen Jahren, kannst du ganz gut einschätzen, was ein guter und was ein schlechter Schmerz ist. Ein guter Schmerz, der nach Erschöpfung kommt, und ein schlechter, der auf eine Verletzung hinweist. Dieser Schmerz auf Hawaii 2017 hat sich langsam aufgebaut. Das ist eigentlich immer ein gutes Zeichen, wenn der Schmerz langsam und stetig kommt. Aber irgendwann wurde es dann ganz plötzlich von einem auf den nächsten Schritt unerträglich, und dann konnte ich 20 Minuten lang gar nichts mehr. Weder mich dehnen noch auflockern, geschweige denn laufen. Das ist eine wirklich schwierige Situation. Denn du darfst keine äußere Hilfe während des Rennens annehmen. Das heißt, da standen drei Physiotherapeuten herum, und hätten sie mich angefasst, wäre ich disqualifiziert worden. Aber das war für mich von vornherein klar, dass ich das auf keinen Fall will. Meine Frau hat mich dann zum Aufgeben zu überreden versucht, weil sie sich natürlich Sorgen gemacht hat. Meine Eltern waren glücklicherweise nicht dort, an dieser Stelle der Strecke, sie haben es nur indirekt mitbekommen. Ich wusste in dem Moment, dass ich mich trotz aller Schmerzen bewegen muss, um die Muskulatur zu lockern. Ich musste einfach versuchen, irgendwie voranzukommen. Es war mir immer klar, dass ich zu jedem Zeitpunkt alles geben würde, um durchzukommen. Zu guter Letzt hatte ich – wohl eher unterbewusst – den Gedanken an 2012, ich wusste, dass es auch ganz schnell anders gehen kann. Ein Jahr Vorbereitung ist sehr lange, und man braucht viel Glück, um überhaupt wieder an die Startlinie zu kommen. Und wenn es schon das letzte Mal wäre, dass ich auf Hawaii antrat, dann wollte ich auch mit Stolz abtreten und nicht einfach nach links ins Hotel verschwinden, so wie es im Profisport leider üblich geworden ist. Ich kann ja die Jungs auch irgendwie verstehen, man muss seinen Lebensunterhalt als Profi verdienen, und wenn du schlecht bist, bekommst du keine Aufmerksamkeit, keine Verträge mehr. Du brauchst Ergebnisse, Preisgelder, Prämien, das bleibt alles aus, wenn du verlierst. Insofern kann ich die Entscheidung manch anderer verstehen, sich schnell zu verziehen.

Das kam aber wie gesagt für mich nie infrage. Und es war wichtig und schön, dass ich noch ein, zwei Konkurrenten – in dem Fall eher Leidensgenossen – mitnehmen konnte, Tyler Butterfield zum Beispiel. Tyler ist weite Strecken mit mir gegangen, wir haben uns über Gott und die Welt unterhalten, ich weiß noch, dass es so verdammt heiß war, dass ich mir von einem Helfer Sonnencreme besorgt habe, weil ich wusste, dass ich noch mal welche auftragen musste, um am nächsten Tag nicht schwarz verbrannt aufzuwachen.

Die Zeit danach – verarbeiten und wachsen

Was dann für mich lange Zeit schwer war: mit dem unerwarteten Lob umzugehen. Als Profi bin ich daran gewöhnt, dass dir alle auf die Schulter klopfen, wenn du gewinnst. Und wenn du verlierst, kommt Mama und nimmt dich in den Arm. Aber jetzt war die Sache ganz anders.

Auf einmal war da so riesig viel positives Feedback von so vielen Sportlern, die sich von mir inspiriert gefühlt haben, sich durchzukämpfen, durch Krisen jeder Art, nicht nur durch sportliche. Damit konnte ich gar nicht umgehen am Anfang, obwohl ich diese Reaktionen extrem zu schätzen wusste. Dieser augenscheinliche Widerspruch war so merkwürdig. Du hast verloren, und alle loben dich. Wofür? Doch wenn ich es so betrachte, dass ich mit dem Durchhalten andere inspiriert habe, vielleicht nachhaltig motiviert habe, dann sind die Mails und Anrufe, die ich bekam, die größten Komplimente, die man mir machen kann. Denn für mich bedeutet das Motivieren anderer, sie ermutigen zu können, morgens aus dem Bett zu steigen und immer wieder den inneren Schweinehund zu überwinden, sehr viel. Dieses »Mann, Junge, das war geil, deinetwegen bin ich noch mal raus und hab mich durchgebissen, obwohl ich eigentlich keinen Bock mehr hatte« hat mich sehr gefreut und mich selbst wieder motiviert.

Doch natürlich musste ich auch mit meiner Niederlage umgehen, was ehrlicherweise nicht einfach war. Denn es leuchtete mir nicht ein, warum es passiert war. Ich war bestens vorbereitet, hatte eine super Ausgangslage mit nur 90 Sekunden Rückstand auf die Spitze, das ist ein Klacks. Und mit der Laufzeit aus dem Vorjahr wäre unter acht Stunden – die magische Grenze auf Hawaii – möglich gewesen. Aber das ist ja auch das Spannende, man könnte fast sagen das Schöne am Sport, dass man nie weiß, wie es ausgeht. In dem Fall habe ich drunter leiden müssen. Siege sind nicht planbar, der Mensch ist keine Maschine und sollte sich und andere auch nicht so behandeln wie eine. Ich bekenne, dass ich mich da wohl das eine oder andere Mal schuldig gemacht habe, mich früher schon mal zu sehr verausgabt habe, meinen Körper nicht genug geachtet habe.

Das in dieser Weise ganz Unerwartete von Hawaii 2017 ist eine Lektion fürs Leben, die ich – das muss ich im Nachhinein sagen – gerne mitnehme. Nach Kona war ich zehn Tage mit der Familie in unserem Haus in Noosa und habe damit begonnen, das Erlebnis zu verarbeiten und mich abzulenken. Dann musste ich aber für vier Wochen zurück nach Europa. Allein, ohne Familie. Ich hatte Sponsoren- und Medientermine, habe viele Menschen kennengelernt, aber auch viel Zeit allein verbracht, was sehr wichtig war, um mit mir selbst ins Reine zu kommen und zu akzeptieren, was geschehen war: dass ich den Karren in den Sand gesetzt hatte, obwohl ich alles richtiggemacht hatte. Das anzunehmen gehört dazu, auch wenn es schwer erträglich ist. In dieser Zeit des Aufarbeitens habe ich mich sehr oft aufs Mountainbike gesetzt und bin technisch sehr anspruchsvolle Strecken gefahren, die mir zum Teil ziemlich Angst bereitet haben. Warum? Diese Momente, in denen ich die pure Angst überwinden musste, hatten für mich etwas ganz Heilendes, weil ich in diesen Augenblicken gar keine Ablenkung hatte. Ich dachte an nichts anderes als an die Herausforderung, war ganz im Hier und Jetzt. Ich war die Maus, die von der Katze gejagt wird. Ich stand vor der Abfahrt, vor dem Sprung, der eigentlich deutlich über meinem Können lag, habe mich überwunden, bin gesprungen und habe bemerkt, dass ich es doch kann. In solchen Augenblicken stehe ich meinen Ängsten direkt gegenüber.

Natürlich bin auch ich nicht frei von Angst im Leben oder besser gesagt von Sorgen. Je mehr ich mich ihnen stelle, mich mit ihnen konfrontiere, desto leichter kann ich sie überwinden, kann ich aus unangenehmen Situationen einfach hinausgehen. Und so bin ich im Herbst 2017 in den Pyrenäen eben Mountainbike gefahren und habe auch allein Nachtläufe gemacht. All diese Aktivitäten haben mir meinen Kampfgeist wiedergegeben, ich habe mir gesagt: »Junge, du kannst es doch, du und dein Team haben alles richtiggemacht.«

Meine Zukunft

Ob mir eines Tages der perfekte Wettkampf auf Hawaii gelingt? Das ultimative Rennen? Endlich einmal diesen 100-Prozent-Tag erwischen – das ist eine faszinierende Vorstellung. Ich werde nie aufgeben, danach zu streben. Das ist mein Traum. Durch die extremen klimatischen Bedingungen auf Hawaii fehlt dort immer ein klein wenig von der Leistung, die mir anderswo möglich ist, weil der Körper den thermischen Ausgleich bewältigen muss. Ich habe immer noch das Gefühl, ein besseres Rennen im Oktober auf Hawaii abliefern zu können.

Bei meinem Weltrekord 2016 in Roth war ich körperlich wohl in der bislang besten Verfassung meines Lebens, und dieses Vermögen möchte ich gerne noch mal auf Hawaii abrufen können. Da geht es mir nicht um die Platzierung, sondern um meinen eigenen Anspruch. Objektiv betrachtet mag das irrelevant sein, aber für mich als jemand, der ständig nach dem Besten sucht, ist das mental wichtig.

Aber selbst dann, wenn es gelänge, würde ich nicht zwingend meine Karriere beenden wollen. Wobei ich den Schlusspunkt idealerweise auf dem höchsten Level meiner Karriere setzen möchte, auf Topniveau. Ich möchte konkurrenzfähig sein. Der ganze Aufwand macht ja nur dann Spaß und auch Sinn, wenn ich nicht chancenlos bin. Und wenn es mir Spaß macht. Obwohl ich nicht mehr über die olympische Distanz starte, denke ich immer noch in Olympiaden, also in Vierjahresabschnitten. Ich möchte die letzten Jahre meiner Karriere bewusst erleben, sie genießen. Ich will nicht, dass es mir so geht wie nach der Schulzeit. Erst viel später habe ich gemerkt, wie schön die Schulzeit gewesen war.

Emma erinnert mich mit ihrer Sportlerlaufbahn immer wieder daran, dass das Ende nicht planbar ist. Sie holte wie ich in Peking Olympiagold, wurde dreimal Weltmeisterin, doch unterm Strich war sie nach dem Ende ihrer Karriere nicht zufrieden. »Ich habe die Zeit nicht genießen können«, sagt sie heute. Was sicher auch damit zu tun hatte, dass sie ab 2009 immer wieder unter Krankheiten litt. Ihr Immunsystem wurde von einer komplizierten Virusinfektion geschwächt, krankheitsbedingt musste sie dann 2013 endgültig aufhören. Außerdem konnte sie den Zeitpunkt, wann endgültig Schluss ist, nicht selbst bestimmen. Das war hart für sie. Auch ich kenne die Angst, nicht mehr weitermachen zu können. Als ich vor Olympia 2012 monatelang Beschwerden in der Wade hatte, es keine Diagnose gab und ich nicht einmal laufen konnte, habe ich mir bereits Gedanken über mein Leben nach der Karriere gemacht.

Nach meiner Profikarriere werde ich spannende neue Projekte verfolgen. Mit Felix, meinem Freund und Partner, führe ich die Agentur *Plan A GmbH*, und wir haben die Marke *Frodissimo* ins Leben gerufen. Wir verkaufen neben hochwertigem Kaffee, der für Lebensgenuss steht, auch noch andere gute Dinge. Ein weiteres Projekt ist die Beteiligung von *Ryzon*, einem neuen Label für stylishe Triathlonbekleidung. Ich freue mich darauf, mich eines Tages mit diesen und weiteren neuen Aufgaben kreativ austoben zu können.

Aber sicher werde ich meinem Sport nahe bleiben, schließlich ist Triathlon meine große Leidenschaft. Mit meiner Erfahrung könnte ich Nationalmannschaften oder Teams vielleicht von Nutzen sein, und zwar in der Rolle eines Mentors und Motivators. Als Trainer sehe ich mich nicht. Ich bin Sportler, kein Trainertyp. Das sind zwei ganz unterschiedliche Paar Schuhe. Erstens habe ich nicht das Wissen, wie man ein tägliches Training auf Weltklasseniveau überhaupt aufbaut und strukturiert. Und zweitens würde mir wahrscheinlich die Geduld mit meinen Schützlingen fehlen. Ich bin ein sehr ungeduldiger Mensch. Vielleicht wäre ich besser als TV-Kommentator, das würde mich durchaus reizen. Ganz aussteigen werde ich jedenfalls nicht. Ich bleibe dem Sport so lange treu, wie mir meine Leidenschaft treu bleibt.

Aber noch ist es nicht so weit, noch bin ich voll dabei und freue mich auf das, was mich noch erwartet im Profisport.

Mit meinem Team, meinem Trainer Dan, meinem Physiotherapeuten Albert, meiner Frau Emma, meinem Sohn Lucca, meiner Tochter Sienna und mit meinem besten Kumpel Felix »greife ich nun die neue Saison an«, gehe auf Konfrontation, habe beschlossen, die großen Rennen wieder zu nutzen, auch um mich mental zu erfrischen und schon vor Hawaii voll gefordert zu sein. Das Einzige, was ich mir eventuell wegen 2017 vorwerfen könnte, ist, dass ich das ein oder andere Rennen nur aus taktischen Gründen mitgemacht habe, um mit der Firma voranzukommen, um unbedingt andere Orte zu sehen, statt den klassischen Rennkalender zu absolvieren, den normalerweise auch die stärkste Konkurrenz abarbeitet. Das werde ich 2018 wieder ändern.

Ich bin mir sicher, mein Körper hat das Potenzial für noch einige gute Rennen. Und für das Nicht-verlieren-Können bin ich bekannt, was heißt, dass mich 2017 eher anspornt. Mein Vater hat immer gesagt: »If it's not happy, it's not the end.« 2017 war noch nicht der letzte Akt.

Die Hawaiianer sprechen vom Mana, einer Macht, die spirituell oder ganz weltlich sein kann. In der Kultur der Polynesier gibt es da keinen Unterschied zwischen dem Hier und dem Jenseits. Ein Mensch, der große Kraft und Selbstvertrauen besitzt, hat ein großes Mana und damit viel spirituelle Energie.

Mein Mana wird mir helfen.

Glossar

Aerober Bereich Bezeichnet die Spanne, innerhalb derer die Muskeln beim Sport unter Sauerstoffzufuhr problemlos mit Energie versorgt werden. Durch Training erhöht sich die Fähigkeit eines Sportlers, Sauerstoff im Blut aufnehmen zu können. Wenn ein Sportler bei kurzfristiger Höchstbelastung nicht mehr genügend Sauerstoff zur Energieversorgung der Muskulatur zur Verfügung hat, wenn er also die Schwelle zum anaeroben Bereich überschreitet, bilden sich in der Muskulatur Lactate, Formen der Milchsäure. Sie reduzieren die Leistungsfähigkeit.

Age-Grouper So werden die in verschiedene Altersklassen unterteilten Amateure bei internationalen Triathlonmeisterschaften und Ironman-Rennen genannt. Diese Altersklassen sind in Altersschritte von 5 Jahren, z.B. 25 – 29 Jahre, unterteilt.

All-Out Bezeichnet die absolute Belastbarkeitsgrenze eines Sportlers. Siehe auch → Training im Spitzenbereich (SB).

Bike-Check-in Ist die Abgabe des Fahrrads meist am Tag vor dem Wettkampf in der → Wechselzone. Das Rad und auch der Helm werden offiziell geprüft und in die vorgesehene Halterung gestellt. Jeder Athlet darf nur sein eigenes

Material anfassen. So sollen Manipulationen kurz vor dem Rennen ausgeschlossen werden.

Bodymarking Ist die Markierung der Wettkampfteilnehmer mit Startnummern, die direkt auf die Haut aufgetragen werden.

Bucket List Die Löffelliste, die inzwischen vielfach in der Motivations- und Managementliteratur zitiert wird, geht auf die amerikanische Tragikomödie *The Bucket List*, deutsch: *Das Beste kommt zum Schluss*, von Rob Reiner aus dem Jahr 2007 zurück. Darin wird die Frage gestellt, was ein Mensch noch tun möchte in seinem Leben, bevor er »den Löffel abgibt«, also stirbt.

Challenge Roth Jährlicher Wettkampf auf der Triathlonlangdistanz in Roth, 30 Kilometer südlich von Nürnberg. Mit über 250.000 Zuschauern und Teilnehmern aus 60 Nationen ein international beachteter Wettkampf.

Clifton Liegt nicht weit vom Stadtzentrum Kapstadts entfernt am Atlantik.

Energy Lab Das Natural Energy Laboratory ist eine Außenstelle der University of Hawaii, in dem zunächst Meeresforschung betrieben und später ein Kraftwerk eingerichtet wurde, das mit Meereswärme zur Energiegewinnung arbeitet. Über ein Teil des Geländes dieses Technologieparks führt die Strecke des → Ironman Hawaii.

Freiwasserschwimmen Bezeichnung für das Schwimmen einer längeren Distanz in offenen Gewässern, auch Langstreckenschwimmen genannt. In dieser Disziplin werden weltweit Wettkämpfe veranstaltet.

Grundlagenausdauerbereich 1 (GA1) Ist ein Training im Bereich der individuellen Ausdauerfähigkeit eines Sportlers und der häufigste und wichtigste Trainingsbereich für alle Arten von lang anhaltenden Belastungen. In diesem Bereich werden vorwiegend die aerobe Bereitstellung von Energie, sprich die Sauerstoffatmung, und der Fettstoffwechsel trainiert. Dabei wird auf die optimale Herzfrequenz geachtet, die per Diagnostik individuell ermittelt werden kann und beim Laufen maximal 65 bis 80 Prozent und beim Radfahren maximal 60 bis 75 Prozent beträgt.

Grundlagenausdauerbereich 2 (GA2) Ist ein Training im Mischstoffwechselbereich. Der Bereich, in dem oft am meisten Lactat, das beim härteren Training in der Muskulatur entstanden ist, abgebaut werden kann. Dabei wird ebenfalls wieder auf die optimale Herzfrequenz geachtet, die beim Laufen maximal 80 bis 87 Prozent und beim Radfahren maximal 75 bis 85 Prozent beträgt.

Ironman Hawaii Triathlon mit den Distanzen 3,86 km Schwimmen, 180 km Radfahren und 42,2 km Laufen auf Hawaii im Pazifik (seit 1978). Seit 1982 wird er jährlich im Oktober auf Big Island unter dem eingetragenen Markenzeichen *Ironman World Championship* ausgerichtet.

Kailua-Kona In dieser Kleinstadt findet jährlich der → Ironman Hawaii statt.

Kölner Liste® Vom Olympiastützpunkt Rheinland (OSP) 2006 initiierte Zusammenstellung von Nahrungsergänzungsmitteln (NEM) mit minimiertem Dopingrisiko. Auf der offiziellen Website heißt es: »Eine internationale, vom IOC geförderte Studie des Instituts für Biochemie an der Deutschen Sporthochschule Köln aus dem Jahr 2004 zeigte auf, dass etwa 15 Prozent von in 13 verschiedenen Ländern erworbenen NEM Anabolika enthielten, die nicht auf der Packung angegeben waren. Bei den Anabolika handelte es sich zum damaligen Zeitpunkt wahrscheinlich um Verunreinigungen, die keinen wirklichen Dopingeffekt hatten, aber unabsichtlich zu positiven Dopingbefunden führen konnten.«

Kona In diesem Distrikt auf Hawaii, bzw. in Kailua-Kona an der Westküste, findet jährlich im Oktober der → Ironman Hawaii, die Weltmeisterschaft im Triathlon, statt.

Koppeltraining Ist ein für Triathleten wichtiges Training, bei dem verschiedene Disziplinen wie Radfahren und Laufen miteinander kombiniert werden. Hier geht es nicht wie beim → Wechseltraining darum, den schnellen Wechsel der Disziplinen zu üben, sondern es geht um die physische Umstellung von einer auf die andere Disziplin in kürzestem Zeitabstand.

Life Saving In der Wasserrettung werden Wettkämpfe, u.a. Weltmeisterschaften, ausgetragen, die von der International Life Saving Federation (ILS), einem internationalen, humanitären und politisch neutralen Mantelverband der Wasserrettungsorganisationen, ausgerichtet werden.

Mitteldistanzrennen Ist im Triathlon die Hälfte der Distanz des → Ironman, auch 70.3 Ironman genannt.

Nahrungsergänzungsmittel In Europa sind diese Stoffe, mit denen der natürliche Nährstoffbedarf ergänzt werden kann, um den Stoffwechsel zu fördern, in einer EU-Verordnung festgelegt. Es sind vor allem, aber nicht ausschließlich, Vitamine, Mineralstoffe, Aminosäuren, essenzielle Fettsäuren, Ballaststoffe und verschiedene Pflanzen- und Kräuterextrakte. Siehe auch → Kölner Liste®.

Natural Energy Laboratory of Hawaii Authority, kurz Natural Energy Lab. Ist eine Forschungsstation zur Nutzung von Meeresenergie auf Hawaii, bis zu der bzw. über deren Gelände beim Ironman der Marathon führt.

Rekom Ist die Abkürzung für ein Training im Regenerations- und Kompensationsbereich. Das heißt, es wird sehr locker trainiert, sodass die Bewegung auch als aktive Erholung bezeichnet werden kann. Auch hier wird – wie beim → Grundlagenausdauerbereich – darauf geachtet, dass die Herzfrequenz optimal ist, beim Laufen in der Regel unter oder bis maximal 65 Prozent und beim Radfahren unter oder maximal bis 60 Prozent.

Schwellentraining (SWT) Sportliche Aktivität im Bereich der individuellen anaeroben Schwelle (siehe auch → Aerober Bereich) oder, grob gesagt, der Belastung, die ein Sportler eine Stunde lang auf dem Rad konstant halten kann. Wie in allen Trainingsbereichen achtet der Sportler auf die optimale Herzfrequenz, die beim Laufen maximal 87 bis 92 Prozent beträgt und beim Radfahren 85 bis 90 Prozent.

Tapering Reduktion des Trainingsumfangs vor einer großen Ausdauerbelastung, etwa vor einem Rennen, um den Organismus zu schonen und damit auf Höchstleistung im Wettkampf vorzubereiten.

Training im Entwicklungsbereich (EB) Bezeichnet die körperliche Aktivität oberhalb des Schwellenbereichs, die aber noch nicht dem sogenannten → All-Out, dem Training bis zur absoluten Erschöpfung, entspricht. Beim Laufen soll die Herzfrequenz dabei maximal 90 bis 95 Prozent betragen, beim Radfahren maximal 90 bis 95 Prozent.

Training im Spitzenbereich (SB) Bezeichnet eine sportliche Aktivität bis zur maximalen individuellen Leistungsfähigkeit. Das können kurze Sprints oder andere → All-Out-Übungen sein.

Triathlon Mehrkampf in den Disziplinen Schwimmen, Radfahren und Laufen. Die Reihenfolge der Disziplinen ist obligatorisch. Der internationale Triathlon-Dachverband in Lausanne, Schweiz, richtet die Weltmeisterschaften aus, deren Regeln international gelten.

Es gibt Rennen mit verschiedenen Distanzen, u. a. Sprintdistanz (750 m Schwimmen, 20 km Radfahren und 5 km Laufen), olympische Distanz oder auch Kurzdistanz (1,5 km Schwimmen, 40 km Radfahren und 10 km Laufen), Mitteldistanz/70.3 Ironman (1,9 km Schwimmen, 90 km Radfahren und 21 km Laufen) und Langdistanz/Ironman (3,86 km Schwimmen, 180 km Radfahren und 42,2 km Laufen) → *Ironman Hawaii.*

Tunnel Davon spricht man, wenn der Sportler zu 100 Prozent in seinem Element ist, absolut konzentriert, ohne einen Gedanken an irgendetwas anderes. Jan Frodeno beschreibt diesen Zustand am liebsten mit dem Gefühl des Schwebens beim Laufen, als geschehe alles von selbst. Es sei ein seltener, aber sehr belohnender Zustand, findet er.

U23-Weltmeister Das ist der Weltmeister der »Unter-23-Jahre«-Teilnehmer bei einem Wettkampf.

Wechseltraining Ist das Üben des schnellen Wechsels von einer zur anderen Disziplin (Schwimmen, Radfahren, Laufen) im Triathlon.

Wechselzone Der abgeschlossene Bereich beim Triathlon, wo die Teilnehmer von einer Disziplin in die andere wechseln, etwa vom Schwimmen kommend ihr Fahrrad abholen, die Sportkleidung wechseln, etwas trinken oder essen, und wo sie gegebenenfalls massiert werden oder Verletzungen behandelt werden. Die Sportler versuchen allerdings, sich möglichst kurz in der Wechselzone aufzuhalten, um keine Zeit zu verlieren.

Windschattenfahren Ist eine Fähigkeit, die Radsportler im Team trainieren, weil sie damit fast vierzig Prozent kraftsparender fahren können. Sie bewegen sich mit ihrem Rad im Windschatten des vor ihnen fahrenden Sportlers. Beim Ironman Hawaii ist diese Technik nicht erlaubt. Die Radfahrer müssen einen Raum, eine »Box« von mindestens 10 Metern Länge und 3 Metern Breite, Abstand zum Vordermann halten. Bei Überholmanövern dürfen sie in einem Zeitfenster von wenigen Sekunden diesen Raum durchqueren. Am Berg oder in scharfen Kurven sind weitere Ausnahmen erlaubt.

Dank

An Emma, dass du mit mir durchs Leben samt allen Höhen und Tiefen gehst. Ich liebe dich!

An meine Eltern, dafür dass ihr mir die Welt gezeigt habt und mir beigebracht habt, sie mit offenen Augen zu bereisen.

An meinen besten Freund Felix, der bereit war und ist, einen ungewissen Pfad zu einem gemeinsamen zu machen. Ohne dich wäre das hier alles nicht möglich!

An meinen ersten Mentor Rolf, der mir beigebracht hat, dass es in jedem Rennen nur einen Sieger gibt und dass es sich lohnt, das letzte Quäntchen dafür aus sich rauszuholen.

Zu guter Letzt an meinen Freund Pietro Pepe Angelini, ein wunderbarer Mensch. Keiner versteht mich besser, wenn ich Hunger habe.

Bildnachweis

Bildteil I

Baering/Imago: S. 11 (unten)
Getty Images/Philippe Huguen: S. 9 (oben)
Getty Images/Harry How: S. 9 (Mitte rechts)
Getty Images/AFP: S. 9 (Mitte links)
Getty Images/Adam Pretty: S. 9 (unten)
Getty Images/Sean Gallup: S. 12 (oben)
Getty Images/Andreas Rentz: S. 12 (unten)
Laureus Archive: S. 16 (oben)
Imago/Baering: S.11 (unten)
Familie Gneiting: S. 5 (oben und Mitte),
Robinson Club PR: S. 13
Felix Rüdiger/@fx_makesapicture: S. 7 (unten),
S. 14, S. 16 (unten)
Frank Wechsel/Spomedis: S. 6, S. 7 (oben), S. 10, S. 15
Witters Sportfotografie: S. 11 (oben)
Privatarchiv Jan Frodeno: S. 1, S. 2, S. 3, S. 4, S. 5 (unten), S. 8

Bildteil II

Getty Images/Simon Hofmann: S. 2 (oben)
Getty Images/Andreas Rentz: S. 7 (oben)
Getty Images/Thomas Kienzle: S. 7 (Mitte)
Getty Images/Gareth Cattermole: S. 7 (unten)
Imago/Gepa-pictures: S. 12 (oben)
Korupt Vision: S. 15, S. 16
Felix Rüdiger/@fx_makesapicture: S. 2 (unten), S. 4, S. 5, S. 6, S. 8, S. 9, S. 10, S. 11, S. 13, S. 14
Frank Wechsel/Spomedis: S. 3
Privatarchiv Jan Frodeno: S. 1, S. 12 (unten)